D1734031

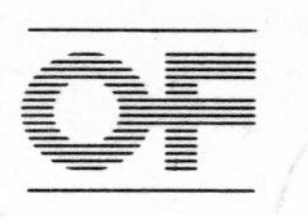

Paul Bekker

Wandlungen der Oper

Orell Füssli

Reprint der Ausgabe 1934

Umschlag: Heinz von Arx, Zürich
Druck: Orell Füssli Graphische Betriebe AG Zürich
Einband: Buchbinderei Burkhardt AG, Zürich
Printed in Switzerland
ISBN 3 280 01409 3

Inhaltsverzeichnis

Vorwort

„... flüchte Du, im reinen Osten Patriarchenluft zu kosten..." Glückliche Zeit, in der wenigstens der Dichter noch so sprechen konnte. Heut ist auch der Orient längst entzaubert. Bleiben wir also im Okzident und bei seinen Problemen. Aber muss es dann ein Buch sein über die Oper, justament? Gibt es nichts Dringlicheres? Weltanschauung, Währungspolitik, Rassefragen – wieviel grosse, schöne Gebiete, namentlich im Vergleich mit der allmählich doch zur Genüge behandelten Oper!

Ist sie das wirklich?

Die Aktualität jener Themen in Ehren – aber was könnte für unsere Zeit wichtiger sein als die Erinnerung an den Menschen selbst, an Aufgaben, die, oberhalb alles Tagesgeschehens, aus der Art seines Natur- und Geistwesens erwachsen? Hängt nicht von ihrer Erkennung die Stellungnahme zu allen anderen Fragen ab? Wird nicht ein grosser Teil der uns umgebenden Wirrnisse erst möglich dadurch, dass wir an die Dinge des Tages herantreten ohne Klarheit über ihr Wesen, dass wir Schöpfertum verwechseln mit Betriebsamkeit, Kultur ersetzen durch Propaganda? Ist der „reine Osten" des Divan-Dichters nicht eigentlich die Besinnung auf Natur und Mensch, als die in Wahrheit unerlässliche Voraussetzung jedes Denkens und Handelns?

„Unzeitgemässe" Bücher waren niemals zeitgemässer als jetzt. Auf allen Gebieten des Lebens und der Kunst brauchen wir sie, denn die Seelen sind ausgedörrt von armseliger Aktualität und ihrer prahlerischen Wichtigtuerei. Sie müssen wieder zu sich selbst geführt werden, nicht, um sich in romantische Träume einzuspinnen, sondern um neue Kraft zu gewinnen.

Das vorliegende Buch versucht, den Weg zur Wesenhaftigkeit an der Metamorphose der Oper aufzuzeigen. Indem es der scheinbar naturfremdesten Kunstgattung die unmittelbare Beziehung gibt zur menschlichen Natur, ihren Organismus aus der menschlichen

Organik, ihre Wandlungen aus den Wandlungen des menschlichen Geistes ableitet, bestätigt es oberhalb jeder Fachbetrachtung den Menschen als Ursprung und Ziel aller Kunst auch auf diesem Gebiet. Es hält sich dabei jenseits der Historie und nimmt bezug nur auf solche Werke, die heut noch leben. Die Vorgeschichte der Oper kommt ebensowenig in Betracht, wie die Reihe geschichtlicher Zwischenglieder. Das Lebenselement der Oper soll fassbar werden aus Erscheinungen, deren stetes Vorhandensein ihre innere Kraft bezeugt.

So hängt die Beschäftigung mit der Frage nach Form und Wesen der Oper unmittelbar zusammen mit der Ermittlung unseres geistigen Besitzstandes, dem Willen zu seiner Erhaltung und Steigerung gegenüber herabziehender Einwirkung durch Tagesmächte. Also wendet sich dieses Buch über den Kreis der Fachleute hinaus an alle, die sich Publikum nennen, mit Einschluss derer, die meinen, dass sie „nichts von Musik verstehen", weil sie glauben, Musik sei eine Sache, der man nur durch Studium beikommen könne. Aber Musik ist keine Wissenschaft und keine Fachangelegenheit. Sie ist immer und immer lebendiges Klanggeschehen und als solches zu erfassen. Auf welche Art wäre das besser möglich, als durch das schönste und edelste, allen Völkern aller Zeiten eigene Organ dieses Klanges: die menschliche Stimme?

Eines freilich müssen wir ausnahmlos, Laien und Fachleute, neu lernen: diese Stimme überhaupt wieder richtig zu hören als das, was sie ist, nämlich das Grundmass jeglichen Begriffes von Musik.

Das ist der hier gesetzte Ausgangspunkt. Ziel ist, den Wesensgehalt der Oper begreiflich zu machen als das schöpferische Mysterium des Gestaltwerdens dieser Stimme.

Aus solcher unlösbaren Bindung der Oper an die menschliche Natur ist Vergangenes zu verstehen, Gegenwärtiges zu beurteilen, Künftiges zu erahnen. Dringt diese Erkenntnis durch, so mag sie vom Einzelgebiet der Oper aus dazu helfen, die Achtung vor dem Menschen selbst zu festigen, indem sie zeigt, dass Kunst niemals Gesamtheitserzeugnis gleichviel welcher weltanschaulicher Kollektive, sondern stets nur da möglich war, ist und sein wird, wo der Mensch als solcher möglich ist.

I

STIMME UND GESTALT

Im Anfang war die Stimme.

Stimme ist klingender Atem, tönende Kundgebung des Lebens. Sie ist Spiegel des stärksten Unterschiedes der Menschen: des Geschlechtsunterschiedes, sie ist Spiegel aller Verschiedenheiten der Lebensalter, sie ist Spiegel der individuellen Besonderheit innerhalb der Geschlechtsgattung: der Persönlichkeit. So ist die singende Stimme Projizierung der Erscheinung des Menschen in die Sphäre des Klanges, Verwandlung seiner körperhaften Sichtbarkeit in eine tönende Unsichtbarkeit.

Als der Mensch Wesen nach seinem Bilde zu formen begann, erkannte er drei ihm unmittelbar eigene Mittel des Gestaltens: Gedanke, Klang, Bewegung. Dem Gedanken diente die Sprache, dem Klang die singende Stimme, der Bewegung der Körper. Das sind die drei elementaren Kundgebungen des Spieltriebes: der Mensch als sprechendes Wesen, der Mensch als singendes Wesen, der Mensch als tanzendes Wesen. Sie bedürfen keines fremden Gestaltungsmateriales. Der lebendige Mensch selbst ist für sie Objekt und Subjekt, Gegenstand und Mittel des Spieltriebes, der hier als naturhafter Lebenstrieb unmittelbar erscheint.

Die Bahnen der drei, durch menschliche Grundmateriale bestimmten Spielgattungen laufen zu verschiedenen Zeiten verschieden. Oft weit entfernt voneinander, nähern sie sich plötzlich, überkreuzen, decken sich, ziehen einander parallel, um dann schnell wieder voneinander zu weichen. Gemeinschaftlich zu allen Zeiten ist ihnen nur der Wille zur Veranschaulichung: im Theaterspiel. Auch hierbei sind sie zeitweise völlig beherrscht von Sonderproblemen der eigenen Gattung, dann wieder tritt die Erkenntnis der Beziehungen zueinander stärker hervor. Gelegentlich steigert sich das Bewusstsein des gemeinschaftlichen Ursprunges und Zieles bis zum Willen völliger

Gleichheit auch der Wege. Unberührt von solchem Wechsel bleibt die Materie der Gattung selbst: Sprache, Stimme, Körper. Nur die Art, sie zu erkennen, zu gestalten – gleichviel ob für sich allein oder in Verbindung miteinander – ändert sich. Den historischen Ablauf dieser Metamorphosen nennt man Geschichte des Dramas, der Oper, des Tanzes, das ist: Geschichte des Menschen als sprechender, als singender, als tanzender Erscheinung.

Die Sprache ist das selbständigste von den drei Elementen der Menschengestaltung aus dem Menschen selbst. Sie bedarf auch als theatralische Erscheinung weder des Gesanges noch des Tanzes, ihr Reich ist der Gedanke. Weniger selbständig ist der Tanz. Er erstrebt die Verbindung mit dem Gesang, zum mindesten mit der musikalisch rhythmischen Unterlegung. Völlig unselbständig ist der Gesang. Er bedarf stets der Verbindung mit dem Sprachlaut. Gleichzeitig aber sucht er die Beziehung zur tänzerischen Bewegung und erlangt erst in der Vereinigung mit beiden seine höchste Ausdruckskraft.

Sprache und Tanz, beide jenseits ihres Eigenlebens vom Gesang her erfasst, sind also die natürlichen Verbündeten der theaterspielenden Stimme. Die Geschichte der Stimmwandlungen ist die Geschichte ihrer wechselnden Beziehungen zur Sprache und zum Tanz. Entbehren kann die Stimme keines von ihnen. Aber sie kann beide bis auf eine äusserste Grenze zurückdrängen. Sie kann von beiden bis nahe zur Aufhebung ihrer eigenen Natur überwältigt werden. Sie kann schliesslich die beiden anderen Elemente sich organisch einbeziehen und eine Auswägung der verschiedenen Kräfte versuchen. Alles zusammengefasst ergibt die Sondergeschichte jener Kunstgattung, die man seit dem Jahre 1600 Oper nennt. Man nimmt dieses Jahr als Ursprungsjahr der Oper, weil hier zum erstenmal die singende Stimme in körperhafter Veranschaulichung als Grundkraft eines Theaterspieles erscheint.

Hierauf beruht die historische Bedeutung jener schöpferischen Tat der Florentiner Musik-Hellenisten.

Wichtig war nicht die Rekonstruktion des griechischen Dramas, überhaupt nicht die Idee des Dramatischen. Hierfür hätte man die Musik nicht gebraucht, auch nicht einen Kreis von Musikliebhabern als Urheber. Wichtig war der Gesang. Er kam aus einer primär musikalischen Reaktion, nämlich aus dem Willen zur Vereinfachung, zur

Verdrängung des Konstruktiven durch das Naturhafte. „Man wurde vor allem darüber einig, dass man, da die heutige Musik im Ausdruck der Worte ganz unzureichend und in der Entwicklung der Gedanken abstossend war, bei dem Versuch, sie der Antike wieder näherzubringen, notwendigerweise Mittel finden müsse, die Hauptmelodie eindringlich hervorzuheben und so, dass die Dichtung klar vernehmlich sei.“ So charakterisiert der Florentiner Doni den zeitgenössischen neuen Bühnengesang von 1640. Die Stimme sollte führen. Sie sollte es im Gegensatz zu der Kompliziertheit der kontrapunktischen Formen: als melodische Individualerscheinung. Hierzu bedurfte sie der Sprache. Sollte aus Gesang und Sprache anschauliche Gestaltung entstehen, so blieb nur die Äusserung in dramatisch aufbauender Form.

So wurde das Wort Mittel zur Formgestaltung der Stimme, Wort in natürlicher Einfachheit, sinnhaft in Sätze gegliedert, klar erkennbar von der Einzelstimme vorgetragen, dialogisch geordnet, bis zur körperhaften Anschaulichkeit der Erscheinungen verdeutlicht.

Darin lag die Annäherung an die Idee des alten klassischen Dramas. Es war, schon im Anfang der Oper, nur ein Mittel, nicht aber zum Zwecke der Musik, sondern zum Zwecke des Gesanges.

Wie wäre ein Unterschied zwischen Gesang und Musik aufzufassen? Ist nicht Gesang stets Musik?

Gewiss, doch Musik ist nicht stets Gesang. Die Spannung zwischen beiden kommt von den verschiedenen klimatischen Bedingungen der Länder und den hieraus sich ergebenden physiologischen Musizierbedingungen. Bei allen Mittelmeer-Kulturen dominiert der Gesang. Die Ausbildung auch der instrumentalistischen Fähigkeiten wird dadurch nicht behindert, aber sie stehen stets in Zusammenhang mit dem Gesang, sind in bezug auf ihn gedacht. Der Gesang bestimmt Wesen und Begriff der Musik. Der Wille zur Erneuerung des einstimmigen Gesanges führt in Italien zum Durchbruch des harmonischen Empfindens und damit zur Schaffung der Oper.

Mit der Abwanderung nach Norden verschiebt sich das Verhältnis.

Sprache, Klima und natürliche Begabung sind der Stimme weniger günstig, sie verliert die führende Bedeutung. Es bildet sich neben dem gesanglichen noch ein anderer Begriff von Musik heran, erwachsend aus der Welt des Instrumentalklanges. Dauernd genährt durch gesteigerte Komplizierung des Instrumentalen, erlangt dieser Musikbegriff solche Übermacht, dass auch die Stimme nur noch als ein Teil des Gesamtapparates erscheint, ein Organ unter vielen. Dem mechanisch konstruierten Ganzen eingeordnet, verliert sie ihre originale formbildende Kraft und verfällt der instrumentalen Mechanisierung. So erscheint hier auch die Oper nur als Musik, wie eine Sinfonie, eine Klaviersonate. Sie unterscheidet sich von diesen Kompositionsgattungen lediglich durch den grösseren Aufwand an ausführenden Kräften und die Tatsache der szenischen Wiedergabe.

Parallel der Umwandlung vom Gesang zur Musik geht eine Bedeutungsänderung der optischen Mittel in der Oper. Die singende Stimme als Handlungsfaktor bedingt die Irrealität des von ihr dargestellten Menschen. Indem sie ihn singend wiedergibt, hebt sie ihn aus allen Voraussetzungen der Wirklichkeit heraus, kennzeichnet ihn als ein stets scheinhaft bleibendes Wesen. Aufgeben kann es diese Scheinhaftigkeit ebensowenig, wie ein Lichtbild Körperhaftigkeit zu gewinnen vermag. Der singend sich bewegende, singend handelnde, singend sprechende Mensch ist der Wirklichkeit unwiederbringlich entrückt. Er bleibt gebunden an die Traumwelt der Phantasie, die ihn erzeugt hat. Also muss auch alles, was er tut: die Art seines Handelns, seiner Bewegung, Kleidung, räumlichen Umgebung dieser Scheinhaftigkeit entsprechen, denn es ist nur vorhanden, um sie zu ermöglichen und ihr Atmosphäre zu geben. Herder, ein guter Kritiker der Oper, sagt: „Einmal in eine Welt gesetzt, in der alles singt, alles tanzt, entspreche auch die Welt ringsum dieser Gemütsart: sie bezaubere."

Demnach ist das Drama im Sinne des aus der Sprache gestalteten Sprechdramas unmöglich in der Welt der singenden Stimme. Vorstellbar wird es nur als Scheinhaftigkeit des Dramas im gleichen Sinne, wie der singende Mensch als scheinhaft gilt. Die Möglichkeit einer dramatischen Wirkung im Spiel der singenden Stimmen ist damit nicht aufgehoben, sie liegt aber auf anderer Ebene und ist niemals durch Wettbewerb mit dem Sprechdrama zu erzielen. Das gleiche gilt von den äusseren Mitteln der Veranschaulichung: Kostüm, räumlicher Szenengestaltung bis zur Bewegungssprache des Singenden. Alles untersteht dem Grundgesetz der bewussten Scheinhaftigkeit, der Atmosphäre des Klanghaften, in der allein die Oper leben und atmen kann.

Diese Scheinhaftigkeit ist gewahrt worden, solange die Verbundenheit mit der Grundnatur der Oper bestand. Sie hat sich verloren im gleichen Masse, wie sich diese Verbundenheit lockerte: wie durch Abwanderung der Kunstgattung in nordische Länder das Primat des Gesanges zugunsten der Instrumentalmusik verloren ging. Aus der Klangwelt des Orchesters drängten die Ideen des Dramas und aller damit zusammenhängenden veranschaulichenden Elemente hervor: der Handlung, der Bühnengestaltung, der Darstellung.

Aber wäre das wirklich falsch? Ist, gleichviel ob aus spekulativen oder physiologischen Gründen, eine Annäherung oder gar Gleichstellung der Oper gegenüber dem von Vernunft und Sprache geformten Drama nicht möglich, nicht nützlich, nicht vielleicht sogar im Sinne eines Fortschrittes denkbar?

Gleiche Zielsetzung für Oper und Drama auf gleichen Wegen mit Hilfe gleicher Mittel wäre ein Doppelspiel gestaltender Kräfte, wie es in der Ökonomie der Kunst sonst nirgend vorhanden und also auch hier, als sinnlos, schwer zu glauben ist. Wo sich Ähnlichkeiten zeigen: etwa in der Skulptur, die in verschiedenen Steinarten, zudem noch in Holz schafft, erweist es sich, dass eben diese Verschiedenheiten bis tief zum Wesenskern der Kunstarten reichen, demgemäss auch zu verschiedenartigen Ergebnissen führen. Die verwandtschaftlichen Beziehungen sind nur äusserlicher Art und für die künstlerische Betrachtung kaum vorhanden. Dies muss sinngemäss auch für Oper und Sprechdrama gelten. Wenn aber beide das gleiche wollen, es mit den gleichen Mitteln erstreben und bis zum Ziel parallel laufen sollen, so muss notwendig eines von ihnen besser, eines schlechter sein. Das Schlechtere als das Schwächere wäre dann überflüssig. Dieser Meinung war mit vollem Recht der eifrigste Verfechter des Dogmas von der dramatischen Sendung der Oper, Richard Wagner. Wäre die Oper tatsächlich jene Erfüllung des Dramas, für die er sie hielt, wäre sie die Vereinigung von Shakespeare und Beethoven, so wäre damit ihre Überlegenheit über das gesprochene Drama erwiesen. Dieses, von Wagner „Literatur“ genannt, wäre von nun an ebenso überflüssig, wie, nach Wagners Meinung, die reine Instrumentalmusik.

Wagners Folgerung ist und bleibt richtig, sobald man seine Voraussetzung anerkennt. Diese besagt, dass die Gesangsoper eine Verirrung sei und erst durch die Handlungskräfte der Sprache Drama werden könne. Aber gilt diese Voraussetzung wirklich?

Die Zeit nach Wagner hat sich längst dagegen entschieden, die Produktion bestätigt diese Ablehnung. So bleibt die Frage: was ist nun mit der Oper? Ist sie ein auf halbem Wege steckengebliebenes Drama? Oder nicht einmal dieses? Ist sie eine Paradoxie, die man eigentlich nicht ernst nehmen kann, immerhin als bemerkenswertes Phantom zuweilen beachtet, weil sich so viele geniale Menschen damit beschäftigt haben? Oder ist die Oper eine repräsentative Gesellschaftsangelegenheit vergangener Zeit und nur noch aus gedankenloser Gewohnheit beibehalten?

Gegen diese Annahme spricht die Tatsache, dass die Oper zu keiner Zeit ausschliesslich an Höfen gepflegt wurde. Sie war stets auch als Volksoper vorhanden. Es spricht dagegen vor allem die Tatsache, dass sich die Oper schon von der Wende des 18. Jahrhunderts an als bürgerliches Kunstwerk organisiert hat. Gegen die Paradoxietheorie aber spricht das Vorhandensein einer bald 400jährigen Produktion, von der mehr als 150 Jahre lebendig sind. Es wäre ein in der Geschichte des menschlichen Geistes einzig dastehendes Faktum, wenn die grössten Genien mehrerer Jahrhunderte sich immer wieder, zum erheblichen Teil erfolgreich, an einer Kunstgattung versucht haben sollten, deren Anziehungskraft nur auf der Unvereinbarkeit ihrer Widersprüche, also auf der Unlösbarkeit ihres Formproblemes beruhen sollte.

Wenn die Oper weder Erfüllung, noch ebenbürtiges oder unebenbürtiges Halbgeschwister des Dramas ist, ebensowenig ein romantisches Paradox – was eigentlich ist sie dann? Die Antwort müsste feststellen, ob die Oper ein inneres Lebenselement in sich hat, das sie von allen anderen Kunstgattungen unterscheidet. Dieses Lebenselement müsste ein geistiges und materiales zugleich sein, dabei von formschaffender Kraft, so dass es eine eigene Kunstgattung nicht nur begründen, sondern auch weiterpflanzen und zu einem Organismus von künstlerischer Geschlossenheit emporführen kann. Dieses Lebenselement müsste allen bisher geschaffenen Opern gemeinsam sein, und zwar als entscheidendes Kennzeichen, gleichviel welche künstlerischen Ziele diese Opern sonst verfolgen, ob sie also Dramen sein wollen oder Singspiele, ob sie dem Pathos huldigen oder der Komik, ob sie aus dem Jahre 1600 stammen oder aus dem Jahre 1900, und gleichviel welcher Nation sie angehören.

Ein solches Lebenselement ist da. Es bekundet sich darin, dass alle diese Opern gesungen werden, sich also auf Vorhandensein und Möglichkeiten der menschlichen Stimme aufbauen. Diese Eigentümlichkeit ist aber zugleich die einzige, die allen Opern aller Zeiten gemeinschaftlich ist. Im übrigen zeigen sie über die Unterschiede der Zeiten hinaus die grössten Verschiedenheiten der ästhetischen Ziele wie der praktischen Gestaltung in musikalischer, dramatischer, szenischer Art. Die Stimme allein ist das Band, das alle bindet. Mehr noch: nimmt man diese singende Stimme aus der Oper fort, so hört die Oper auf, Oper zu sein. Ihr Wesenskennzeichen ist ihr geraubt. Auch dieses gilt von allen Werken. Und nochmals mehr: die Wandlungen in der Erfassung der Stimme zeigen klar erkennbare zeitgeschichtliche Gliederung. Sie zeigen eine ständig wechselnde Art, die Stimme produktiv zu erfassen. Sie zeigen – das erweist die kritische Betrachtung – über alle Verschiedenheiten hinweg eine absolut einheitliche Grundtendenz im Wechsel der stimmlichen Charaktere.

Es folgt: die singende Menschenstimme ist die Wurzel, aus der die Oper erwachsen ist. Sie ist die Kraft, die die Oper weiterträgt. Sie ist die Macht, die sie immer wieder zur Vollendung führt, je nach der Art, wie das Wesen der Stimme erkannt wird. Aus der Stimme ersteht die Gestalt, sie wird körperlich so erschaubar, wie der Lebenswuchs der Stimme es befiehlt.

So ist die Oper Gestaltwerdung der singenden Menschenstimme, deren Gesetze sie zur Erfüllung bringt, deren Möglichkeiten sie anschaulich macht, deren Wandlungsfähigkeit im Erscheinungsleben der schöpferischen Phantasie sie dartut. Darauf beruht die Einzigartigkeit der Oper. Alle sonstigen Parallelen zu anderen Kunstgattungen sind Nebenerscheinungen, die das Wesen und Geheimnis der Gattung nicht berühren.

Unerheblich ist, ob der Opernkomponist sich der Bedeutung der singenden Menschenstimme als des gestaltgebenden Elementes stets klar bewusst gewesen ist. Verschiedentlich war es nicht der Fall, namentlich im Laufe des 19. Jahrhunderts ist die Grunderkenntnis allmählich in Vergessenheit geraten, besonders in Deutschland. Erst heut beginnt man langsam, sie neu zu erfassen und zu begreifen. Die Tatsache selbst war aber auch da wirksam und fruchtbar, wo sie dem Bewusstsein fremd blieb, anders wäre ein Opernschaffen nie möglich gewesen. Es zeigt sich sogar, dass die Vorspiegelung anderer Grundkräfte und Ziele wichtige Neuentdeckungen und produktive Wandlungen der Stimme selbst bewirkt hat. Das leitende Gesetz der Gattung ist mächtiger als die Scheinerkenntnis der jeweiligen Ästhetik, die unter Vorspiegelung einer neuen Theorie nur als Mittel dient, um die neue Metamorphose der Stimme herbeizuführen.

Um diese ständig bleibende Achse herum legt sich das im engeren Sinne Zeitliche: das Dramatische, Musikalische, Dekorative, Stoffliche, Gesellschaftliche – alles also, was die soziologische Erscheinung der Oper und den Wechsel ihrer Gestalt kennzeichnet. Unberührt hiervon bleibt die singende Menschenstimme, bleibt die Erkennung der Oper als Gestaltwerdung dieser Stimme im steten Wechsel des Erscheinungsspieles. Damit wird die Geschichte der Oper zur Geschichte von den Wandlungen der Stimme und ihren vielfältigen Beziehungen zu anderen Gestaltungselementen.

Unter ihnen allen ist sie mit Sprache und Tanz die unmittelbare Kundgebung des Menschen selbst. Er kündet in ihrem Klange die reine Offenbarung seines Wesens, in den Wandlungen ihrer Gestalten die Wandlungen dieses Wesens durch alle Zeiten, in denen die singende Stimme ertönt und Erscheinung gewinnt.

II

GLUCK

Die dramaturgische Geschichte der ernsten Oper beginnt für die Gegenwart mit dem zweiten Teil des Schaffens von Christoph Willibald Gluck. Alles frühere ist nur noch Notenmaterial und verbleibt der wissenschaftlichen Registrierung. Diese alte Oper gründet sich auf eine Kunst des Gesanges, die der heutigen Zeit fremd geworden ist. Sie setzt Stimmen voraus, die es nicht mehr gibt, nämlich Kastratenstimmen.

Die Kastratenstimme muss, nach den vorhandenen Gesangsvorlagen sowie Berichten zu mutmassen, ein wunderbares Klangphänomen gewesen sein. Es ist begreiflich, dass Zeiten, die über solche Stimmen verfügten, nur geringes Bedürfnis nach Instrumentalmusik empfanden. War doch die Kastratenstimme eine instrumentalisierte Menschenstimme. Man hatte ihr das Grundcharakteristikum der Stimme: den Geschlechtscharakter entzogen. Dafür erhielt sie die Gewandtheit des Instrumentes, das aber nicht toter Mechanismus war, sondern lebendiger Organismus blieb. Das Merkwürdige, fast Irrationale der Stimmwirkung beruhte nicht nur auf der heut kaum fassbaren Widernatürlichkeit, die einen Herkules figurierte Sopranarien singen liess. Grundlegend war die Entpersönlichung der Stimme. Aus ihr ergab sich der bewusste Verzicht auf vernunftmässige Gleichstellung oder auch nur Ähnlichmachung der Stimme mit dem natürlichen Wesen der dramatischen Gestalt.

Diese Einstellung muss ohne falsche Überheblichkeit begriffen werden. Die Teilnahme an der singenden Stimme hatte solchen Grad des Fanatismus erreicht, dass der Handlungsinhalt oder das Schicksal der dargestellten Figur nur noch Mittel äusserer Verknüpfung des Geschehens waren. Darüber hinaus galten sie nichts. Jeder Naturalismus der dramatischen Anschauung war aufgehoben. Wichtig war nur, dass so schön wie denkbar gesungen wurde.

Dieser Forderung entsprach die Kastratenstimme mehr als jede andere. Ihr Tonbereich erfasste die klanglich vorteilhaftesten Register, sie vereinigte in sich Glanz und Weichheit der Frauen- mit der Kraft der Männerstimme, unumschränkte Ausdrucksfähigkeit im Sinne musikalischer Vortragskunst mit ebenso unumschränkter Virtuosität. Ihren besten Mustern gegenüber müssten die schönsten heutigen Stimmen plump und gewöhnlich erscheinen, sofern es überhaupt möglich wäre, von der Unnatur dieser Stimmwesen zu abstrahieren. Zum Verstehen der damaligen Zeitkultur aber ist es nötig, das seltsame, durch Verstümmelung zu einer Art übermenschlicher Vollkommenheit emporgetriebene Produkt der Kastratenstimme als künstlerische Erscheinung zu begreifen. Freilich kann dies auch der rekonstruierenden Reflexion nur unvollkommen gelingen, denn gerade das, was für die Gegenwart den Zauber der Stimme ausmacht: ihr erotischer Reiz, wurde damals im Interesse der Gesangsleistung als störende Beschränkung empfunden.

Die Oper vor Gluck und bis zur Mitte seines Schaffens war nicht durchweg Kastratenoper. Sie wurde aber durch diesen Sängertypus entscheidend bestimmt und fand in ihm ihre Erfüllung. Daraus ergaben sich Stoff, Handlungsgestaltung, szenische Formung. Artistische Ergötzung als Kunstprinzip deckte sich mit dem Zweck der Verwendung als höfischer Lustbarkeit. Neben diesem bis zu äusserster Einseitigkeit entwickelten höfisch gesellschaftlichen Operntyp kam das realistische Gegenstück: das humoristische Intermezzo auf. Aber es blieb zunächst Begleiterscheinung und konnte die Vorherrschaft der Kastratenoper nicht stören. Sie bewahrte ihren Grundcharakter innerhalb der auf verschiedene Lokalfarben abgestimmten venezianischen, neapolitanischen, römischen Oper mit ihren Abzweigungen in Madrid, London, mit den derb volkshaften Übertragungen in Hamburg, Leipzig, Nürnberg, Braunschweig. Sie blieb die Oper der widernatürlich instrumentalisierten singenden Stimme, Durchführung der Irrealität der Oper bis zur letzten Konsequenz.

Auch in Glucks Schaffen ragt das Kastratentum noch hinein. Die Titelpartie seines „Orpheus“, der ältesten auf der heutigen Bühne noch lebenden ernsten Oper ist für einen Kastraten geschrieben. Ein letzter Ausläufer dieser versunkenen Welt findet sich in Mozarts Jugendoper „Idomeneo“, die eben wegen dieses Zusammenhanges mit der alten Oper für die heutige Bühne verloren ist. Die Tore zu diesen Werken sind in Ewigkeit zugefallen und durch keine Beschwörung mehr zu öffnen. Nicht, weil die dramatische Faktur, die musikalische Form oder irgendwelche andere Eigenheit veraltet wäre. Der Klang der Stimme, der sie belebte und ihr Wesen bestimmte, ist für immer entschwunden. Deswegen bleibt es ein müssiges Geschäft, sie im Hinblick auf musikalische Werte zu rekonstruieren, mögen diese nun von Monteverdi oder Hasse oder Händel stammen. Ihr Atem ist verweht. Geblieben sind nur Trümmer ohne inneren Zusammenhang.

In und durch Gluck vollzieht sich die Wendung.

Ihr Kennzeichen ist nicht der Wechsel von der Arienoper zum dramatisch begründeten Organismus, auch nicht die Umkehr von der Selbstherrlichkeit des Sängers zur Obergewalt des schaffenden Musikers, auch nicht die Vereinfachung der Koloratur zur klaren Linie. Das alles trat ein, aber es war nicht Ursache, sondern Folge. Die Wendung vollzog sich von der Unnatur zur Natur, vom Stimmvirtuosen zum singenden Menschen. Der Urheber dieser Wendung war Rousseau.

Als Musikästhetiker verfolgte Rousseau andere Bahnen. Richtungbestimmend wurde er für die Musik als Apostel des Evangeliums von der Rückkehr zur Natur, wie es nun in Frankreich von Diderot und den Enzyklopädisten, in Deutschland von Lessing und Herder weiter verbreitet wurde.

Diese Rückkehr zur Natur zeigt Ähnlichkeit mit jener Rückkehr, aus der anderthalb Jahrhunderte vorher die Oper entstanden war. Damals war auf musikalischem Gebiet das Verlangen zur melodisch führenden Stimme massgebend gewesen, sie erhielt eine neue Natürlichkeit gegenüber der Polyphonie. Jetzt meldete sich gegenüber der zum Selbstzweck gewordenen Herrschaft der Stimme die Forderung einer Neuerkennung des Menschen. In die Schemenwelt der Stimmgespenster hinein klang die erste Botschaft der kommenden kulturellen Umwälzung.

Als Gluck sie vernahm, hatte er bereits einen erheblichen Teil seines Schaffens vollendet. Seine Tat besteht darin, dass er die Türen aufstiess und das Tageslicht eines naturhaften Menschentums auf die Opernwelt seiner Zeit fallen liess. Da musste freilich vieles anders erscheinen, als in dem Zwielicht der bisherigen Eunuchen-Atmosphäre. Künstlich verschnörkelte Handlungslinien zogen sich gerade. Virtuose Kunstfertigkeiten fielen ab und ein reiner Gesang kristallisierte sich. Vernunft und Logik machten sich geltend im gleichen Masse, wie die Menschen anfingen, mit natürlichen Stimmen zu singen. Intellekt und Gefühl einer reinen und klaren Kunstanschauung standen auf als kritisches Gewissen und prüften das Kunstwerk auf seine Möglichkeit gegenüber den Forderungen eines neuen Gestaltungswillens.

„Der Fortgang des Jahrhunderts wird uns auf einen Mann führen, der, diesen Trödelkram wortloser Töne verachtend, die Notwendigkeit einer innigen Verknüpfung rein menschlicher Empfindung und der Fabel selbst mit seinen Tönen einsah." Das so von Herder gekennzeichnete Kunstwerk Glucks war nichts Neues. Es war die alte florentinische Oper. Bereichert durch Versuche und Erfahrungen der Zwischenzeit, gereinigt von den Abirrungen, zu denen die Autokratie der denaturierten Stimme führen musste, war sie jetzt durch die Hinführung zu Natur und Mensch zur Erfüllung des ursprünglichen Wollens gelangt. Aber nicht mehr als das. Sie war weiterhin die Oper der Hofhaltung, das olympische Fest der Götter und Helden für die Fürsten.

Das dekorative Element wird im Sinne zauberhaften Prunkes als Rahmen eingesetzt. Die Stoffe sind mythologisch allegorischer Natur und fast ausnahmslos der Antike entnommen. Das Ballett ist organischer Bestand als Feerie, die Chöre zeigen die gleiche gräzisierende Stilistik wie in der französischen Tragödie. Die Arienmelodik entspricht in ihrer diatonischen Einfalt und Symmetrie den schönsten Mustern italienischer Gesangsart, wie sie bis zu Händel und Hasse hinauf üblich war. Die auf reine Fundamentalbedeutung der Bässe bezogene Harmonik beruht auf dem Grundgefühl durchsichtiger Klarheit der Führung. Das grosse, zu intensiver Eindringlichkeit gestaltete Rezitativ empfängt aus der rethorischen Deklamation der französischen Oper besondere Anregung. Die beiden repräsentativen Kunstgattungen der italienischen Seria und der tragédie lyrique Lullys und Rameaus fliessen in eines.

Diese Vereinigung von naturhaftem Gesang, pantomimisch begründetem Tanz und vernunftmässig geordneter Handlung ist das Werk von Glucks kämpferisch despotischer Genialität. Nichts jedoch deutet auf einen revolutionierenden Neuerungswillen gegenüber dem Opernorganismus. Er wird gereinigt, entlüftet, zusammengefasst aus der starken und kritisch säubernden Anschauung eines rationalistisch empfindenden Menschen.

So beschliesst Gluck die Geschichte der alten Oper, indem er sie in der Wahrhaftigkeit ihres Wesens überhaupt erst kenntlich macht und in menschlich ergreifende Nähe bringt. Von seinen Opern sind fünf als für die Nachwelt lebensfähig anzusehen: „Orpheus", „Alceste", „Armide", „Iphigenie in Aulis", „Iphigenie auf Tauris". „Orpheus" trägt noch das Zeichen der Kastratenoper in der Besetzung der Titelpartie. Alle übrigen Werke sind schon dem Titel nach Frauenopern. Alceste, Armide und die innerhalb des Werkes führende Klytemnästra der aulidischen Iphigenie gehören dem hochdramatischen Typ an. Die aulidische Iphigenie selbst ist ein lyrischer, die taurische Iphigenie ein gereifter jugendlich dramatischer Sopran auf der Grundlage noch nicht voll entfalteten Frauentumes. Die Koloratur fällt bis auf geringe Schmuckreste in Nebenpartien fort, Arienmelodie und deklamatorische Gefühlsplastik des Rezitativs herrschen allein.

Die Männerstimmen bleiben meist episodisch. Es gibt nur drei gewichtig ausgeführte Männerpartien bei Gluck: Admet in „Alceste", Agamemnon in der aulidischen, Orest in der taurischen Iphigenie. Admet, innerhalb des Werkes von der überragenden Grösse der Alceste zwar zurückgedrängt, wird in den Orkus-Rezitativen, mehr noch in dem Klageausbruch zur ersten dramatischen Tenorgestalt grossen Formates. Die Stimme gelangt im tragischen Akzent zu ergreifender Naturhaftigkeit des Ausdruckes, sie offenbart ein letztes Klanggeheimnis des Organes. Mozart hat diese Figur Glucks zum Vorbild seines Idomeneo genommen.

Eigentümlicher noch als Admet steht die Gestalt des Orest in der taurischen Iphigenie. Nächst dem Agamemnon der aulidischen Iphigenie ist sie die erste grosse Baritonfigur der tragischen Oper. Diese Einsetzung der mitteldunklen Männerstimme an führender Stelle ist eine Vorwegnahme der romantischen Naturalistik, der Mozart im „Don Giovanni" folgt. Wie tief hier die Beziehung von Farbe und Charakter der männlichsten Mannesstimme zur Erscheinung erfasst ist, zeigt die Durchbildung dieser ersten grossen Problemgestalt bis zum Höhepunkt der Eumenidenszene des zweiten Aktes.

Dem Willen zur Naturhaftigkeit entspricht Glucks Stoff- und Erscheinungswelt. Sie ruht auf einfacher Kontrastierung des Wechselspiels der Natur, des Tages und der Nacht, handlungsmässig des Lebens und des Todes, bühnenmässig der Technik der mit Versenkungs- und Flugeffekten arbeitenden Maschinenbühne. Orpheus verliert und gewinnt Eurydike, Alceste opfert sich dem Tode für den Gatten, Armidens Zauberreich der Liebe wird vernichtet, Iphigenie wird den Göttern dargebracht, Orest kämpft mit den Dämonen der Unterwelt. Es sind durchweg Handlungen von primitivem Zuschnitt, ohne geschlechtlichen Eros. Selbst die Liebeswelt Armidens ist eine elementare Gegebenheit. Die Kontraste erwachsen schicksalhaft aus der Natur der Dinge. Menschliche Zutaten im Sinne von Intrigen, psychologisch bedingten Handlungen fehlen. Die Erscheinungen sind nicht individuell gesehen oder charakterhaft geformt. Es sind Gefühlstypen, in die Symbole des Mythos gefasst. Mittel der Symbolisierung ist Farbe und Führung ihrer Stimmen. Darum genügt die schlichte, harmonisch nur unterlegte melodische Linie, darum bleibt diese Musik innerhalb einfacher dynamischer Kontraste, darum ist sie homophon, gleichviel ob die solistische Einzelstimme oder der volle Chor spricht.

Darum schliesslich gipfelt sie in diesen beiden Ausdrucksmitteln: der führenden Frauenstimme und dem singenden Chor.

Der Chor ist Organ der Harmonie, stets flächenhaft behandelt, gleichviel, ob er das „No" der Unterwelt dem Orpheus entgegenschleudert, oder das Elysium in schwebenden Sequenzen malt, ob er um Alcestes Tod klagt oder ob er Orestens Wahnsinnsträume aufpeitscht. Klangerscheinungen dieser Art sind nach Gluck nicht wiedergekommen. Die Erfassung des Chores als harmonischer Totalität teilt sich von hier ab individualistisch auf, geht zunächst in das Spiel der Männer- und Frauenstimmen als aktiver Lebenskontraste über. Bei Gluck ist noch kein Interesse vorhanden für diese warme, lebensunmittelbare Sphäre des Klanges. Darum ist ihm auch die Mannigfaltigkeit nicht wichtig. Er schreibt keine grossen Ensembles, das Orchester bleibt begleitend, gibt rein dynamische Untermalung, tritt gelegentlich mit kammermusikalischen Soli namentlich der Holzbläser korrespondierend zur Singstimme hervor. Träger der rhythmisch bewegten Harmonie bleibt hauptsächlich der Chor.

Ihm gegenüber tritt als eigentliche Erfüllung und Vollendung der Kunstidee Glucks die dramatisch singende Frauenstimme. Sie führt, und in ihr verkörpert sich der schöpferische Wille des Werkes und seines Autors.

In dieser dramatisch bewegten, stets mitfühlenden, aber doch der Leidenschaft noch nicht eröffneten Frauenstimme formte sich das, was auch in der Unnatur des Kastratentumes als produktiver Kern enthalten war: der Wille zum gesanglichen Ausströmen der Stimme ober- oder ausserhalb ihrer Geschlechtsnatur, der Wille zur Virginität der Stimme. Nun ist sie der Sphäre jener Entartung, jenes künstlichen Zwielichtes entrückt und auf den Untergrund der grossen, menschlich wahrhaftigen Natur gestellt. So wird sie in die Erscheinung der heroischen, menschlich bewegten und doch mythischen Gestalt gekleidet, denn selbst Armidas Liebe bleibt jenseits einer irdischen Realität.

Damit wird diese Stimme zum Symbol einer Gefühlswelt, deren reine Schönheit für alle Zeiten eine einzigartige Dokumentierung schöpferischen Schauens bedeutet. Orpheus als Übergangsgestalt kann vielleicht nicht in dem gemeinten Sinne mitgezählt werden. Aber Alceste, Armide, Klytemnästra, die aulidische und schliesslich die alle überstrahlende taurische Iphigenie sind Frauengestalten der Gesangsbühne, bei denen gerade wie bei Glucks Chören der Vergleichsmasstab zur vorangehenden wie zur nachfolgenden Zeit fehlt. Zur Vergangenheit: denn erst durch diese Übertragung an die Frauenstimme als Führerin war die Kunstidee der alten Oper in Übereinstimmung zu bringen mit den Erfordernissen des menschlich ergreifenden Spieles. Zur nachfolgenden Zeit: denn dieser Schwebezustand zwischen Mensch und Persönlichkeit in der Stimme, diese Bewegung in der Sphäre der reinen Gefühle konnte wohl einmal am Abschluss einer grossen Steigerungsreihe erreicht, aber nicht auf die Dauer gehalten werden. Stimme und Mensch hatten sich jetzt gefunden. Nun mussten sie die Wanderung gemeinschaftlich fortsetzen. Diese Wanderung führte unvermeidlich immer tiefer hinein in das Bereich der menschlichen Persönlichkeit mit all ihren irdischen Bedingtheiten.

Es ist üblich, Gluck als Begründer des musikalischen Dramas, als Bekämpfer der alten Oper, als Reformator der Sängervorherrschaft, vielleicht gar als Vorläufer Wagners hinzustellen. Gewiss lassen sich alle diese Meinungen irgendwie begründen. Namentlich Glucks eigene Äusserungen, zum Teil sehr streitbar gehalten, bieten bequeme Handhaben für solche Auslegungen. Dem gegenüber erscheint es freilich seltsam, dass es um so weniger gelingt, Gluck auf der heutigen Bühne heimisch zu machen, je mehr die dramatischen Eigenheiten der Werke hervorgehoben werden. Also ist entweder Gluck als angeblicher Vorläufer eine längst überholte Erscheinung, oder jene Ansicht über Gluck ist unzutreffend, und die Art, wie man ihn daraufhin dem heutigen Opernbesucher nahezubringen sucht, ist falsch gewählt.

Gewiss gibt es keine Art, Gluck populär zu machen und seinen Werken Massenerfolge zu sichern. Solche haben sie auch in früheren Zeiten nicht gehabt. Sie sind geschrieben nicht als Publikums-, sondern als Hof- und Aristokraten-Opern. Sie sind die einzigen und letzten lebendiger Muster dieser Gattung. Also können sie nur erkannt werden aus Aufführungen, die den Grundcharakter der alten, dem Barock entwachsenen Hofoper im Zuschnitt der Bühne, in der Darstellung, in der Behandlung des Chores wie des dekorativen Elementes wahrt. Das sind die stilistischen Voraussetzungen, ohne ihre Beachtung wird das Werk in sich sinnlos.

Aus diesem Untergrund erwachsen nun die Darstellungen der grossen Stimmgestalten. Sie müssen und werden stets wirken, sobald aus dem Charakter ihres Singens und ihrer Stimme heraus ihr Menschliches erkennbar und glaubhaft wird. Zu finden ist es nicht auf dem Wege des Theoretisierens. Zu finden ist es nur aus der Erkennung der Gesangslinie als der dramaturgischen Geheimschrift, aus der ständigen Überprüfung der szenisch dramatischen Erscheinung in ihrer Beziehung zum schöpferischen Grundwillen: dem Willen zur Natur.

III

MOZART

1.

Mit Gluck schliesst die Geschichte der höfischen Oper, der Oper als Spiegelung eines aristokratisch geschauten Weltbildes.

In diesem Weltbild gab es hohe und edle Gefühle, wie sie zu Menschen gehören, die in schönen Palästen mit grossen Gärten wohnen, Menschen, deren Lebensführung das Nichtvorhandensein der gemeinen Nöte voraussetzt. Gluck war es noch vergönnt, solche Wirklichkeitsferne als Grundlage des Schaffens nehmen zu können, und damit den ursprünglichen Willen der Oper als der Kunstgattung absoluter Irrealität zu erfüllen.

Im Augenblick, da dieses Ideal sich vollendete, verfiel es auch der Zerstörung. Der Trieb zur Natur, aus dem die Oper Glucks ihre Prägung erhalten hatte, wirkte als zersetzende Kraft weiter. Er steigerte die massvolle Bewegtheit zur Leidenschaftlichkeit, den idealisierenden Typus zur individuellen Persönlichkeit. Er stellte die mythische Allegorik der Erscheinungen prüfend der Wirklichkeit gegenüber. Die westeuropäische Kulturmenschheit, innerlich beunruhigt durch neu heraufdrängende Probleme der Gesellschaftsordnung, trat in das Stadium kritischen Denkens. Ihm gegenüber konnte der schöne Zauber des höfischen Kunstwerkes sich schwer behaupten, denn seine Welt lag im Jenseits des Lebens, auf die jetzt gestellten Fragen vermochte es keine Antworten zu geben. Die Fata morgana einer Antike, die nie bestanden hatte, zerfloss. An ihre Stelle trat die Oper der Aufklärung, die Oper des kritischen Realismus, die Oper des bürgerlichen Menschen mit dem humanistischen Ideal des Weltbürgertumes. Ihr Schöpfer und Vollender ist Wolfgang Amadeus Mozart.

Mozart hat ausser dem Frühwerk „König Thamos“ nur eine Oper geschrieben, in der er Gluck seine Huldigung darbrachte: „Idomeneo". Es erwies sich, dass es auf diese Art nicht ging. Der tragische Kothurn passt nicht zu Mozart, so schöne Musik er gleichwohl macht. Unmittelbar darauf schrieb er die „Entführung". Damit hatte er seinen Boden gewonnen, den er nun nicht mehr verlor: Abwendung vom pathetischen Stil, Bekenntnis zum Realismus, zu den Erscheinungen nicht der gehobenen Gefühle und der Erdenferne, sondern zu denen des Lebens, der Wirklichkeit, zu denen, die nicht singende Ideen waren, sondern singende Persönlichkeiten.

Mit diesem Realismus verbunden war das Sprachenproblem. Bis dahin war italienisch die Opernsprache. Sie war leicht sangbar, zudem empfingen die Opernkomponisten ihre Bildung in Italien. Die deutsche Sprache in der damaligen Beschaffenheit war der gesanglich musikalischen Durchgestaltung wenig günstig, auch nicht hoffähig. Nur in Volkskreisen hatte sich eine einfache Gattung des musikalischen Unterhaltungsstückes ausgebildet. Es war gemischt aus gesprochenem Dialog und eingestreuten Liedern oder kleinen Ensembles. Die Darsteller waren Schauspieler, die auch singen konnten, das Ganze hiess Singspiel. Vorwiegend derbkomischen Inhaltes, war es eine Gegenerscheinung zu jenen Intermezzi, wie sie sich in Italien als Zwischenspiele zur Seria entwickelt hatten und allmählich zur volkstümlichen Buffa führten. 1733 hatte Pergolese mit „Serva padrona" das klassische Muster dieser Gattung geschaffen. Auf deutschem Boden war der Leipziger Hiller um 1750 und der Hamburger Keiser besonders erfolgreich. 1760 folgte in Frankreich Rousseau mit seinem „Devin du village". Dieser Reihe zuzuzählen ist noch die parodistisch gehaltene „Beggars"-Oper in England.

Gemeinsam ist allen Werken dieser leichtgefügten Art die Betonung volkstümlicher Drastik, die Abwendung vom Kunstgesang, die Hervorhebung des spielmässigen Bühnengeschehens. Dem entsprach das Vorherrschen des Wortsinnes auch in den Musikstücken, zusammengefasst also die bewusste Gegnerschaft zur Oper mit ihrer landfremden Sprache. Der Wille zur bürgerlichen Musikbühne, zur einfachen Natürlichkeit war entscheidend. Er forderte zunächst, dass die Menschen auf der Bühne sich der Sprache des Landes bedienten, dass also jeder Zuhörer verstehen konnte, was eigentlich sie sangen und sagten.

Damit aber war ein tiefgreifendes Problem aufgeworfen.

Soweit es sich nur darum handelte, eine fremde Sprache durch die einheimische zu ersetzen, konnte der Vorgang als vernunftmässige Selbstbesinnung gelten. Mit der Änderung der Sprache verbunden aber war die Frage nach der Sangbarkeit der deutschen Textworte. Der bisherige Gesangsstil setzte die grammatikalische und phonetische Struktur der italienischen Sprache voraus. Diese Grundlagen fielen fort. Es war zu prüfen, ob die deutsche Sprache überhaupt einen über das bisherige einfache Lied hinausgehenden Gesangsstil zuliess. Viele Eigenschaften des Italienischen konnten auf keine Art in den deutschen Operngesang übernommen werden. Der dadurch notwendig gewordene Verzicht musste naturgemäss auf die Stimmgestaltung und damit auf die Gesamthaltung des Werkes tief einwirken. Gab es dafür andere Möglichkeiten der Stimmtechnik, des Stimmausdruckes, die bisher unerkannt waren?

Das ist die Grundfrage. Praktisch formuliert lautet sie: wie verbindet sich die singende Stimme mit den Elementen der Landessprache? Alle Theorien über Oper und Drama, Stoff und Form sind nur Versuche, diese Grundfrage durch Bezugnahme auf andere, scheinbar weiter gefasste Ideen zu verkleiden.

Mozarts Antwort lautet: „Entführung", „Figaro", „Don Giovanni", „Cosi fan tutte", „Zauberflöte". Er hat zwei grosse deutsche, drei grosse italienische Opern geschrieben, die auf der Bühne bis heut lebendig geblieben sind. In Wahrheit freilich müssen auch „Figaro", „Don Giovanni" und „Cosi fan tutte" als deutsche Opern angesehen werden. Keinem Italiener wird es je einfallen, diese Werke als italienische Opern gelten zu lassen. Mozart hat sie nur zu italienischem Text komponiert, weil sich das, was er hier zu sagen und zu singen hatte, auf deutschem Text nicht sagen und singen liess.

Das war die Lösung, die der rationalistische Freimaurer fand, der aufgeklärte Weltbürger, der humanistische Anbeter von Natur, Schönheit und Weisheit, der ungeachtet seiner Aufgeklärtheit ein tiefreligiöser Mensch und ungeachtet seines Weltbürgertumes ein leidenschaftlicher Deutscher war. Er setzte das Kennzeichen des deutschen Musikers nicht darein, ob er deutsche oder italienische Texte komponierte. Er nahm den Text, der ihm im Einzelfall gemäss und notwendig schien. Bestimmend war erst die Musik, die dazu geschrieben wurde. Glucks oder Händels Musik zu ihren fremdsprachigen Werken kann weder als italienisch noch als englisch, noch als französisch, ebensowenig aber als deutsch bezeichnet werden. Sie ist Weltsprache, wie einst Latein die allgemeine Bildungssprache war. Mozart hingegen ist in seiner Musik auch da bereits der deutsche Musiker, wo er seinen Gesang auf italienischen Text singt. Er wählt ihn aus Gründen künstlerischer Zweckmässigkeit, weil er in diesen Fällen besser klingt oder überhaupt nur so gesungen werden konnte vom Schaffenden.

Solche wahrhafte Universalität seiner Natur lässt ihn Anregungen für seine Stimmcharaktere aus allen Gebieten gewinnen. Mozarts Stimmgestalten sind nicht, wie später bei Wagner, variierte Abwandlungen des gleichen Grundtyps. Sie sind in jedem der fünf Hauptwerke wieder fast völlig neu. An ihnen bewährt sich eine Erfindungskraft, wie sie ähnlich in der Oper nie wieder vorgekommen ist. Möglich war sie nur in dem Augenblick, wo der eben erwachende Wille zur Charakterformung der Stimmgestalten auf eine noch unverbrauchte Gesangskunst traf.

Die Erscheinung Mozarts ist überhaupt nur zu begreifen aus einem einmaligen Gleichgewichtszustande aller für die Oper bestimmenden Kräfte: Vollendung der Gesangskunst, die gleichwohl durch Gluck ihre Vormachtstellung verloren hatte, Erwachen eines realistisch gerichteten Spielwillens, der aber noch keine einseitige Übertreibung forderte, gesteigerte Bedeutung des Orchesters, das trotzdem der singenden Bühnengestaltung untergeordnet blieb, Möglichkeit der Verwendung deutscher und italienischer Texte je nach Zweckmässigkeitsgründen, des Singspiel- wie des Operntyps, der einfachen Zimmer- wie der grossen Maschinenbühne. Die immer weniger behinderte Wahl der Handlungsstoffe ermöglicht weitgehende Bewegungsfreiheit. Hierzu kommt eine Hörerschaft, die in sich selbst starken Auftrieb zur Geistigkeit trägt, nachdem sie eben aus Hörigkeit oder Beschränkung auf das niedere Volksmilieu erwacht war. Dieses alles musste in einem merkwürdigen Ausgleich der Kräfte zusammentreffen, um die Erscheinung Mozarts möglich zu machen.

Mozarts Genialität wird nicht herabgesetzt, wenn man die einmalige Geneigtheit besonderer Zeitumstände zu einem tief harmonischen Zusammenklang feststellt. Die gleichen Umstände machten bei solchem Wettbewerb der Kräfte den Erfolg um so schwieriger.

Es war die Zeit, da Lessing, Wieland, Herder eben erkannt wurden, Schiller und Goethe die Bühnen eroberten, Gluck und die italienische Oper noch herrschten, und die Welt auch ausserhalb des Theaters von neuen, revolutionären Ideen erfüllt war. In solcher Zeit geistiger Hochspannung konnte von der Opernbühne her nur ein Musiker sich durchsetzen, der Genie genug hatte, der Oper das zu geben, was sie von anderen Kunstgattungen unterschied: Gesang. Dieser Gesang aber musste erscheinen als Reingehalt dessen, was auf allen Gebieten Ziel des Lebens und des Denkens geworden war: der Persönlichkeit.

2.

Alle Stimmgestalten Mozarts sind Persönlichkeiten. Sie sind es durch die Art, in der die Stimme geformt: in welcher Lage sie geschrieben, mit welcher Art der Singtechnik sie behandelt, mit welcher Manier des Ausdruckes sie ausgestattet ist. Die Bildkraft lediglich aus Farbe und Führung der Stimme setzt voraus, dass jede Bewegung der Stimme gedacht und erfunden ist aus unmittelbarer Anschauung des Charakters. Mozart nimmt Anregungen dazu aus allen bisher vorhandenen Stimmtypen, nur die französische Oper Gluckscher Prägung wird nach den ungünstigen Erfahrungen mit „Idomeneo" wenig benutzt. Dagegen ist er der Virtuosität gegenüber vorurteilsloser als Gluck. Namentlich der Koloratur-Sopran erscheint ihm für die Steigerung des dramatischen Ausdruckes verwendbar. Die praktische Erfahrung mit geeigneten Sängerinnen mag diese Erkenntnis veranlasst haben.

So wird die Konstanze in „Entführung" für die Schwägerin Aloysia Lange als dramatischer Koloratursopran gestaltet. Freilich gelingt es heut äusserst selten, eine Sängerin mit der erforderlichen Mischung von intensiver Kraft der Mittellage und Leichtigkeit der Höhe zu finden. Man hat schon gemeint, Mozart sei hier aus Gefälligkeit den Wünschen einer Sängerin zu weit entgegengekommen. Aber eine Vereinfachung dieser Partie hätte der Gestalt der Konstanze erheblichen Verlust an Bedeutung gebracht, und damit dem ganzen Werk Gewicht entzogen. Die Virtuosität ist also hier wie bei der Königin der Nacht musikalisch dramaturgisches Mittel zur stärkeren Akzentuierung einer szenisch wenig vorteilhaft bedachten Gestalt.

Anders ist es bei Donna Anna. Hier wird die Koloratur bewusst als Ausdruckssteigerung im dramatischen Sinne eingesetzt, wie sie umgekehrt bei der Fiordiligi in „Cosi" als Mittel der Erleichterung der Spielatmosphäre erscheint.

Alle vier Gestalten zeigen den gleichen Grundtyp in vier verschiedenen Individualisierungen. Jede von ihnen ist ein in sich geschlossener musikalischer Charakter. Durch seine gesangliche Bedeutung behauptet er sich auch da in vorderster Linie, wo er, wie die Königin der Nacht, szenisch auf Episoden beschränkt bleibt. Dieser der Vorzeit Mozarts verbundene Stimmtypus der koloraturbegabten dramatischen Sängerin, wie ihn Bellini noch einmal in „Norma" gestaltete, ist heut im Aussterben begriffen. Daher wird gegenwärtig die Konstanze und die Königin wegen der schwierigen Koloraturen von der Koloratursängerin gesungen, der die dramatische Akzentuierung und die Intensität der Mittellage fehlt, die Donna Anna von der dramatischen Sängerin ohne ausreichende Koloratursicherheit. Hier ist ein Beispiel für die allmähliche Zerstörung der Stimmcharaktere und damit des sinnhaften Werkbildes durch die andersgerichtete Praxis der nachfolgenden Zeit.

Diese Stimmgeschöpfe des dramatischen Pathos entstammen noch der Überlieferung. Sie sind daher etwas kentaurenhaft geraten, auch in der Darstellung schwerer auf natürlichen Einklang von Gesang und mimischer Gestaltung zu bringen. Ihnen gegenüber erscheint als eigenste Schöpfung Mozarts die Stimme der jugendlichen Frau, in deren klanglich reines Ebenmass das Liebesempfinden die ersten Regungen der Sehnsucht, der Trauer, der Leidenschaft bis zum Zorn der Eifersucht bringt. Die Anfänge dieser Mozartschen Frauenreihe sind schon in den elegisch lyrischen Teilen der Konstanzegestalt enthalten. Sie beginnt aber richtig erst bei der „Figaro"-Gräfin und führt von hier weiter über Elvira und Dorabella zur zartesten und eigentlich vollkommenen Idealgestalt der Opernbühne, zur Pamina.

In der märchenhaften Klarheit ihrer Klangnatur, dem plötzlichen Erwachen aus unberührter Kindlichkeit zu reifer Gefühlstiefe und Opferbereitschaft steht Pamina selbst unter den Erscheinungen Mozarts wie ein Wunder. Erklärbar wird sie nur aus den Formungsmöglichkeiten der mädchenhaft jugendlichen Frauenstimme. Die

„Figaro"-Gräfin durchläuft zwar nicht diese weitgespannte Gefühlskurve, entfaltet dafür vielgestaltige Wandlungsfähigkeit von lyrischer Elegie über die leichte Konversation des dialogischen Ensembles bis zum enthusiastischen Aufschwung. Auch sie ist ein als Stimmindividualität erstmaliges und unvergleichbares Wesen. Ähnlich der Pamina zeigt sie die Frauenstimme in Linien- und Bewegungsreizen, deren Antriebe nicht aus technischen oder virtuosen Impulsen kommen, sondern aus dem Liebes- und Sehnsuchtsgedanken der frauenhaften Persönlichkeit.

Grundsätzlich das gleiche gilt von Elvira, diesem Stiefkinde unter Mozarts liebenden Frauen. Hier ist das dramatische Temperament der Gegenspielerin Donna Anna zu elementar, als dass nicht auch eine Elvira daneben schmächtig und episodisch erscheinen müsste. Dorabella wiederum ist gleich Fiordiligi entscheidend durch die tändelnde Spielatmosphäre des Werkes beeinflusst. So erscheint sie, gleich allen anderen Figuren von „Cosi" ausser Alfonso nur als Maske des Mozartschen Frauentyps.

Diese Kerngruppe von Mozarts Frauenstimmtypen wird ergänzt von leichteren Stimmen, die das lyrische Ausdrucksgebiet bis zum soubrettösen Koloraturübermut hin ausspielen. Auch hier gibt es keinen durchgehenden Grundtypus, nur verschiedenartig individualisierte Mischungen. An der äussersten Grenze der Leichtigkeit, damit auch der Koloraturgewandtheit und spielerischen Tonhöhe stehen Blondchen und Despina. Ihnen artverwandt ist das freilich nur episodisch erscheinende Tanzwesen Papagena. Die Mittelgruppe bilden Susanna, Cherubim und Zerline. Der gangbaren Bezeichnung nach sind sie ebenfalls Soubretten, aber fast ohne Koloratur, nicht einmal mit besonderer Beanspruchung der Höhe geschrieben. So sind sie eigentlich temperamentsmässige Umdeutungen der lyrischen Frauenstimme, vom gleichen Liebes- und Sehnsuchtsklang durchzogen, der hier statt zur elegischen Schwermut zur graziösen Heiterkeit gewendet wird. Bei Zerline erhält er einen leichten Einschlag von heimlicher Begehrlichkeit, bei Cherubim von dumpfer Unruhe des Blutes. Bei der am reichsten ausgestatteten Susanne werden alle Reize des weiblichen Schalkes lebendig und führen schliesslich zu einer lyrischen Steigerung empor, die den Platz unmittelbar neben der Gräfin nimmt.

Dieses sind, von der nur episodisch zu wertenden Marzelline abgesehen, Mozarts weibliche Stimmgestalten. Zu ihnen treten noch in der „Zauberflöte" die drei Damen und die drei Knaben, jene als Zusammenfassung der Beweglichkeit und Veränderlichkeit der Frauenstimme, die Knaben als harmonisch reiner, eigentlich geschlechtslos gemeinter Dreiklangzauber der hohen Stimmlage. Es fällt auf, dass Mozart ausser in diesen beiden Ensemblegruppen den Altklang der Frauenstimme überhaupt nicht verwendet. Es fällt weiter auf, dass, wie man auch Grundgemeinschaften erkennen mag, doch jede Gestalt stimmlich anders und persönlich geformt ist. Es fällt schliesslich auf, was eigentlich Mozart von der Frauenstimme jeder Art wollte: den Ausdruck der Liebe in allen Schattierungen.

Am fernsten blieb ihm dabei die Erfassung des heroischen Liebesgefühles, wohl weil dieses eben auch der Realität selbst fern liegt. Je mehr er sich der frauenhaften Innigkeit und Zartheit näherte, je mehr also die menschliche Glaubhaftigkeit seine Phantasie stützte, um so reicher und verschiedenartiger sang und klang diese Frauenstimme. Von hier aus war dann auch das Pathos des Aufschwungs ebenso vollkommen und neu, wie Munterkeit und Neckerei. Doch sind die Stimmen der zum beglückenden oder schmerzhaften Bewusstsein der Liebe erwachenden Frauen für Mozart und durch Mozart der Inbegriff der Frauenstimme überhaupt geworden.

Hierin liegt ein Grundgeheimnis der Kunstwirkung Mozarts. Der Zauber der Pamina-, der Gräfin-, der Susanne-Arien liegt nicht in der Führung ihrer melodischen Linie oder sonstigen musikalisch begrifflich definierbaren Eigenschaften. Er beruht auf der Tatsache, dass hier eine Frauenstimme als solche singt, und auf der Intuition, mit der die Gefühlsbewegung einer Frau in stimmliche Klangbewegung übertragen wurde.

Wesentlich andere, äusserlich mannigfaltigere Antriebe zeigen Mozarts Männerstimmen. Bemerkenswert ist zunächst die geringe Verwendung der Tenorstimme. Sie kommt bei Mozart nur für Jünglingstypen in Betracht, auch hier in erster Linie für die deutschen Singspiele „Entführung" und „Zauberflöte". Der Tenor ist für Mozart eine rein lyrisch klingende Stimme, geeignet für liedhaften Vortrag, dagegen für dramatische oder bravouröse Wirkungen nicht verwendbar. So wird der Tenor stets als leichte Stimme behandelt.

Belmonte, auch der handlungsmässig verunglückte Oktavio, Fernando und schliesslich Tamino sind jugendlich lyrische Schönsänger und verliebte Burschen, keine Männer. Tamino nimmt in der Sprecherszene, durch seinen Partner veranlasst, einen Anlauf zu dramatischer Akzentuierung. Weiterhin jedoch verstummt er im gleichen Masse, wie die Handlung vorwärts treibt, im Gegensatz zu Pamina, deren Gestalt dauernd an Bedeutung gewinnt.

Diese Tenorfiguren, namentlich Belmonte und Tamino, sind von Mozart zweifellos mit vieler Liebe und Sympathie gestaltet. Sie tragen in sich die Poesie der Jugend, die keiner Begründung bedarf. Damit ist aber auch ihr Wirkungskreis umschrieben. Eine eigentlich aktivierende Fähigkeit hat Mozart dem Tenor augenscheinlich nicht zugetraut, zum mindesten nicht als alleinsingender Stimme. Er verwendet ihn ausser für lyrische Aufgaben der hellen Farbe und quecksilbrigen Beweglichkeit entsprechend noch als Buffo, dem Gebrauch des Singspiels gemäss in „Entführung" (Pedrillo) und „Zauberflöte" (Monostatos), dann noch einmal unter Umdeutung seiner Klangfarbe zu giftiger Schärfe: als Basilio in „Figaro". Damit ist Mozarts Bedarf an Tenören gedeckt. Sie sollen in der Hauptsache schön singen, gut aussehen, und ausserdem – das ist ihre wichtigste Aufgabe – das Ensemble stützen und führen.

Der wirkliche Mann als Stimme ist für Mozart der Bass. Mozart macht, wenigstens der Bezeichnung nach, noch keinen Unterschied zwischen Bariton und Bass. Er fasst alle dunklen Männerstimmen in eine Kategorie zusammen. Bemerkenswert, dass auch für die Gestaltung der Mozartschen Männer die Beziehung zum Eros grundlegend ist, und hiernach die Aufteilung der Stimmen von unten nach oben geschieht. Da steht ganz unten der verschmähte alte Liebhaber, der brummige Teufel Osmin mit seiner virtuosen Behendigkeit und ungewöhnlichen Tiefe, für einen Sänger besonderer Qualität geschrieben. Von ihm kann man mit mehr Berechtigung noch als Beethoven von Webers Kaspar sagen, er stehe da wie ein Haus und schliesse alle späteren Bassunholde der deutschen Bühne vom Kaspar bis zum Alberich in sich ein. Hier ist die Senilität des knurrenden Liebesgesanges ebenso klanglich eingefangen wie die erregte Lüsternheit in der komischen Koloratur, die Kurzatmigkeit in der hastenden Rhythmisierung und schliesslich die einzige menschlich aufrichtige Regung in der taumeligen Tanzmelodik des Bacchusduettes. Die Bassdämonie des nicht mehr männlichen Mannes ist mit diesem einen Typ völlig ausgeschöpft.

Ein Nachkomme Osmins ist der allerdings nur episodisch behandelte Gärtner Antonio aus „Figaro", wichtigere Beziehungen ziehen sich von Osmin zu Leporello. Er ist freilich erotisch wenig interessiert. Sein Frauenbedarf bleibt auf Spässchen beschränkt. Das Weib als solches spielt keine Rolle für ihn. Geld und gastronomische Genüsse erkennt er als der Weisheit letzten Schluss. Er ist gewissermassen die aus Domestikenstellung gesehene Gegenerscheinung zu dem lachenden Philosophen Alfonso aus „Cosi fan tutte". Leporellos Registerarie bezeugt, dass Mozart ihn vorwiegend als zynischen Menschenbetrachter, nur nebenher als komische Figur aufgefasst hat. Andernfalls wäre Leporello wohl die Partie des in „Giovanni" überhaupt nicht vertretenen Tenorbuffos gewesen. Als solcher hätte er ein Spassmacher werden müssen, Mozart indessen lässt ihn schön singen. Leporello ist ein armer Teufel, der den Luxus der Phantasie nicht kennt, Welt und Menschen daher ohne Illusionen sieht, wie sie eben sind. Dass dies aus der Bedientenperspektive geschieht, ergibt den unfreiwilligen Humor der Gestalt, die ein Vetter des Sancho Pansa ist. So singt er auf den plattesten Text eine gefühlvolle Mozart-Kantilene, und so muss er Bass sein, weil die Stimmgestalt nur durch den Kontrast komisch wirken darf. Dabei wird hier der Bassklang ebenso zum Ausdruck emsiger Geschäftigkeit gedeutet, wie beim Komtur zum Ausdruck der starren Ruhe und ausserirdischen Hoheit.

Osmin, Leporello, Komtur, zum Teil auch Alfonso sind peripherische Gestalten von Mozarts männlicher Stimmenwelt. Sie sind Charaktertypen mit antithetischer, also indirekter Funktionsbedeutung. Männliche Handlungskraft und aktive Persönlichkeit verkörpern Figaro und Sarastro, der eine, realistisch gesehen, durch Aufgewecktheit und List, der andere, mythisch erfasst, durch Würde und Weisheit. Bei Sarastro war der Basscharakter durch die väterlich wirkende Gestalt gegeben. Dass er darüber hinaus zum fürstlichen Manne, zum priesterlichen König erwächst, ergab sich aus Mozarts Art der Stimmformung. Sie hob ebenso die fundierende Bedeutung des Basses hervor, wie gleichzeitig seine melodiegestaltende Kraft.

Gerade diese Melodisierung des Basses macht Sarastro zum Zentrum, um das die übrigen Stimmen kreisen.

Gewiss ist bei Mozart alles erstmalig und auch einmalig, und doch ist gerade im Hinblick auf seine Gestaltung der Bassstimme diese Einmaligkeit besonders zu betonen. Bassgestalten sind auch späterhin vielfach geschrieben worden, hauptsächlich als Väter- und Charakterpartien, aber sie bleiben durchweg auf Chargenbedeutung beschränkt. Mittelpunktsgestalten aus der Bassstimme zu formen ist nie wieder gelungen. Nur Mozart hat diese zwei grossen, in sich völlig verschiedenen Muster dafür geschaffen: Sarastro, der die feierliche Ruhe und die melodiegestaltende Kraft des Basses verkörpert, Figaro, der seine Beweglichkeit, seine Vieldeutigkeit und vor allem seine rhythmische Lebendigkeit veranschaulicht. Ähnlich wie bei Leporello beruht die Figarowirkung zum erheblichen Teil auf dem Kontrast der Vitalität des Gesanges mit dem dunklen Stimmtimbre. Dieser hält die selbstbewusste Männlichkeit als Untergrund fest. Die Tenorstimme hier hätte namentlich in den männlich betonten Teilen die Steigerung zum heroischen Pathos bewirkt. Das lag Mozart fern. Es widersprach seinem Willen, Momente wie „Non più andrai" durch schmetternden Gesang in die Sphäre des gehobenen Stiles überspielen zu lassen. Sie sollten natürlich bleiben. Das konnten sie nur im Bereich der natürlichen, also der dunklen Männerstimme.

In ihr spiegelt sich der realistische und der abgeklärte Mann. Der werbende, begehrende, erobernde Mann, der Mann des ewigen Triebes bildet die dritte Gruppe. Sie erhält die Klanglage, die dem Naturwesen des Mannes am nächsten steht: Bariton. Er verbindet Kraft und gesättigte Männlichkeit des Basses mit der helleren Färbung der tenoralen Register. Er kann den Ausdruck des Schmachtenden und Schmeichelnden fassen, ohne an Fülle und Leidenschaft einzubüssen. So vereinigt er die Zärtlichkeit des Liebhabers mit der Brutalität des Gebieters. Er ist die wahre Inkarnation des männlichen Sexus, der phallische Dämon. Als solchen gestaltet ihn Mozart in drei grossen Mustern: als Almaviva im „Figaro", als Don Giovanni und als Papageno.

Es sind drei Abwandlungen eines Grundgedankens. Als Persönlichkeiten völlig verschieden, stellen sie in dieser Verschiedenheit die Dreiteilung jenes Begriffes der Männlichkeit dar, die in einer einzigen menschlichen Gestalt nicht glaubhaft zu fassen gewesen wäre. Dabei zeigen sie in sich wiederum eine Wandlungsfähigkeit und schillernde Veränderlichkeit, die jeder von ihnen den Stempel der Vollendung gibt. Almaviva erscheint noch am stärksten abhängig von der Aussenwelt, auf List und Verstellung angewiesen, schliesslich – scheinbar und unglaubhaft – wieder zur Konvention zurückkehrend. Seine wahre Natur bricht unverhüllt nur einmal durch in der grossen Arie „Vedro mentr'io sospiro". Um so listenreicher zeigt er sich in den vielen plötzlichen Übergängen von gebieterischem Herrentum zu schmeichlerischer Galanterie, von jähem Zorn zu repräsentativer Grandezza. Almaviva ist die für den Sänger am schwierigsten zu gestaltende Partie Mozarts. Eine gewisse Sprödigkeit der Wirkung wird – im Gegensatz zu allen anderen Erscheinungen des Werkes – nicht überwunden. So lebendig, beweglich und schlagfertig die Gestalt dasteht – sie gelangt innerhalb des Spieles niemals zur Führung, und die Totalwirkung leidet darunter, dass der Graf schliesslich die Kosten der Handlung trägt.

Ganz anders Don Giovanni. Er steht von vornherein auf der einen Formel seiner unersättlichen Triebhaftigkeit. So bedient er sich wohl in Einzelfällen zweckmässiger Listen, aber einer Verstellung oder Selbstverleugnung in der Art des Grafen wäre er nicht fähig. Sein Weg ist von der letzten bis zur ersten Szene geradeaus gerichtet. Aus vollkommener Einheitlichkeit des Charakters wird alles nur als Spielzeug genommen, was den Weg zu diesem Ziele kreuzt oder stört. Don Giovanni wäre eine teuflische Figur, wenn er nicht so schön sänge. Dass er das vermag, ist seine Rechtfertigung. In seinem Gesang liegt die eigentliche und einzig mögliche Erklärung des Don Giovanni, mit dem ein Grundtyp nicht nur der Oper, sondern der Kunst überhaupt erfasst ist. Wie die Gestalt des Faust erkennbar gemacht werden konnte nur durch Sprache und Gedanken, so konnte Don Giovanni gestaltet werden nur durch den Stimmklang. Dieser macht das Geheimnis seines Wesens: die verstandesmässig nicht fassbare Unwiderstehlichkeit, den Zauber seiner Atmosphäre auf die einzig mögliche Art künstlerisch anschaulich. Für alle Stimmungen setzt er jenen betörenden Klang der Männerstimme ein, der die Sinnlichkeit der Kraft unmittelbar entströmt.

Ähnlich gradlinig, nur auf anderer, primitiver Ebene verläuft das

Papageno-Spiel. Der Dämon ist hier auf die einfachste Naturformel gebracht, der Trieb als solcher herrscht in unverstellter Naivität. So ist Papageno auch die einzige deutschsprechende Gestalt unter den drei Geschlechtsmännern. Er macht Spässe, liebt Essen und Trinken. Seine Musik ist liedhafter Glöckchenklang und lustige Plapperei. Sie zielt auf den Weibchenlockruf des Naturgeschöpfes und endet in einem phallischen Tanzduett mit Jubel über unabsehbare Vermehrungsaussichten.

Mit diesen drei grossen Baritongestalten hat Mozart ebenso die letzte Naturnähe dem Manne gegenüber erreicht, wie die Gräfin, Susanne, Elvira, Zerline und Pamina das Geheimnis der Frauenstimme offenbaren. Die Männertypen sind naturgemäss zahlreicher und in sich mannigfaltiger als die der Frauen, für die im Grunde nur eine Stimmkategorie zur Verfügung steht. Aber was sie alle eigentlich zu sagen haben, sprechen sie nur zum Teil in ihren Sologesängen aus. Das Wichtigste geschieht nicht in den Arien, sondern in den Ensembles.

Bei Gluck gibt es solistische Ensembles nur in geringem Ausmasse, als Duette oder Terzette, in denen aber ein In- und Gegeneinanderspiel der Stimmen kaum in Betracht kommt. Für Steigerungen und Kontraste benutzt Gluck den Chor. Dieser kommt, ebenso wie das Ballett, bei Mozart fast gar nicht zur Geltung. Ausser dem kleinen Fandango im „Figaro" enthalten Mozarts Hauptwerke keine Ballettmusik. „Figaro" ist auch von den drei italienischen Opern die einzige mit einer Chorepisode. In der „Entführung" wird etwas Chormusik zu illustrativen Zwecken verwendet. Nur „Zauberflöte" bringt am Schluss der beiden Finales kurze, aber wuchtige Chorsätze, und im Verlauf des zweiten Aktes jene Priesterchöre, die als Gegenstück zu den Frauenchören von Glucks taurischer Iphigenie bezeichnet werden. Aber auch diese Chorsätze sind mehr feierliche Ruhepunkte als Elemente der Aktion. Sie bleibt bei Mozart im wesentlichen auf das Zusammenspiel der Solostimmen beschränkt.

Indem dieses Zusammenspiel die Persönlichkeit in möglichster Vielheit der Erscheinungen darstellte, musste es gleichzeitig das Beziehungsleben dieser Persönlichkeiten zueinander zum Hauptgegenstande des Geschehens machen. So wuchs die solistische Stimmgestalt zum Teil unter Teilen eines Kammerspieles der Stimmen.

Was persönlich war an ihnen, kam richtig erst im Gegeneinander der Persönlichkeiten, im wechselseitigen Eingreifen, Zusammenklingen, einander Fliehen zum Ausdruck. Dieses gilt bis in das Duettieren zweier Stimmen hinein. So erweist Giovannis „La ci darem" das eigentlich Betörende der Wirkung erst durch das Aufklingen von Zerlinens Antwort.

Hier zeigen sich die auffallendsten formstrukturellen Unterschiede zwischen Mozarts deutschen und italienischen Opern. Die italienischen Opern sind auf die Sextett-Gipfelung hin angelegt, mit Mischung von je drei Frauen- und drei Männerstimmen. Dieses Sextett, das in allen drei Werken die Finalanlage bestimmt, wird vorbereitet durch Duette, Terzette, Quartette verschiedener Stimmischungen, es wird auch während des Finale selbst durch allmähliches Zusammenströmen, gelegentliches Ausscheiden einzelner Stimmen belebt. Es ist gewissermassen das Weltbild des Werkes, in dem sich die einzeln tätigen Kräfte zusammenfinden, vom lenkenden Willen zum höheren Organismus verbunden.

Die beiden deutschen Opern erreichen nicht die strömende Lebendigkeit dieser italienischen Finales. Abgesehen von den beiden „Zauberflöte"-Quintetten, in denen die als Einheit zu fassenden drei Damen mit Tamino und Papageno zusammenklingen, gehen die deutschen Opern nicht über den Quartett-Typus hinaus. Er zeigt in „Entführung" die einfachste Zusammensetzung: zwei Frauen-, zwei Männerstimmen, allerdings zwei Soprane und zwei Tenöre. In „Zauberflöte" sind die Mischungen seltsamer: ein kleiner Quartettsatz von vier Frauenstimmen (Pamina mit den Knaben), ein Quartett zwischen Sopran, zwei Tenören und Bass (Pamina und Tamino mit den Geharnischten), daneben Terzette verschiedener Art. Keiner dieser Sätze ist in der Bedeutung seiner Struktur den italienischen Ensembles vergleichbar. Sie wirken als abschliessende Bestätigungen vorheriger dialogisch getroffener Festsetzungen. Auch die beiden grossen Finalsätze der „Zauberflöte" zeigen trotz ihres Umfanges hauptsächlich den Willen, die dialogische Unterbrechung der Musik zu vermeiden. Sie sind quodlibetartig zusammengesetzt, im Gegensatz zu der einheitlichen Formorganik der italienischen Opern.

Diese Unterschiede der Ensemblegestaltung beruhen auf den Unterschieden der Sprachen. Das italienische Ensemble mit der Verschlungenheit seiner Stimmführungen, der wechselnden Kontrastierung der Gruppen wäre in der deutschen Sprache weder gesanglich noch textlich ausführbar gewesen. So musste hier schon der Übersichtlichkeit wegen die einfache Form liedhaft geordneten Zusammensingens gewählt werden. Grund genug zu begreifen, dass und warum Mozart nicht auf die Möglichkeiten der italienischen Oper verzichten mochte, abgesehen davon, dass ihm hier gewandtere Sänger zur Verfügung standen.

Hieraus ergibt sich die Beschaffenheit der Stoffwelten, die sich der deutschen und der italienischen Sprachbehandlung boten.

3.

Der Stoff erscheint äusserlich als das Primäre, mag es auch im historischen Verlauf des Einzelfalles sein. Im Zusammenhang gesehen ist er Folge. Grundlegend ist der Typus Mensch, der innerhalb der jeweilig gegebenen Anschauungen von der Stimme möglich ist. Mozarts Stimmtypen scheiden sich in Gesellschaftstypen und Märchentypen. Märchentypen sind die von keiner Konvention belasteten, nur ihren Impulsen folgenden Erscheinungen, Gesellschaftstypen sind die im Kampf zwischen Konvention und Naturhaftigkeit stehenden Erscheinungen. Hierauf beruht der Unterschied zwischen Pamina und der Gräfin, zwischen Papageno und Don Giovanni, zwischen Sarastro und Figaro, zwischen Osmin und Leporello. Es ist der grundsätzliche Unterschied zwischen Mozarts deutscher und italienischer Oper. Er wäre zu klären dahin, dass Mozart das Wesen der singenden Stimme zwiefach erkannt hat: als deutsche Stimme und als italienische Stimme. Die deutsche Stimme veranschaulicht sich im gefühlhaft bewegten Einzelwesen, als dem Träger oder dem Symbol einer Idee. Die italienische Stimme veranschaulicht sich im problematischen Gesellschaftswesen, das sich erst im Zusammenspiel mit den anderen als Individualität entfaltet.

Hieraus ergeben sich zwei Stoffwelten: die italienischen Gesellschaftsstücke und die deutschen Volksstücke.

Die Gesellschaftsstücke sind Zeit- und Charakterstücke. Für sie ist die Gegenwart, der zeitliche und geistige Realismus wie in „Figaro" oder „Cosi" der geeignete Rahmen. Hier kann sich das Gesellschafts-

und Konversationsspiel zwanglos entfalten, die Natürlichkeit des Ensembletones ist gegeben. Bedingung indessen ist der Realismus nicht. Handelt es sich um ein Charakterstück, wie bei „Don Giovanni“, so kann das Zeitliche zurückdatiert, der Realismus mit Elementen der Mystik vermischt werden. Das Ziel der italienischen Opern ist das Offenbarwerden des Menschlichen aus den Umschlingungen und Masken der Gesellschaft. Es wird enthüllt bis auf den letzten Grund seines Wesens, bis da, wo es von sich allein nicht mehr weiter kann und entweder, wie der Graf, Verzeihung erfleht, oder, wie Giovanni, zur Verdammnis, oder, wie die „Cosi“-Leute zur heiteren Erkenntnis menschlicher Unzulänglichkeit gelangt. Es sind als gedankliche Vorlagen Werke gar nicht naiven, sondern höchst kritischen Gehaltes, in denen die Charaktere freilich nicht motivisch zergliedert, sonder gesangsmelodisch aufgerollt werden. Erforderlich bleibt deswegen immer eine Handlung, die zur Flüssigkeit des italienischen Parlando und zur Cantabilität des italienischen Arioso passt.

Anders läuft die Linie der deutschen Opern. Hier ist das ideelle Moment auch innerhalb der Handlung bestimmend. Liebe und Freiheit in der „Entführung“, Liebe, Freiheit, dazu als Höchstes Weisheit in der „Zauberflöte“ sind hier und dort die Handlungsziele. Die Fabel ist in beiden Werken den Grundzügen nach gleich: die gefangene Prinzessin, der jugendliche Befreier, der überlegen erkennende und entsagende Bassa als erste, noch im Dialog befangen gebliebene Skizze zum Sarastro. Dieses sind die Grundimpulse. Im übrigen ist die Fabel und die Handlungsdurchführung in der „Entführung“ noch sehr kurzatmig geraten. Um so reicher ist die „Zauberflöte“ ausgestattet. Wie sie die singenden Stimmen in allen Erscheinungsarten der deutschen Oper vereinigt, dazu den Chor als wichtiges Rahmenelement einsetzt, so zeigt sie auch als Stoffwelt eine Höchststeigerung der gegebenen Möglichkeiten. Aus dem Spiel der zu Symbolträgern idealisierten Persönlichkeiten formt sich der Mythos von der Musik, von der Macht der Töne. Sie zähmt wilde Tiere, bändigt böse Menschen, besiegt Feuer und Wasser, schafft dem Prinzen seine Prinzessin, dem Naturmännchen sein Naturweibchen und führt die ganze Menschheit durch Weisheit und Tugend zur Harmonie.

Das alles bewirkt die Musik, denn in ihr ruht für Mozart das Geheimnis des schaffenden Lebens schlechthin. Musik als schöpferische Macht, als Kraft der Ordnung und Gestaltung ist daher der Inhalt dieses Werkes. Seinen ideellen Antrieben nach steht es dem Gesellschaftsspiel und der Persönlichkeitskritik der italienischen Opern völlig fern. Es stellt die andere Hemisphäre von Mozarts Opernwelt dar.

Es kann niemals darauf ankommen, diese beiden in sich grundverschiedenen Teile zu vergleichen. Zu erkennen aber ist, dass ihre Verschiedenartigkeit erwächst aus der Verschiedenartigkeit von Mozarts Erfassung des Wesens der singenden Stimme. Oberhalb aller Unterschiede der Charaktere und Persönlichkeiten wird sie durch die Sprache aufgeteilt in eine deutsche und eine italienische Hälfte. Beide sind in sich gleich vollkommen, beide sind durch die Bedingtheit der Sprache grundverschieden. So werden beide aus diesen Voraussetzungen heraus in Stoff und Handlung bestimmt und die damit gegebenen schöpferischen Möglichkeiten zur Vollendung geführt.

Unberührt von dieser nach zwei entgegengesetzten Richtungen ausstrahlenden Verschiedenheit der Schaffensimpulse bleibt als Kern des Mozartschen Schöpfertumes der Gedanke der Beziehung der Geschlechter als Quelle alles Lebens. „Mann und Weib und Weib und Mann reichen an die Gottheit an“ singen Pamina und Papageno. Die einander innerlich fremdesten Gestalten, das eben zur idealen Liebe erwachende Mädchen und der primitive Naturmensch treffen in diesem Gedanken zusammen. Seine Entfaltung bestimmt auch die Führung der Handlungslinie und damit den Aufbau des Spielorganismus.

Das Sichfinden oder Sichverlieren von „Mann und Weib“ ist der alleinige Handlungssinn, alles andere ist vorhanden nur um seinetwillen. Entwicklungen im Sinne einer stofflich stärker gebundenen Handlungsdramatik kommen nicht in Betracht. Daraus ergibt sich die zweiteilige Anlage des Aufbaues. Sie zielt nicht auf die Peripetie des Dramas in der Handlungsmitte, wodurch sich die Notwendigkeit der dreiaktigen Gliederung ergäbe. Sie sieht einen zweimaligen Steigerungsanlauf vor, er führt beim erstenmal zur Schürzung der Fäden, beim zweitenmal zur Lösung.

Das Festhalten an der Zweiteiligkeit des Aufbaues ist Bedingung für die Richtigkeit der Wiedergabe. Es ist daher falsch, wenn aus äusseren Gründen, etwa wegen Umbauschwierigkeiten, die Zweiteilung in eine Vierteilung verwandelt wird, wie dies häufig bei „Don Giovanni" geschieht, oder wenn gar durch einen Schnitt in das zweite Finale der „Zauberflöte" diese dreiaktig erscheint. Die szenische Architektur ergibt sich aus der musikalischen. Sie zielt bei Mozart stets auf das Finale des Aktes, dem alle vorangehenden Stücke als Unterbau dienen.

Das gleiche gilt von der szenischen Form. Bei richtiger Einstellung zeigt es sich, dass die von Mozart getroffene Disposition bereits auf die Anlage vom Finale her berechnet ist. Die Finalbilder jedes Aktes sind stets die räumlich kompliziertesten und grösstgedachten, während die vorangehenden durchweg kurz spielen und dem abschliessenden Hauptbilde eingebaut werden können. Besonders deutlich wird dies an „Don Giovanni" und „Zauberflöte". In „Giovanni" zeigt das erste Finale den grossen Festsaal mit den drei Ballorchestern, das zweite Finale Giovannis Speiseraum mit der Erscheinung des Komturs. Beide Bilder bieten Raum für den Einbau der vorangehenden. Ebenso ist es in „Zauberflöte", deren erster Akt in das grosse Architekturbild der drei Tempel mündet, während der zweite mit dem Sonnentempel schliesst. Hier wird die Monumentalität der Schlussbilder auch äusserlich gefordert, während alle anderen, auch Feuer und Wasser, kurz spielen und sich durch geringe technische Behelfe fortlaufend verwandeln können.

Mozart hat demnach durchaus theaterpraktisch gestaltet, seine Forderungen sind selbst für eine primitive Bühne bequem ausführbar. Stellen sich Schwierigkeiten ein, so sind sie nicht Mozart zuzuschreiben. Er fordert weder Pracht noch bildhafte Sonderwirkung, sondern Sinnhaftigkeit der Bühne. Vorbedingung hierfür ist Wahrung des zeitlichen Zusammenhanges, also Schnelligkeit und ununterbrochene Folge der Bilder.

Stilprobleme im tieferen Sinne stellt die Mozartbühne nicht zur Diskussion. Wo solche dennoch gepflegt werden, geschieht es auf Kosten des Werksinnes. Die italienischen Opern verlangen nur realistische Umrahmung des Spieles. Diese Umrahmung ist in „Figaro" und in „Cosi" so einfach wie möglich vorzustellen, sie soll dem Zuschauer als selbständiges Element überhaupt nicht zum Bewusstsein kommen. „Don Giovanni“ lässt der Phantasie in bezug auf Farbe und Form mehr Spielraum. Aber auch hier bleibt die Bühne stets Dekoration. Jeder Versuch, vom Bild her Stilgeheimnisse zu entschleiern oder überhaupt ästhetische Diskussionen zu entfesseln, ist ein Versuch am untauglichen Objekt. „Zauberflöte“ schliesslich ist die richtige alte Maschinenkomödie mit Versenkungen, Flugapparaten, Feuer, Wasser, Tieren und sonstigen Zaubererscheinungen. Man soll ihr alle diese naiven Effekte lassen, zumal die Musik unmittelbar darauf Bezug nimmt, wie etwa beim A-Dur-Terzett der Knaben, die fliegend erscheinen.

Darüber hinaus aber kann die Mozartbühne niemals zum Gegenstand von Experimenten gemacht werden. Sie bleibt auch im Augenblick höchster szenischer Eindruckskraft Rahmen für den Menschen. Grösstes Beispiel zur Grunderkenntnis: das Feuer- und Wasserbild der „Zauberflöte“. Mit keinem Tone gedenkt Mozart des szenischen Effektes. Er lässt nur den einsamen Flötenmarsch mit leiser Paukenbegleitung erklingen. Nicht Feuer und Wasser gilt es zu sehen, sondern Tamino und Pamina.

So zeigt Mozart immer den Menschen selbst und diesen Menschen allein. Er verachtet das Bild nicht. Es ist wichtig und soll da sein, aber nur als Dekoration. Der Mensch erst gibt ihm Bedeutung, der realistisch gesehene Mensch, also keine Opernfigur mit landläufigem Pathos und ausgeleierter Gebärde. Ebensowenig aber der rein schauspielerisch gestaltende Mensch. „Figaro“ war ein Schauspiel – als Mozart es komponierte, muss ihm daran gelegen haben, etwas anderes daraus zu machen. Es wäre eine Unterschätzung Mozarts, in seiner Musik nicht mehr sehen zu wollen, als eine schöne Begleitung zu einem Spiel, das der gute Schauspieler auch aus sich allein heraus ausführen könnte.

Hier liegt das Problem der heutigen Mozartdarstellung: Sänger zu finden, die den Gesang singen und dann aus diesem Gesang die Darstellung formen können. Die gegenwärtig übliche Art der Wiedergabe zielt auf schauspielerischen Naturalismus. Sie sieht die Sprache als das Primäre an und versucht von dieser Grundlage aus mit dem Gesang zurechtzukommen. Das kann mitunter beim einzelnen Darsteller gut ausgehen, zum mindesten ohne Störung, zur Katastrophe aber führt dieses Prinzip bei den Ensembles. Hier sind die Bewegungslinien vom Musiker genau vorgeschrieben, die Stellungen der Personen zueinander bis auf geringfügige Einzelheiten auskomponiert. Die schauspielerisch intentionierte Regie muss hier entweder die Waffen strecken und ihre Unzuständigkeit anerkennen, oder Gewalt anwenden und die Durchsichtigkeit des musikalischen Spielgewebes zerstören.

Es verhält sich mit diesen Fragen der Darstellung ähnlich wie mit den Aufgaben der Bildgestaltung. Sie sind einfacher zu lösen als es scheint, sofern man ihnen ohne Geheimnissucherei entgegentritt. Zu begreifen ist vor allem, dass nicht die Sprache, auch nicht die Orchesterbegleitung, sondern einzig der Gesang das Charakterbild der Gestalt gibt. Das stets vieldeutige Wort empfängt seinen besonderen Sinn erst aus der Art, wie es sich in Gesangslinie umsetzt. Sie allein kann daher den Vortrag, demgemäss auch die darstellerische Gebärde bestimmen.

Es ist weiterhin zu erkennen, dass der Begriff eines Regieproblemes Mozart unbekannt war. Regie, die über die einfache Veranschaulichung hinaus etwas zu machen versucht, trägt damit einen fremden Zug in das Werk Mozarts hinein und kommt der eigenmächtigen Änderung des klanglichen Orchestersatzes gleich. Regie kann nichts tun, als den Sänger aufschliessen für das, was er dem Gesang nach auszuführen und wie er die Gestalt zu sehen hat. Über diese Arbeit am einzelnen hinaus muss die Regie für die reinste Sinnhaftigkeit des Ganzen Sorge tragen. Vermag sie das wirklich, so hat sie Grosses geleistet. Alles sonstige ist vom Übel. Mozart freilich kann es ertragen, aber wir selbst berauben uns seiner.

Mozart starb im Alter von 35 Jahren. Die fünf grossen Hauptwerke der Opern schrieb er innerhalb von zehn Jahren, von 1781 bis 1791. Er schrieb nicht nur die Opern, zu denen noch als Zwischenwerk „Titus" kommt. Er schrieb daneben noch eine kaum überblickbare Zahl anderer Werke und Werkgattungen, für Klavier, für Gesang, für Kammermusik, für Orchester. Es wäre unrichtig, zu behaupten, dass diese anderen Werke an Bedeutung hinter den Opern zurückstehen. Fast alle tragen den Stempel des Genius. Die Opern aber haben Mozart das weitestreichende Wirkungsgebiet erschlossen und seinem Namen die grosse Popularität gewonnen. Auch gibt es kein anderes Schaffensgebiet, auf dem Mozarts Werk allem Früheren und Späteren ähnlich unnahbar bleibt. In der Instrumentalmusik, in der Gesangskomposition, in der geistlichen Musik hatte er andere vor und nach sich. Zwar bleibt er auch ihnen gegenüber stets Mozart. Sie geben aber doch einen Vortrab und eine Fortführung, wenn auch mit entsprechenden Unterschieden.

Für die Oper gilt das nicht. So wenig Mozart ein Nachfolger Glucks ist, so wenig hat er einen Nachfolger gefunden. Sein Werk ist einmalig und in dieser Einmaligkeit vollendet. Es ist vollendet im Sinne einer vollkommenen Gestaltwerdung der Menschenstimme, die hier aus dem naturhaftesten Grundtrieb: der Liebe bei Mann und Frau elementar erkannt und geformt wurde.

Dies geschah in dem Augenblick, da das kunsthafte italienische Singvermögen noch die erreichte letzte Höhe hielt und gleichzeitig das naturhafte deutsche Singvermögen künstlerisch behandlungsfähig geworden war. Es geschah in dem Augenblick, da der Sinn für den gesungenen Klang noch lebendig und doch der Sinn für den instrumentalen Klang bereits erweckt war. Es geschah in dem Augenblick, da die Aufteilung in sprachlich nationale Kulturen bevorstand, und doch das friedliche Nebeneinander dieser Sprachen noch möglich war. Es war ein Augenblick seltenen geistigen Gleichgewichtes der Kulturen aller sinnlichen und geistigen Elemente. In diesem Augenblick der vollkommenen Harmonie aller Kräfte erscheint Mozart und schafft sein Werk.

Von hier ab teilen sich die Ströme. Die Sprachen fliessen auseinander. Die Spielkulturen trennen sich. Der Mensch bleibt nicht mehr das Naturwesen, der Charakter, die Persönlichkeit schlechthin. Er spezialisiert sich, indem er aus nationaler Sprache und nationalem Sprachgeist Einzeleigenschaften stärker entwickelt, andere fallen lässt.

Für die Stimme und damit für die Oper aber beginnt jetzt der grösste und schwerste Kampf, den die Gattung zu bestehen hat und der weiterhin ihre Daseinsmöglichkeit in Frage stellt: der Kampf mit der Instrumentalmusik, der Kampf mit dem Orchester.

IV

„FIDELIO“

Das Orchester hat bereits bis zum Abschluss des Mozartschen Opernschaffens eine Reihe von Wandlungen durchgemacht. Unverändert geblieben aber ist bis dahin die Anerkennung der dienenden Stellung gegenüber der Bühne, der Begleitfunktion gegenüber der Singstimme. Innerhalb dieser Grenzen haben sich mit zunehmender Freiheit Auflockerungen des Satzes, instrumental solistische Sonderwirkungen, koloristische Einzel- oder Gruppeneffekte herausgebildet. Durch Gluck wurde die Eigenbedeutung des Orchesters zu dramatischer Belebung gesteigert, durch Mozart abschliessend bestätigt.

Die lebhaftere Heranziehung des Orchesters musste allmählich eine kritische Überprüfung des Verhältnisses zwischen Singstimme und Instrument nahelegen. Die Singstimme war durch die Verbindung mit der Sprache und dem sichtbar handelnden Menschen dem wortlosen Instrument von vornherein überlegen. Es schien indessen, als sei die Singstimme weiterer Entfaltung innerhalb der Oper nicht mehr fähig. Gleichzeitig boten die Ausdrucksmöglichkeiten der Instrumente neue Antriebe für das dramatische Handlungsspiel. Hierzu gehörten die dynamischen Kontraste und Steigerungen. Durch scharfe Ausprägung der Gegensätzlichkeiten, überraschende Gegenüberstellungen oder auch ausgeglichene Übergänge hatten sie in der sinfonischen Produktion Wirkungen bisher unbekannter Art erzielt. Sie lockten zur Übernahme auch in die Oper. Im Zusammenhang hiermit stand die Ausnutzung der Koloristik. Auch die thematische Arbeit und Durchführung wurde Mittel zur Stärkung der orchestralen Eigenbedeutung. Hinzu kam die Neuartigkeit dieser orchestralen Ausdrucksmittel. Die Teilnahme der Musiker wie der Liebhaber wandte sich immer mehr den instrumental empfundenen Gestaltungen zu, wie sie sich auch in der Ausbreitung der sinfonischen Musik, im Willen zur Schaffung des Konzertes äusserte.

Mit dieser Neigung für die instrumental orchestrale Kunst verbunden war ein Nachlassen des Interesses für die singende Stimme. Durch die Verbreiterung der Hörerschichten kam jenes feine Unterscheidungsvermögen abhanden, das zur Kultur der Höfe gehörte. Die Kunst der Sänger selbst liess nach, weil der Kenner- und Liebhaberkreis sich verengte. Wichtiger noch war, dass der Mensch als Naturerscheinung, wie ihn die Stimme in einziger Vollkommenheit spiegelte, nicht Mittelpunkt der Teilnahme blieb. Aus der zunehmenden Betonung sprachlich gedanklicher Kräfte, aus der kritischen Betrachtung des Weltbildes drängte ein anderer Typus Mensch hervor, riss die Aufmerksamkeit an sich: der Mensch als geistige Willenskundgebung, der Ideen-Mensch. Der Typus hatte sich zur Persönlichkeit geformt, diese sich zum individuellen Charakter gewandelt. Aus ihm wächst jetzt unter Abtrennung naturhafter Realismen der Mensch als personifizierte Willensidee hervor.

Von hier ab trennen sich die Wege der Opernproduktion nach nationalen Kulturen. Die Aufspaltung wird besonders deutlich am deutschen Schaffen. Es verschwindet die naturhafte Menschlichkeit der Kunst Mozarts. Damit entfällt auch die reine Lösung der theatralischen Opernerscheinung in den Gesangsklang. An seine Stelle tritt die Einbeziehung des Instrumentalen, zunächst nur als mitbestimmenden Faktors. Allmählich erhält er vorherrschende Bedeutung bis zur absoluten Alleingeltung. Damit verbunden ist die entsprechende Metamorphose des Spielobjektes selbst vom Menschlichen zum Ideenmässigen.

Wie aber steht diese geistesgeschichtlich bedingte Wandlung zum unveränderlichen Wesen der Gattung Oper?

Nur in einem einzigen Werk ist es gelungen, deutsche Sprache, deutsche Gesangsart, deutsches Instrumentalempfinden und deutsche Ideenhandlung so zusammenzufassen, dass zwar nicht die künstlerische, so doch die geistige Höhe der Mozartoper erreicht wurde: in Beethovens „Fidelio". Aber auch „Fidelio" in seiner Einmaligkeit ist kein vollgültiges Bühnenwerk geworden. Ungeachtet seines grossartigen Charakters steht es innerhalb von Beethovens Schaffen nicht in vorderster Linie. Auch hat Beethoven sich nicht entschliessen können, eine zweite Oper zu schreiben, obschon der Wunsch zur Opernkomposition stets in ihm vorhanden war. Es fehlte weder

Gelegenheit, noch Anlass, noch Lust, aber eine Hemmung war nicht zu überwinden. Worauf beruhte sie? Auf der Unlösbarkeit der Aufgabe, mit den Mitteln einer ungesanglichen Sprache, eines nach Stimmbeherrschung drängenden Orchesters, einer ideenmässig geführten Handlung das Werk einer Gattung zu schaffen, deren natürliche Grundlage: die menschliche Stimme, nur noch als letzte Folge erschien.

Dass Beethoven das Problem so sah, ist nicht anzunehmen, dafür war er in zu hohem Masse Instrumentalmusiker. Aber er war gleichzeitig in zu hohem Masse kritischer Praktiker, um nicht die Schwierigkeiten zu erkennen, die sich aus jenen Ursachen ergaben. Waren sie doch, wenn auch für das im Enthusiasmus geschriebene Erstlingswerk zu spät, am „Fidelio"-Schicksal zur Genüge spürbar geworden. Gerade dieses Werk zeigte, dass man die Stimme zwar gelegentlich instrumentalisieren und durch eine hinreissende Idee auch vorübergehend idealisieren, aber ohne Sänger keine Oper schaffen kann. Dabei begibt sich das Seltsame, dass die Stimme selbst da noch triumphiert, wo sie eigentlich nur als Behelfskraft eingesetzt ist.

Beethoven baut sein Werk vom Instrumentalen her. Die Instrumentalmusik als vereinfachende Zusammenfassung der äusseren Begebenheiten erschien als das Wesenhafte, während alles Erscheinungsmässige, menschlich Gegenständliche erschwerende Zugabe war. Nur ein Musiker, dem durch die Übermacht des ihn beherrschenden Geistwillens der Sinn für die Eigenbedeutung naturhafter Lebensfülle verdeckt wurde, konnte solches unternehmen. Beethoven vermag keine reine Gesangslinie zu ziehen. Die Intervallvorstellungen der Instrumente bestimmen seine Melodien, noch bevor sie ihre Form gewinnen, eben weil der Zeugungsprozess aus abstrakt idealisierender Klangvorstellung erfolgt, nicht aus dem Impuls des Singens. Darum bleibt die Beethovensche Phrase auch da unsanglich, wo sie scheinbar mit herkömmlichem technischen Ausdrucksgut arbeitet. Sie ist stets so beschaffen, wie der Sänger sie am wenigsten brauchen kann. Selbst im Falle des Gelingens kommt der Eigenwert der Stimme als solcher nur mühsam zur Geltung.

Aber dieses gerade ist das Kunstmittel, dessen sich Beethoven für seinen Zweck bedient. Es wäre falsch, hier Ungeschick im gewöhnlichen Sinne anzunehmen. Gewiss wäre Beethoven nicht in der Lage gewesen, anders und für die Stimme besser passend zu schreiben. Er hätte es aber auch dann nicht getan, wenn er es gekonnt hätte. „Glaubt Er, dass ich an Seine elende Geige denke, wenn der Geist zu mir spricht?“, antwortet er in einem ähnlichen Falle dem über schlecht spielbare Violinfiguren klagenden Schuppanzigh. Die „Fidelio“-Welt liegt ausserhalb der Oper. Dabei ist sie eine in sich geschlossene Welt streng kunstmässiger Gesetzlichkeit und als solche zu begreifen. Beethoven entzieht der Stimme die menschliche Naturhaftigkeit des Gesanges. Er macht sie ungelenk. Er neutralisiert ihren Geschlechtsreiz selbst da, wo dieser eigentlich unbehindert bleiben müsste, wie in den Eingangsszenen des ersten Aktes. Das alles aber ist von ihm aus notwendig und im tiefen Sinne richtig.

Hier indessen liegen die stärksten äusseren Hemmungen. Der Kampf mit der Wirklichkeit der Oper und ihres Gesangswillens bleibt selbst für Beethoven schwer. Seiner Intention nach müsste er sich auf die Hauptfiguren der Bühne: den Tyrannen, den unschuldig Leidenden und die heldische Befreierin beschränken können. Mit ihnen hätte er auch die drei stimmlichen Typen gefunden, die er braucht: den dunkel gefärbten Bassbariton als Gestaltwerdung des Unterdrückers, die hohe und helle Männerstimme als Klangfarbe für den gefangenen Freiheitskämpfer, und dazu die in Höhe, Mittellage und Tiefe gleichmässig beanspruchte Frauenstimme.

Hätte Beethoven ein Buch gehabt für diese drei Stimmen, das die nämliche Art der Nebeneinanderstellung ermöglichte, so wäre er mutmasslich damit zufrieden gewesen. Die Handlung aber brauchte äusserlich mehr. Es mussten Mittel gefunden werden, um die Hauptstimmen richtig in Bewegung zu setzen, Gegensätze und vor allem neue Abschattierungen der Zusammenklänge zu schaffen. „Fidelio“ ist im Hauptbestand eine Ensemble-Oper. Zwar hat mit Ausnahme des Jaquino und des Ministers jede der Personen je eine Arie, von denen die des Pizarro bereits mit Chor geschrieben, somit deutlich in die Handlung einbezogen ist. Aber diesen fünf Solostücken stehen acht Solo-Ensembles als Duette, Terzette, Quartette gegenüber, dazu die beiden Finales mit Chor.

Freilich handelt es sich nicht um Handlungs-Ensembles im Sinne Mozarts, bei denen die Stimmcharaktere sich gegenseitig freilegen. Das Beethoven-Ensemble ist ein Zustands-Ensemble mit ausgesprochen kammermusikalischem Zusammenschlusswillen: die Ineinanderfügung der Stimmen ist das Ziel. Dabei kann im einzelnen wohl der Ausdruckscharakter des jeweilig Sprechenden gewahrt bleiben. So sind im Terzett Leonore, Marcelline, Rocco „Gut, Söhnchen, gut" die drei Persönlichkeiten individuell klar gegen einander abgesetzt, ebenso wie im Grabduett des zweiten Aktes das ängstliche Plappern Roccos gegenüber dem klagenden Gesang der Leonore.

Solche Einzelheiten gelten indessen weniger der Individual- als der Situations-Charakteristik. Sie allein ist massgebend. Sie führt zu Formgebilden wie dem Quartettkanon im ersten Akt, wo die vier verschiedenen Menschen in die gleiche melodisch thematische Form gebunden werden: nicht die Verschiedenheit ihrer Persönlichkeiten, sondern die Übereinstimmung ihrer inneren Erregtheit ist zu erfassen. Wie hier die Dämpfung nach innen, so ist im Quartett des zweiten Aktes der Ausbruch nach aussen das gemeinsame Kennzeichen. Leonore, Pizarro, selbst Florestan und Rocco reden zuletzt die gleiche Sprache. Die thematische Durcharbeitung herrscht, der rhythmische Affekt springt von einem zum andern. Die Stimmen sind Funktionäre eines grösseren Ganzen, dieses Ganze ist primär ein Musikstück. Wäre es dann als solches ohne Szene denkbar? Auch nicht, denn die Elemente des Bühnenspieles: Handlung, Bild, Kostüm, dramatische Situation sind so tief in diese Musikstücke verwoben, dass sie nicht ohne Gefahr für den Sinn des Ganzen entfernt werden könnten. Ungeachtet solcher Verbundenheit bleibt eine zunächst nicht theatralische, sondern musizierhafte Gestaltung. Die Mittel des gesungenen Spieles werden dem musikalischen Ausdruck mit genialer Umwandlungskraft dienstbar gemacht.

Das zeigt sich am deutlichsten in den beiden Finales. Beethoven kehrt bei der endgültigen Fassung zur Zweiteilung des Aufbaues zurück. Für Mozart ist das Finale namentlich der italienischen Opern der Beginn des nun auf engsten Raum zusammengedrängten Spieles, so dass alles Vorangehende nur als Vorbereitung erscheint. Für Beethoven ist beim Beginn des Finale der Geschehensinhalt abgeschlossen. Ein breites musikalisches Ausströmen setzt ein.

Das gilt nicht nur für das zweite, völlig oratorienhaft angelegte, sondern ebenso für das erste Finale. Die Scheinunterbrechung durch Pizarros unvermutete Wiederkehr und die anschliessende Zurückrufung der Gefangenen ist ein nachträglich geschaffener Behelf für die musikalisch formale Ausrundung durch die beiden Chorsätze. Eine Klärung der Charaktere oder eine Handlungsentfaltung ist mit diesen kantatenhaften Musiksätzen nicht verbunden. Sie ähneln am ehesten den „Zauberflöte“-Finales, entbehren aber selbst diesen gegenüber der quodlibetartigen Mannigfaltigkeit der Gegensätze. Hier hat der Musiker Beethoven den ohnehin nicht recht glaubwürdigen Theatermann unbekümmert zurückgedrängt. So sind zwei sehr grossartig konzipierte Musikstücke entstanden, zu deren besonderen Eigenheiten es gehört, dass sie mit Kostüm und Dekoration auf der Bühne auszuführen sind.

Zu fragen wäre, ob der Begriff des Theaters wirklich so einseitig festgelegt ist, dass er keine Abweichung, keine Ausnahme zulässt, auch wenn sie durch die weitestreichende Genialität legitimiert wird.

Beethovens „Fidelio“ ist das grösste Beispiel für die Unmöglichkeit, dem Theater von aussertheatralischer Einstellung her beizukommen, insbesondere die Oper aus irgendeiner anderen Kraft als dem Element der singenden Stimme zu gestalten. Beethoven verehrte Mozart, aber er missbilligte „Figaro“, „Cosi“ und „Don Giovanni“ ihrer Stoffe wegen. Er glaubte an die Möglichkeit einer geistigen Erfassung der Oper, ihrer Umformung zum Ideenträger. Mit Einzelheiten, die hierfür nicht geeignet und doch spielmässig nicht zu entbehren waren, versuchte er ein Kompromiss zu schliessen. Er wollte sie in seine Sphäre erheben, indem er sich ihnen näherte, weil er sie doch brauchte.

So entstand das Bemühen, eine Marzelline, einen Jaquino, einen Rocco zu schaffen. Sie waren nötig für den äusseren Ablauf der Handlung und für den musikalischen Ablauf der Ensembles. So kam es zu dem Kampf um den ursprünglichen ersten Akt, dem Kampf des Genies mit einer Materie, zu der er keinen Zugang finden konnte, weil dieser Zugang sich nicht dem ethisch wertenden, sondern nur dem singenden Menschen öffnete. Dreimal wurde die Arie der Marzelline komponiert, ohne dass sie deswegen in der endgültigen Form an Sangbarkeit gewonnen hätte. Mehrere grosse Ensemblestücke, ein Duett, ein Terzett, wurden geschrieben, nochmals geschrieben, schliesslich doch verworfen. Der Genius arbeitete eifriger und mühevoller als das mittelmässigste Talent.

Die endgültige Fassung zeigt, dass trotz dieser Mühen die geistige Ebene der „Fidelio"-Partitur nicht gleichmässig ist. Sie indessen nachträglich ausgleichen zu wollen, wie manche Dirigenten etwa durch Fortlassung der Goldarie versuchen, ist ebenso anmasslich wie nutzlos. Die Ungleichheit gehört zum Werk. Man soll sie erkennen und begreifen.

Als vollgültige Dokumente Beethovenscher Stimmgestaltung bleiben die drei grossen Arien des Pizarro, der Leonore und des Florestan. Alle drei sind Gewaltsakte gegenüber der Stimme. Die Leonoren-Arie hat ausserdem durch das nachträglich vorgesetzte grosse Rezitativ einen Stilbruch erhalten: die Gestalt der Leonore wird vorzeitig zur Heroine erhoben, während sinngemäss erst das Geschehen des Kerkeraktes ihr die ekstatische Handlungskraft der Heldin geben sollte. Ungeachtet dieser Problematik sind die drei Arien grundlegend geworden für die künftige deutsche Oper. Durch eine zunächst ideelle Übersteigerung des Charakteristischen werden zum erstenmal die heldenhaften Stimmtypen des Sopranes, des Tenores, des Bassbaritons aufgestellt.

Damit verbunden erscheint besonders ausgeprägt in den drei Arien die Behandlung des Orchesters als des eigentlichen Deuters, der das sichtbare und mit Worten ausgesprochene Bühnengeschehen in eine gefühlsmässig schärfer präzisierende Sprache überträgt. Damit ist dem Orchester seine neue Aufgabe zugewiesen. Es tritt als gleichberechtigter Partner neben die Singstimme, stellt ihrer lebensvollen Naturhaftigkeit die vergeistigende Kraft des Instrumentalklanges gegenüber. Eben dadurch aber bedroht es das Eigenleben der Stimme. Es setzt sie der Gefahr sinfonisch dynamischer Überwucherung aus, und es zwingt ihre Führung unter das Gesetz der Instrumentallinie.

Zunächst freilich geschieht die Gegenüberstellung nicht im Sinne des Kontrastes, sondern der Ergänzung. Beethoven selbst hat die richtige Konsequenz aus seiner Einstellung der Oper gegenüber gezogen: in der Form der Ouvertüre fand er das geeignete Mittel für die Gestaltung seiner ideellen Dramatik. Dass der Wille hierzu immer weiter von der Oper fort führen musste, erweist die Geschichte des „Fidelio" und seine Stellung zu der nachfolgenden Opernproduktion. Dieses Werk ist stets eine Insel geblieben. Obwohl es sich dank der ihm innewohnenden impetuosen Kraft auf der Bühne behauptet hat, vermochte es doch niemals, sich das Theater wahrhaft zu erobern. Es war und ist eine Episode.

Die Einmaligkeit der grossen Tat bleibt trotzdem ebenso bestehen, wie die durch diese Tat aufgeworfene Problemstellung. Sie erwies, dass dem kunsthaften Singen in der deutschen Sprache zunächst keine produktiven Ziele aus der Wesensart der Oper gegeben waren. Gleichzeitig drängte das Orchester mächtig empor, und das instrumentale Empfinden ergriff auch vom Konzert her immer stärker Besitz von dem Menschen. Das Opernwesen aber, wie es sich in der älteren pomphaften Form darstellte, fand zwar noch zu repräsentativem Zwecke Pflege, der kritischen Aufklärung gegenüber hatte es indessen einen schwierigen Stand. Am ehesten hielt sich das romantische Zauberspiel, aber es sank zu immer kleineren Formen herab. Geistiger Auftrieb war von hier aus kaum möglich.

Eine grosse Dürre überfiel die Oper. Wenn je, so wäre es damals angebracht gewesen, ihren Untergang zu prophezeihen.

V

DEUTSCHE OPER

1.

„Fidelio“ ist das einzige Werk aus drei Jahrzehnten deutschen Opernschaffens nach Mozarts Tode, das sich bis zur Gegenwart erhalten hat. Der dreissigjährige Stillstand ergab sich nicht aus Mangel an musikalischen Talenten. Er ergab sich aus der Schwierigkeit, die notwendige Neueinstellung gegenüber der Oper zu finden. Diese geistige Trübseligkeit der deutschen Produktion, dieses unentschiedene Verharren auf einem toten Punkt während mehrerer Jahrzehnte ist Voraussetzung für den in der Gesamtgeschichte der Oper einzigartigen Erfolg von Webers „Freischütz“. Eine alle Schichten umfassende Volkstümlichkeit von derartiger Wirkungsbreite war noch nicht vorgekommen. Damit hatte das musikalische Theater seine schon fast verlorene Grundlage nicht nur wieder befestigt, sondern sie erheblich erweitert. Die nur noch vegetierende Oper gewann frisches Eigenleben. Eine neue Gattung war plötzlich da: die Oper der deutschen Romantik, also die deutsche Oper schlechthin.

„Freischütz“ ist ein deutsches Singspiel, gemischt aus Dialog und Musik, ähnlich wie „Entführung“, „Zauberflöte“, „Fidelio“. Weber aber setzt nicht die hier aufgenommene Linie fort. Er geht hinter die Ausgangspunkte Beethovens und Mozarts zurück. Der Dialog ist umfangreicher, für die Handlung bedeutsamer als in „Fidelio“ und „Zauberflöte“. Er kommt auch innerhalb der Musik mehr zur Geltung. Diese Musik ist in der Form einfach und übersichtlich, im Schnitt der Melodik und in der harmonischen Diktion volkstümlich primitiv. Weber hat sich deswegen von Vertretern der aristokratischen Musikkultur den Vorwurf des Dilettantismus zugezogen. Die Musikfreunde alter Art empfanden Webers Volkstümlichkeit als demagogisch, zum mindesten geringwertig. Sie besagte aber nichts anderes, als dass an Stelle des Gesangsstiles italienischer Herkunft ein neuer getreten war, dem die deutsche Sprache zugrunde lag.

Webers Musik ist in allen ihren Elementen Ergebnis produktiver Durchdringung von Sprache und Gesangston. Sie ist die schöpferische Feststellung, wie der deutsche Sänger singen kann und muss, wenn er nicht nur Worte bilden, sondern die hinter den Worten stehenden Gefühle und Vorstellungen veranschaulichen soll. Darum muss die Melodik in der Linie wie in der rhythmischen Bewegung so einfach und zugleich so drastisch sein, dass die Gegenständlichkeit des Wortes lebendig wird. Darum sind die Harmoniefolgen, ungeachtet mancher phantasievollen Kühnheit, von so ausgesprochen kunstloser Haltung, dass verwöhnte Ohren an ein Nichtkönnen glauben.

Wie wenig solches die Ursache für Webers musikalische Diktion war, zeigt die Behandlung des Orchesters und des Chores. Aber auch sie konnte verstanden werden erst aus dem Grundwillen der neuen Oper. Mozart und Beethoven hatten Gegenwartsmenschen gestaltet. Selbst in „Zauberflöte", wo Mozart sich der Form des Märchens bediente, war Gedankengehalt und Problemstellung des Ganzen Gegenwartserlebnis. Die „Fidelio"-Gestalten werden wohl aus geistig vorbestimmter Haltung als Ideenträger erfasst, aber nicht nur diese Ideen selbst, sondern auch die Lebenssphäre der Erscheinungen, ihr Wesen und Tun, ist der damaligen Zeit unmittelbar verbunden.

Solche Gegenwärtigkeit ist kein Zufall. Nur in ihr konnte der natürliche Mensch leben und gesehen werden. Diese Zeit war so stark und ihrer selbst so naiv bewusst, dass es ihr gar nicht in den Sinn kam, nach der Geschichte oder nach dem Mythos zu rufen, überhaupt Entfernung aus der Gegenwart als nutzbringend für die künstlerische Arbeit anzusehen.

Webers Zeit war anders. Durch politischen und kulturellen Druck verarmt und ernüchtert, konnten ihre produktiv veranlagten Kräfte nur in der Beziehung zur Vergangenheit Schaffensantrieb finden. Alles Geistige wurde als Gegensatz zur Wirklichkeit empfunden, Weltflucht und Traum traten an die Stelle des kraftvollen Realismus der Aufklärungszeit. Die Handlung wurde zur Erdichtung, der Mensch zum Phantasiegeschöpf, das klare Tageslicht zerfloss in Mondscheinzauber. Die Natur selbst verlor ihre plastische Gegebenheit und löste sich in poetische Stimmungen. Alles erhielt eine gedankliche Doppeltheit, wurde hintergründig, spaltete sich in Schein und Sein. Die Welt der Romantik bemächtigte sich des Theaters, und die Musik wurde dabei ihre wichtigste Helferin.

Bis zum heutigen Tage ist in der Geschichte der Oper keine Veränderung eingetreten, die der Wandlung von der realistischen Gesangsoper des ausgehenden 18. Jahrhunderts zur romantischen Oper an Bedeutung gleichkommt. Diese Wandlung war so mächtig und ist so widerstandslos vor sich gegangen, dass sie rückwirkend auch das Bild der älteren Oper lange Zeit getrübt hat. Zwar musste die romantische Oper in Wahrheit mit den gleichen Mitteln zu dem gleichen Ergebnis streben. Ihre Ideologie aber, aus dem Sprachenproblem erwachsend, bedingte eine andere ästhetische Zielsetzung.

Das Menschentum der handelnden Erscheinungen ergab sich nicht mehr primär aus ihrem Gesang, es erwuchs aus der Art ihrer poetisch sprachlichen Gestaltung. Demgemäss veränderten sich die Stimmtypen gegenüber den bisherigen. Unter den Frauen dominiert der Jungmädchentyp. Er stellt sich am eindruckvollsten dar im lyrisch gefühlvollen Ausdruck der Agathe, einer in deutsche Sentimentalität übertragenen Pamina. Temperamentsmässig ergänzt wird sie von der fast burschikosen Soubretten-Munterkeit des Ännchen. Es sind die beiden einzigen rein deutsch gemeinten Frauenstimmtypen Webers. Sie bestätigen die für die Bühne wenig ergiebige Einförmigkeit der deutschen Frauenstimme. Sie bleibt auf den Ausdruck der Innigkeit, des leichten Übermutes, auf Stimmungen gefühlhaften Erwachens begrenzt. Agathe und Ännchen mochten für „Freischütz" ausreichen, eine Steigerung und Wandlung darüber hinaus liessen sie nicht zu.

Abwechslungsreicher ist die Behandlung der Männerstimmen. Sie sind durchweg tief geschrieben, selbst in der tenoralen Hauptpartie des Max wird die hohe Lage vermieden. Der Farbe nach ist sie weniger lyrisch als männlich ernst gedacht, für einen Sänger, der mit einigen klangvollen Tönen der Mittellage und guter Deklamation über den Mangel an ausgiebigem und kultiviertem Organ hinwegtäuschen kann. Diese Halbheit der Stimmforderung haftet freilich der Gestalt selbst an. Dass eine so unklare, dazu gleichgiltige Erscheinung zum Mittelpunkt einer Schicksalshandlung werden konnte, zeigt, wie weit sich der formende Wille an phantastischen Spuk verloren hatte. Auch

Tamino wird geprüft. Diese Prüfungen gelten indessen nicht der vom Zufall abhängigen Sicherheit seiner Hand, sondern der Festigkeit seines Willens. Tamino besteht, Max unterliegt. Aber diese Niederlage erweist weniger die Unzuverlässigkeit seines Charakters – wer würde in einer verzweifelten Lage nicht ebenso handeln? – als die Unzulässigkeit der Prüfungsmethode. Also gipfelt der Sinn der Begebenheit in der Erkenntnis, dass „zweier edler Herzen Glück" nicht „auf einer Kugel Lauf" gesetzt werden dürfe.

Es ist eine magere Moral. Sie bleibt daher im Hintergrunde und erhält ihre Daseinsberechtigung nur durch die Mittel ihrer Veranschaulichung. Diese Mittel sind erst in zweiter Linie Agathe, Ännchen und Max. Sie sind passive Objekte, sie erdulden, ohne zu wissen warum. Aktiv ist Kaspar, dann der Chor, und dann das Orchester. Aus diesen drei Kräften schafft Weber seine neue Welt.

Kaspar ist Webers grossartigste Gestalt, nicht nur innerhalb des „Freischütz". Der Gegensatz dieser Erscheinung zu allen anderen zeigt, wie der Komponist sofort schöpferisch wird, wenn er auf eine Figur trifft, die nicht nur Betrachtungen, Gebete oder schelmische Erzählungen singt, sondern handelt, und zwar aus ihrem Stimmwesen heraus. Hier gewinnt der Klangbegriff „Bass" plötzlich neue plastische Verkörperung. Wohl spinnen sich Fäden zum Osmin. Aber durch Ausnutzung namentlich des Tiefenkolorits ist Weber doch noch eine Steigerung zur genialischen Dämonie gelungen. Die gehaltenen Klänge sind ebenso als Farbwerte eingesetzt, wie die Unheimlichkeit der Basskoloratur, des Basstrillers, dabei gleichzeitig des deklamatorischen Akzentes, und schliesslich der melodramatischen Wirkung des gesprochenen Wortes. Wenn es Sänger entsprechenden Formates gäbe, so müsste der Darsteller des Kaspar alle anderen Mitspieler zur Staffage herabdrücken, so überragend ist die Gestalt von Weber behandelt. In Kaspar ist das Urelement des Basses: Finsternis, Kraft und teuflische Grösse. Selbst der wesensverwandte, freilich für eine höhere Stimmlage geschriebene Pizarro muss ihm den Vorrang lassen.

Neben diese eine, zur Vollkommenheit ausgerundete Erscheinung tritt ergänzend der Chor. Als singende Masse ist er bereits in der alten Oper vorhanden. Er gibt einleitende und abschliessende Umrahmungen. Gluck verwendet ihn als wichtigen, namentlich durch

Kontrastwirkungen bedeutsamen dramatischen Klangfaktor. Auch die Besonderheit von Chören nur aus Frauen- oder nur aus Männerstimmen ist in der taurischen Iphigenie und in „Zauberflöte" ausgenutzt. Im übrigen hat Mozart vom Chor wenig Gebrauch gemacht, und Beethovens „Fidelio"-Chöre, so wichtig sie an sich sind, bleiben an der Peripherie der eigentlichen Handlung.

Bei Weber geschieht etwas Neues. Der Chor als Ganzes, wie in der Sonderung zu Männer- und Frauenchor, wird zum atmosphärischen Element der Handlung. Im gleichen Masse, wie die führenden Solostimmen Mischerscheinungen des Sprach- und Stimmwesens werden, also an gesanglicher Individualität verlieren, gewinnt der Chor als singend handelnde Masse Persönlichkeitscharakter. Er nimmt in seinen breiten Klangspiegel das Gesamtbild des Werkes auf und wirft es zurück. Der Einzelmensch büsst an Eigenbedeutung ein. Agathe, Max, Ännchen können sich nicht mit Pamina, Tamino vergleichen, Kaspar ist mehr böses Prinzip als Persönlichkeit. Im Hinter- und Untergrund aber ist ein neuer Stand herangewachsen. Er nimmt in sich auf, was die Figuren des Vordergrundes preisgeben. Er entwickelt es weiter, gibt dem Ganzen eine neue Farbe, eine neue Tiefe, eine neue Perspektive des Klanges. Er schafft also ein neues musikalisches Raumbild.

Der Chor erscheint zwar auch jetzt noch als Masse, auch da, wo er sich in die beiden Klanggruppen der Männer- und der Frauenstimmen auflöst. Diese Masse hat aber nicht mehr die uniforme Geschlossenheit der alten Oper. Sie strebt nach Aufteilung in Gruppen, am deutlichsten im Viktoria- und Spottchor, sowie im Jungfernkranz. Die Satzart verliert die choralmässige Prägung, die Stimmen werden als Einzelwerte empfunden und eingesetzt. Die Mannigfaltigkeit der Aufgaben während des Ablaufes der Handlung fordert vom Chor eine Wandlungsfähigkeit, die im ganzen gesehen das Bild eines eigenen Charakters ergibt.

Hier ist das grosse musikalische Kraftreservoir. Aus ihm werden die Opfer ausgeglichen, die der Sprache zuliebe bei den Solostimmen gebracht werden müssen. Auf diesem Wege konnte auch das Verlangen nach Resonanz der Gesangswirkung bei den Hörern befriedigt werden. Verringerte sich die Zahl der Solosänger, die den Forderungen des alten Kunstgesanges entsprachen, verminderte sich zugleich im Publikum die Zahl der Kenner dieses Kunstgesanges, so blühte dafür der deutsche Chorgesang aus Liedertafeln und Vereinen auf. Weber selbst hatte ihm, namentlich durch seine „Leier und Schwert"-Chöre, wichtige Anregungen gegeben. Was sich davon nun auf die Bühne übertrug, fand bei den neuen Opernhörern die nämliche Empfangsbereitschaft, wie einst die italienische Kantilene und Koloratur bei dem höfisch gebildeten Kenner.

Vom Chor aus fasste die deutsche Oper Wurzel. In diesem Chor, der nicht mehr starr und begleitend, sondern handelnd erschien, erkannte der bürgerliche Hörer sich selbst wieder. Diese Chöre wurden für die Popularisierung der neuen Oper dasselbe Verbreitungsmittel, wie einst die Lieblingsmelodien der Arien. Jungfernkranz und Jägerchöre sind die wahren Grundlagen der Volkstümlichkeit des „Freischütz" geworden.

Der neuschöpferischen Bedeutung der Chöre entspricht das Orchester nicht völlig. Auch hier zeigt sich indessen die gleiche grundsätzliche Umstellung: Vereinfachung der im alten Sinne künstlerischen Faktur zugunsten schärferer Individualisierung namentlich durch Ausnutzung der koloristischen Mittel. Die Bläsergruppen lösen sich in ihre Bestandteile. Flöten, Oboen, Klarinetten, Hörner konzertieren und zeigen die Eigenheit ihres Klangcharakters in Einzelbildern. Die musikalische Erfindung ist auf Hervorhebung der jeweiligen Sondereffekte gerichtet. Dabei wird die technische Beweglichkeit erheblich gelockert. Das Streichorchester erhält durch figurative Lebendigkeit neuen Glanz, durch verblüffende Unisonowirkungen virtuosen Schwung. Die „Freischütz"-Ouvertüre mit ihren Horn-, Klarinetten-, Violoncell-Soli, Figurenwerk und Streicherunisoni, Tremoli und Paukensoli ist eine Zusammenfassung dieser Effekte. Sie gehen immer wieder darauf aus, die Farbwerte der einzelnen Instrumentalklänge zu erspähen, sie solistisch wirken zu lassen und dann aus ihrer Zusammenfassung die grosse dynamische Steigerung zu gewinnen.

Pittoresk und malend ist auch die Behandlung des Orchesters innerhalb des Werkes, obwohl hier nur die Wolfsschluchtszene Gelegenheit zu orchestralen Eigenwirkungen gibt. Immer wieder treten instrumentale Soli heraus, im Trinklied des Kaspar die kleinen Flöten, in Ännchens humoristischer Traumerzählung die

Solobratsche, in Agathes Mondscheinarie die Klarinette. Das Phantastische eines Naturerlebens, das die Geheimnisse des Dunkels zu Handlungskräften erweckt, bestimmt die gesamte Ausgestaltung dieses Orchesters. In der Grundhaltung ist es einfacher als das Mozart-Orchester, in der Besetzung nur um weniges gesteigert. Es wird nicht sinfonisch behandelt, dagegen erscheinen häufig thematisch melodische Reminiszenzen. Konzertanter Glanz steigert die koloristische Bedeutung des Instrumentalklanges zu stärkster Intensität.

So wird das Orchester ebenso zum Mittel der klanglichen Beleuchtung, wie der gesamte szenische Apparat der dichterischen Veranschaulichung dient. Auch hier entsteht Neues durch bisher nicht übliche Art der Steigerung eines Alten. Die italienische Oper Mozarts und „Fidelio" verzichtete auf szenische Sonderwirkungen. „Zauberflöte" freilich war wie alle Zauberpossen ein Maschinenstück, durch seine Buntheit und Mannigfaltigkeit aber bewusst auf Wirkung des Unwahrscheinlichen, des Märchentheaters gestellt. Der „Freischütz"-Zauber ist ernst gemeint. Das Wesen der romantischen Oper bedingt, dass sie geglaubt werde. Der Glaube an das Theater, späterhin ethisches Postulat der Hochromantik, tritt schon hier, unausgesprochen, als Bedingung auf.

So führt „Freischütz" aus dem Lande des Theaterspieles in das Reich der richtigen Gespenster. Dies gilt mehr noch als von der Wolfsschlucht von der Erscheinung des Samiel, dessen Umherirren in der realen Welt mit mancherlei Peinlichkeiten verbunden ist. Aber es ist ebenso unvermeidbar, wie der Probeschuss, der Erbförster Kuno mitsamt seinem Landesherrn Ottokar und dem Eremiten. Also ist die Naivität des Werkes in sich auch da zu wahren, wo sie dem heutigen Hörer ebenso schwer erträglich ist, wie sie es bereits allen rationalistisch Denkenden der Weberschen Zeit war. Durch stilisierende Vermittlungsversuche ist hier indessen nichts zu bessern. Kritizismus vernichtet die romantische Oper, wie das Tageslicht die Geistererscheinungen. Je ferner diese Kunst der realen Wirklichkeit steht, um so stärker fordert sie den Anschein der realen Natur, den Naturalismus der Bühne, den Zauber des künstlichen Seins. Es darf jetzt nicht mehr bewusstes Märchenspiel sein. Alles ist vollkommene Illusion des Wirklichen, wie nur das Theater sie geben kann.

Der Nation gegenüber war „Freischütz" nicht nur die erste, durch ihre Begrenztheit rein deutsche Oper. Er war überhaupt das erste typisch deutsche Theaterstück seit Schillers Tode. Als er erschien, war die Sprechbühne ebenso verarmt wie die deutsche Oper nach Mozart. Von Kleist wusste man nichts Rechtes, die Schicksalstragödien Müllners und Grillparzers trugen zu ausgesprochen literarisierende Züge, um über den Kreis der Gebildeten hinaus wahrhafte Popularität erringen zu können. Diese unabmessbare Volkstümlichkeit aber war das grosse Geheimnis des „Freischütz". Sie bewirkte, dass die in Bildungsinteressen erstarrte oder in Zauberscherzen versimpelte Oper plötzlich als überhaupt einzige, alle Wünsche erfüllende Gattung des Theaterspieles erschien. Der Generalnenner für eine nationale Hörerschaft war gefunden. Zum erstenmal kam die Idee des bürgerlich-bäurischen Volkes als einer kulturellen Einheit von der Bühne her zum Ausdruck. Diese Idee war nicht nur stofflich und handlungsmässig erfasst in der Naturstimmung und Verflochtenheit des Menschenschicksales mit geheimen Kräften der Umwelt. Diese Volksidee war erfasst vor allem in der Art, wie hier deutsche Sprache zum Gesang wurde. Unter Verzicht auf alle früheren Opernmanieren wurden einfache Liedmelodien gesungen. Durch sie wurde das Volk selbst, in diesem Falle der Chor, zum unmittelbaren Künder, zum eigentlichen Träger der stimmlichen Handlung, und gab ihr so die einzigartige Breite der Wirkung.

„Zauberflöte" war eine Einmaligkeit, „Fidelio" war eine Einmaligkeit. Auch „Freischütz" war eine Einmaligkeit, aber in stärkerer Ausschliesslichkeit als jene beiden Werke. Hinter ihnen stand das grosse schöpferische Genie. Gewiss sind auch die Taten solcher Genies nicht Muster, die sich beliebig vervielfältigen lassen. Indessen besteht ein Unterschied zwischen der organischen Erfüllung in der Leistung des genialen Menschen, und dem durch eine Reihe besonders glücklicher Umstände ermöglichten einmaligen Treffer des hochbegabten Talentes. Ein solches war Weber, nicht weniger, aber auch nicht mehr. Bereits Goethe weist darauf hin, dass man bei Würdigung des „Freischütz"-Erfolges den Textdichter nicht vergessen dürfe. Er wollte damit weniger Friedrich Kind loben, als die besonders glückliche Konstellation aller äusseren Umstände für den „Freischütz"-Erfolg hervorheben. Der Fortgang von Webers eigenem

Schaffen bestätigt diese Ansicht. Der „Freischütz"-Erfolg stachelt ihn auf. Gleichzeitig ist er gekränkt durch kritische Äusserungen namentlich von Berufsgenossen, die, wie Spohr, Spontini, auch Grillparzer und mancher andere ernsthafte Kunstfreund „Freischütz" nicht für musikalisch vollwertig nehmen. Weber versucht, den Gedanken der deutschen Oper in die durchkomponierte Form zu übertragen. Ein Auftrag für Wien gibt die äussere Anregung, das Ergebnis bleibt negativ. „Euryanthe", mit hohen Erwartungen begrüsst, wird ein Fehlschlag.

Wieder sind die Elemente des „Freischütz" vorhanden: der Kampf zwischen Gut und Böse, die Verknüpfung des Menschenschicksales mit einer von Geheimnissen erfüllten Zwischenwelt. In der musikalischen Formgebung finden sich Einzelgesänge jeder Art, vom einfachen Lied bis zur grossen Arie. Die Ensembles sind zwar nicht kunstvoll gebaut, zeigen aber klanglich eigentümliche Zusammenstellungen, darunter im zweiten Akt eine solistische Frauenstimme über dem gesamten Männerensemble. Wagner hat diese Kombination im zweiten „Tannhäuser"-Finale ebenso benutzt, wie die Gestalten des Intrigantenpaares und ihr grossartiger Hasszwiegesang in Ortrud und Telramund wiederkehren. Dazu gibt es Chöre verschiedenster Art, namentlich einen prächtig gesetzten Männer-Jagdchor, ein Mailied. Es ist überhaupt soviel schöne Musik vorhanden, dass, wenn Wert und Gelingen einer Oper vom Gehalt der darin eingeschlossenen Musik bestimmt würden, „Euryanthe" an Erfolg dem „Freischütz" nicht nachstehen dürfte.

Aber dieser Musik fehlt das Wichtigste: die Volkshaftigkeit und naive Echtheit. Sie ist wie ein Naturkind, das in eine ihm fremde Gesellschaftssphäre gelangt und sich in dieser vergeblich zurechtzufinden sucht. „Euryanthe" ist das Schulbeispiel für eine komponierte Musik, für eine Oper, die aus musikalisch literarischer Absicht heraus gewollt ist. Das Werk eines Ehrgeizes, dem das Volksstück zu gering galt, und der es darum durch Bildungskunst zu übertrumpfen suchte, musste misslingen. Nicht des Textes wegen, so wenig erfreulich er namentlich sprachlich ist. Das Werk aber musste scheitern an der Zwiespältigkeit zwischen willensmässiger Absicht und ursprünglicher Natur des Musikers. Es musste scheitern, weil sich eben an dieser Aufgabenstellung die Grenze von Webers Begabung offenbarte.

Es gibt, abgesehen von den vor „Freischütz“ geschaffenen kleineren Opern, noch ein drittes Werk Webers, das sich, wenn auch unter mancherlei Einschränkungen, bis zur Gegenwart auf der Bühne gehalten hat: „Oberon“. Es war veranlasst durch einen Auftrag für London. Die Form wurde dadurch wesentlich mitbestimmt, eine deutsche Einrichtung hat Weber nicht mehr herstellen können.

In der vorliegenden Fassung geht „Oberon“ noch hinter den Singspieltyp des „Freischütz“ zurück. Grosse Ensembles fehlen völlig. Eine, allerdings wahrhaft mächtige dramatische Szene der Rezia steht vereinzelt. Kleine liedhafte Gesänge, instrumentale Intermezzi, vor allem Chöre, in bescheidenem Format gehalten, dabei musikalisch von hohem Reiz, bilden den Hauptbestand der Partitur. Der Ausstattungszweck dominiert derart, dass ausser der festlich virtuosen Ouvertüre nur jene Rezia-Szene „Ozean, du Ungeheuer“ wie ein riesenhafter Findlingsblock aus dem Flachland hervorragt. Gleichwohl hat Weber in den kleineren Sätzen der „Oberon“-Musik den Volkston der deutsch orientalischen Märchenstimmung wieder unverkünstelt getroffen. Dieser neue Reiz zeigt sich namentlich in der Klangdarstellung der Elfenwelt. Er hat wohl auch Veranlassung gegeben zu den immer wiederkehrenden Versuchen, „Oberon“ für die deutsche Opernbühne dauernd zu gewinnen.

2.

Die Ursache von Webers Scheitern nach „Freischütz“ war das falsche Bemühen, die volkshafte Oper als nicht kunsthaft genug in eine angeblich höherstehende Gattung hineinzusteigern. Aber wäre, auch bei Fortfall jener irrtümlichen Wertunterscheidung, eine Weiterführung der „Freischütz“-Linie überhaupt möglich gewesen? Die Frage könnte müssig scheinen, denn der einzige, der sie hätte beantworten können, nämlich Weber selbst, ist ihr ausgewichen. Vielleicht hat dieser ausserordentlich scharf denkende, kluge und geistig vielseitig interessierte Mann an eine fruchtbare Weiterarbeit auf der „Freischütz“-Ebene nicht geglaubt, und deswegen den Weg zur durchkomponierten „Euryanthe“ gesucht. Warum aber hätte es Weber nicht möglich sein sollen, auch über „Freischütz“ hinaus in der gleichen Richtung ähnliche Erfolge zu finden, wie der begabungsmässig erheblich enger umgrenzte Heinrich Marschner mit „Vampyr", „Templer und Jüdin" und vor allem mit „Hans Heiling"?

Allerdings nimmt hier die Volkstümlichkeit, namentlich in den Männerchören, gelegentlich Züge vereinshafter Plattheit an, und die Handlung geht mehr und mehr in stickige Gruselromantik über. Aber dieser in seinen heiteren Momenten so philiströs wirkende Musiker zeigt eine erstaunliche Erfindungsgabe, sobald er sich den Erscheinungen der Nachtwelt, den Visionen der dämonischen Fratze zuwendet. Hierin übertrifft er Weber, und es ist ihm sogar gelungen, für die Phantastik des Unheimlichen neue Charaktertypen zu schaffen.

Das Leidbestimmte, Schicksalverhängte, befohlen von unsichtbaren und unfassbaren Kräften, drängt zur musikalischen Veranschaulichung. Der Trieb danach war der Trieb des Menschen, der die Welt nicht rund und klar, sondern mit unzähligen Lichtbrechungen und Hintergründen sieht und der handeln möchte, aber nicht kann. Dieser Mensch, vom Geist oder vom Verhängnis oder von irgendeiner anderen aussermenschlichen Kraft vorbestimmt, wird zum neuen Willenszentrum der romantischen Oper. Bereits Kaspar war ein solcher Mensch, aber sein Samiel lief noch ausserhalb von ihm selbst umher. Marschners neuer Mensch trägt sein Verhängnis in sich. Er ist kein Bösewicht mehr, sondern ein Gezeichneter, der Mensch des schicksalhaften Leidens: der romantische Mensch.

Auch dieser neue Mensch hat als stimmliche Erscheinung Vorgänger in der alten Oper. Am nächsten steht ihm Glucks Orest, aber auch Don Giovanni streift diese Linie, und Pizarro kommt ihr ebenso nahe wie Lysiart. Es ist seit jeher die Linie der männlichsten Männer. Jetzt aber erst, aus den Aufschlüssen des romantischen Geistes, gelingt es, sie klar und entschieden zu fassen: es ist die Baritonlinie. Sie umfasst Höhe und Tiefe so weit, wie es unter Verzicht auf exponierte Klänge nötig ist. Dabei besitzt sie die volle Kraft, aber auch die Weichheit und Geläufigkeit der Männerstimme. Sie ist also die Stimme der eigentümlichsten und stärksten Ausdruckswerte. Als solche musste sie hervortreten, sobald die rein gesanglichen Sonderwirkungen der hohen oder tiefen Töne weniger begehrt wurden als die der normalen, daher bestklingenden Mittellage.

Diesen Stimmtypus, den Heldenbariton, stellt Marschner als erster mit Bewusstsein in den Mittelpunkt. Zwar trägt sein Vampyr, sein

Templer, sein Heiling noch manche lyrische Prägung, aber der gebietende Charakter des Baritons als solcher ist doch da. Er bestimmt die Grundfarbe des Werkes und die Beziehungen zu den übrigen Kräften. Ihnen gegenüber freilich bleibt Marschner in der gegebenen Schablone befangen. So sind seine Werke genialische Anfänge, die infolge Hinzunahme konventioneller Elemente nicht zu Ende geführt wurden. Keine seiner Opern hat eine dem „Freischütz" annähernd vergleichbare Rundung, keine zeigt eine dem „Holländer" annähernd ähnliche Konzentration. Mit der intuitiven Erfassung der neuen romantischen Stimmgestalt, mit ihrer in drei grossen Erscheinungen vollzogenen Ausprägung war Marschners Arbeitsleistung erschöpft. Was jetzt noch fehlte, bedurfte nicht nur einer neuen Kraft, sondern vor allem neuer Spielimpulse. Hierfür aber mussten andere Quellen erschlossen werden, als die deutsche romantische Oper sie bot.

3.

Der nachträglichen Betrachtung stellt sich der historische Ablauf dar wie ein systematisch geordnetes Geschehen. Glied reiht sich passend an Glied, der Betrachter braucht nur einige Periodengrenzpfähle zu setzen, damit die Geschichtseinteilung gewahrt bleibe.

In Wirklichkeit geht es sehr unregelmässig zu. Die „Zeit" produziert launisch, gleichsam stosshaft, dabei unberechenbar. Sie gleicht einem Vulkan, der zuweilen schon als erloschen gilt, bis er unversehens wieder ein gewaltiges Erdbeben veranlasst, stärker als alle vorangehenden.

So verhält es sich auch mit der Folge der deutschen romantischen Opern. Als ihr erstes repräsentatives Werk zählt in der üblichen Geschichtsdarstellung Louis Spohrs „Faust", der 1816 aufgeführt wurde. Aber die Betrachtung Spohrs als eines Romantikers ist, trotz einzelner äusserlicher Beziehungen, nicht zutreffend. Als künstlerische Erscheinung steht Spohr zwischen den Zeiten. Nicht Exotik oder Gespensterwesen, auch nicht Chromatik und Enharmonik des Satzes kennzeichnen den musikalischen Romantiker. Sie gehören zwar zu seinen stilbestimmenden Eigenheiten. Entscheidend aber ist der Wille zur Volkshaftigkeit, zur Hervorhebung nationaler Besonderheiten der Landschaft, der Temperamente, der Ideen. Das wesenhaft Neue der romantischen Oper war nicht dieses oder jenes stilistische Kennzeichen. Es war die Tatsache, dass hier der alte Begriff der Kunsthaftigkeit aufgehoben und mit den Mitteln des deutschen Gesanges der Typus eines neuen volkshaften Bühnenwerkes aufgestellt wurde. Dieses Bühnenwerk sprach nicht nur aus Sarastrohöhen zu dem Volke. Es spielte in der Mitte dieses Volkes und wurde von ihm selbst, als ihm eigen, aus seinem Empfinden heraus gesungen.

Das galt für Weber und Marschner, nicht aber für Spohr, der zu Unrecht als Dritter neben ihnen genannt wird. Er gehört zur Mozartnachkommenschaft, zur Welt des 18. Jahrhunderts. Die Folge der neuen romantischen Werke zeigt, dass alles Wichtige dieser Art innerhalb von 12 Jahren geschieht, zwischen 1821 und 1833. „Freischütz" erscheint 1821, „Euryanthe" 1823, zugleich mit Spohrs „Jessonda", 1826 „Oberon", 1828 „Vampyr", 1829 „Templer", 1833 „Hans Heiling". Hier plötzlich bricht die Linie ab. Marschner komponiert zwar weiter, aber es gelingt ihm nicht mehr, die „Heiling"-Höhe zu halten. Es vergehen volle zehn Jahre, bis das Werk erscheint, in dem die „Heiling"-Linie aufgenommen und einem neuen Ziele zugeführt wird: „Der fliegende Holländer". In diese Zehnjahreslücke hinein aber schiebt sich eine andere Gruppe: die gleichfalls auf romantischem Boden erwachsene, das alte Singspiel jedoch in minder anspruchsvoller Art weiterführende komische Spieloper Albert Lortzings.

Sie passt sich zeitlich dem Zwischenraum zwischen „Heiling" und „Holländer" so vortrefflich ein, als sei sie als Erholungsintermezzo eigens eingerichtet. Zwei Jahre nach „Heiling" kommen 1835 die „beiden Schützen", 1837 folgt „Zar und Zimmermann", 1842 „Wildschütz". Damit ist die Zeitbrücke zum „Holländer" 1843 geschlagen und gleichzeitig Lortzings Lebensaufgabe erfüllt. Die beiden noch später erscheinenden Werke, „Undine" (1845) und „Waffenschmied" (1846), sind nur äussere Ergänzungen des Vorangehenden ohne neue Wesenseigenheiten.

Mit Lortzing tritt eine neue Natur in den Kreis der Schaffenden. Bis zu Mozart und Beethoven war der Komponist wohl der musikalische Ausgangspunkt, gelegentlich auch der Leiter der Aufführung. Er zählte aber nicht zu den ausübenden Kräften, sondern stand ausserhalb ihres Kreises. Mit Weber kam der berufsmässige Kapellmeistertyp zur Geltung, als organisierende, im umfassenden Sinne führende Instanz. Er leitet nicht nur die Aufführung. Er bestimmt die geistige Haltung des Institutes, sucht das Publikum durch journalistische Hinweise anzuregen, führt Polemiken, übt Zeitkritik. Das Theater als öffentliche Einrichtung wird Gegenstand der Betrachtung, pädagogische Erwägungen kommen auf, der Spielplan wird geprüft. Dieses alles hängt zusammen mit dem romantischen Willen zur Volksoper als einer auch organisatorisch im Volksganzen verwurzelten Einrichtung. In der Oper mit Weber, Marschner, Nicolai, gleichzeitig im Konzert mit Spohr und Mendelssohn anfangend, setzt sich der neue Führertyp in allen nachfolgenden fort, bis er in Wagner seine umfassende Erfüllung findet.

Daneben kommt in Albert Lortzing eine Abart zur Geltung: der selbst mitspielende und singende Kapellmeister, also der singende Mime, der dichtet, komponiert, spielt und dirigiert. Ein Shakespeare der Oper, im kleinen Format zwar, innerhalb seines Gebietes aber in allen Sätteln gerecht. Die Erscheinung ist um so mehr bemerkenswert, als Talente dieser Art besonders selten sind. E. T. A. Hoffmann hatte schon ähnliches versucht, aber seiner Begabung fehlte die Breitenwirkung, das Literarische überwog. Lortzing kam von unten her, aus dem Handwerk. Vom Schauspieler und Sänger stieg er immer weiter, bis er am Pult alle Fäden in seiner Hand hielt und seine eigene Komödie spielte – wie es später Richard Wagner getan hat. Dieser übte zwar nicht die praktische Tätigkeit des singenden Schauspielers aus, beherrschte sie aber so und schuf aus ihr heraus, dass er hierin Lortzings Spuren aufnehmen konnte.

Lortzings Betätigungsart war nicht nur geschichtliche Kuriosität. Sie bestimmte einen neuen Spezialtypus der romantischen Oper: die komische Spieloper. Der singende Schauspieler war Ausgangspunkt, der gleiche, der sich oft an der Darstellung der italienischen und französischen Buffo-Oper praktisch erprobt hatte. Nun versuchte er, die bescheidene Form des deutschen Singspieles durch Benutzung der fremdländischen Muster auszuweiten, dazu die orchestralen und chorischen Neuerungen der romantischen Oper in die heitere Unterhaltungskunst einzubeziehen. Die Idee des Volksstückes, wie sie „Freischütz" im ernsthaft hochstrebenden Sinne gefasst hatte, wurde auf das buffone Gebiet übertragen.

Nur ein Mann des Theaters konnte sich diese Aufgabe stellen und sie so lösen, wie es Lortzing gelang. Hier gab es keine ideelle Hilfe. Alles kam darauf an, dass die Spielwirkung Tatsache wurde. Alles war verfehlt, sofern sie versagte. Die anheimelnde, aber doch unbehilfliche Primitivität des älteren Buffo-Singspieles, etwa Dittersdorfs „Doktor und Apotheker" und Schenks „Dorfbarbier" zeigt den Abstand von Lortzings Leistung. Möglich wurde sie nur dadurch, dass er, der singende Darsteller, von der Bühne her die eigentlich produktiven Ansätze gewann.

Die Bühnen- und Spielerscheinung war für ihn der Kern. Um sie herum wuchs die musikalische Form, der melodische Ausdruck. Die Linie beginnt bei dem zwar reizvollen, musikalisch und spielmässig aber noch engen Opernsingspiel „Die beiden Schützen". In prachtvoller Frische der Erfindung und des Könnens folgt das Volksstück „Zar und Zimmermann". Ihm schliesst sich die bereits ins Subtile gesteigerte, die „Figaro"-Sphäre streifende Buffa „Wildschütz" an. Diese Folge zeigt, wie hier Musik wächst aus der immer reicheren Entfaltung des Spieltalentes, wie dieses Wachsen der Musik eigentlich nur Begleiterscheinung ist einer Spielerbegabung, die ihrerseits aus der Verbindung mit der Musik und den Möglichkeiten des Gesanges den Antrieb zur Expansion gewinnt. Lortzing singt und spielt sich gleichsam immer tiefer in die Musik hinein. Auch das über „Wildschütz" hinausführende Schaffen zeigt, wie Lortzing immer mehr in den Strudel der Musik hineingezogen wird. Er gerät nun in Gebiete, für die seine Spielbegabung ihm nicht mehr die nötige Hilfe bietet, so dass in „Undine" und „Regina" die Musik über ihm zusammenschlägt und nicht mehr aus dem Spielwillen heraus gestaltbar wird.

Trotzdem hat der bescheidene Sängermusikant Lortzing der deutschen Bühne vier bis zur Gegenwart lebendige Werke gegeben, deren künstlerische Geradheit und Naturwüchsigkeit stets von neuem erfreut. Er hat in ihnen die Spieltypen festgelegt, die dem Wesen der deutschen Sprache, des deutschen Singvermögens angepasst waren. Dass er hierfür zum Teil von italienischen Mustern ausging, kann Lortzing nicht als Mangel angerechnet werden, da es Mozart verziehen wird. Zudem ist Lortzing niemals bei dem Muster – es kommen namentlich die Bassbuffos in Betracht – stehen geblieben, er hat sie stets selbständig weitergebildet. Aber er ist der überhaupt erste deutsche Opernkomponist seit Mozart, der seine Bühnengestalten wieder in bestimmten Stimmtypen erfasst und jede dieser Typen in einer Reihe individuell verschiedener Muster ausprägt. Das war bei Weber nur in bezug auf den Chor der Fall, bei Marschner nur im Hinblick auf den romantischen Baritonhelden. Lortzing, der naive Komödiant, zaubert gleich eine ganze Familie hervor.

Er beginnt mit sich selbst als dem dümmlingshaften Tenorbuffo Peter in den „beiden Schützen". Über den Peter Iwanow im „Zar", Görg im „Sachs", Veit in „Undine" entwickelt er diese Linie bis zum „Waffenschmied"-Georg. In Wagners David hat sie ihren Abschluss gefunden. Dem Tenorbuffo zur Seite, ihn an füllender Spielbedeutung bald überragend, tritt der Bassbuffo. Er ist der eigentliche Komiker der Oper: ein hoher Bass mit beweglichem Organ, der Tolpatsch, Besserwisser, dabei am Schluss doch zumeist geprellte Kasperle, dickbäuchiger Väter- oder Onkeltyp. Vom Schwarzbart der „beiden Schützen" gelangt er mit einem Meistersprung im van Bett des „Zar" zur Erfüllung. Dann findet er im „Wildschütz"-Baculus nochmals eine Musterinkarnation, um im Kellermeister Hans der „Undine" und dem Ritter Adelhof des „Waffenschmied" mit zwei lustigen, freilich nicht mehr vollwertigen Chargen zu verschwinden. Bässe sind sonst bei Lortzing nur stimmliche Füllepisoden. Einzig im „Waffenschmied" hat er mit der humoristischen Väterpartie des Stadinger eine Mittelpunktgestalt für den Gesangsbass geschaffen, als Ergänzung für den musikalisch gar zu knapp behandelten Buffo Adelhof.

Die Lieblings-Männerstimme der romantischen Oper, der Bariton, wird auch von Lortzing mit Vorzug behandelt. Sie wandelt sich zum Bonvivanttyp, zum angenehmen Schwerenöter, gewissermassen einem auf Biedermeierformat reduzierten Don Giovanni. So im Wilhelm der „beiden Schützen", im Grafen Eberbach des „Wildschütz", im Liebenau des „Waffenschmied". Es sind durchweg bürgerliche Fortsetzungen der Mozartschen Baritonlinie, während der Zar, Hans Sachs und Kühleborn die romantisch männliche Erfassung dieses Stimmtyps zeigen. Dagegen spielt der lyrische Tenor nur die Rolle des zweiten Liebhabers: in den „beiden Schützen" (Wilhelm), im „Zar" (Chateauneuf), im „Wildschütz" (Baron).

So zeigt sich eine figurenreiche Typenfamilie. Ihr Stimmklang fasst wieder klar gezeichnete Charaktergruppen zusammen, innerhalb deren die verschiedenartigsten Individualisierungen erstehen. Ähnlich ergiebig ist das Gesamtbild der Frauenstimmen. Zwar die lyrisch elegischen Agathenerscheinungen vermeidet Lortzing. Für seine früheren Werke mochten sie ihm zu schwer und auch zu fad sein, und Undine samt Berthalda bezeugen nur die Verlegenheit. Seine Marien aber, in erster Linie die „Zar"-Marie, daneben jedoch auch die schwärmerischer geratene „Waffenschmied"-Marie sind in ihrer glücklichen Mischung von Frische, schalkhafter Natürlichkeit und verhaltener Innigkeit Mädchengestalten, wie sie die deutsche Opernbühne bis dahin nicht kannte. Sie sind die Erfüllung dessen, was Weber beim Ännchen vorgeschwebt haben mochte, aber nicht gelungen war. Hierzu kommt ausser dem episodenhaft gebliebenen „Wildschütz"-Gretchen die damenhaft überlegene, mit vornehmer Leichtigkeit gezeichnete Baronin Freimann dieses Werkes als Verbindung von Soubrettencharme und Koloratureleganz.

Der letzte neue Typ ist die komische Alte. Von der Jungfer Lieblich angefangen geht der Stammbaum über die nur skizzierte Witwe Brown zur diskret begehrlichen Reife der „Wildschütz"-Gräfin und der klassisch gewordenen alten Jungfer Irmentraut im „Waffenschmied". Gewiss hat Lortzing hier an den Marzellinentyp angeknüpft. Abgesehen aber von der Verdienstlichkeit dieser Anknüpfung hat er durch erstmalige Ausnutzung der Mittel- und Tiefenlage der Frauenstimme eine neue Ausdrucksquelle erschlossen. Damit wurde auf eine Möglichkeit von Frauengestaltungen innerhalb der Oper hingewiesen, deren Weiterführung nicht nur nach der komischen, sondern auch nach der ernsthaft gehaltenen Richtung hin erfolgte.

Der Vergleich zwischen dem Schaffensergebnis einer an sich bescheidenen Begabung wie Lortzing und dem einer musikalisch ungleich reicher veranlagten Natur wie Spohr zeigt, dass für die Opernbühne nicht der Fonds an sogenannter spezifisch musikalischer Begabung entscheidet, sondern das besondere Spielvermögen. Auch Weber hatte es. Aber der Ehrgeiz riss ihn aus seinem Spielgebiet fort auf ein vermeintlich höheres. Hier ging er zugrunde, ohne seine „Freischütz"-Arbeit so weiterzuführen, wie es, nach der Erscheinung Marschners zu urteilen, vielleicht möglich gewesen wäre.

Für Lortzing kamen solche Lockungen erst in Betracht, als er seine Hauptwerke geschaffen hatte. So konnte der späte Ausflug ins romantische Land seine bereits vollbrachte Arbeit nicht mehr gefährden. Sie ging darauf aus, der deutschen Oper aus der Singmöglichkeit ihrer Musik und ihrer Stimmen neue Spieltypen, neue Spielaufgaben, neue Spielziele zu stellen. Um die Erkenntnis hierzu bemühten sich viele Ernstmeinende. Keinem war es gegeben, sie aus der glücklichen Mischung von Komödiantensinn, künstlerischer Bescheidenheit und musikalischer Charakterisierungskunst so zu finden, wie dies Albert Lortzing gelang. Manche glaubten, im Anschluss an die grosse französische Oper der deutschen den gesuchten Auftrieb geben zu können. Andere wandten sich zunächst der italienischen Oper zu und wechselten von da aus nach Paris hinüber. Einer war da, der sich auch nach Italien gewendet hatte, dann aber zur deutschen Oper zurückkehrte, hier sein Meisterwerk schuf, es aufführte und wenige Wochen danach starb: Otto Nicolai.

4.

Nicolai ist eine Gegenerscheinung zu Weber. Er führt ein ähnlich unruhvolles Leben, namentlich in der Jugend, ist ein ähnlich fanatisch gerichtetes, geistig lebhaftes Temperament, ein Dirigent voll Schärfe und pädagogischer Zielsetzung, eine auf Eroberung gerichtete Natur. Seine „Lustigen Weiber", 1849 aufgeführt, stehen am Ende der rein deutschen Oper, wie „Freischütz" am Anfang. Sie nutzen alle Erfahrungen der Zwischenzeit aus, namentlich das Werk Lortzings. Aber Nicolai arbeitet mit grösserem musikalischem Kapital, sowohl erfindungs- als handwerksmässig. Er bringt vor allem aus Italien den Willen zum Gesang mit, ungleich stärker ausgeprägt als Lortzing, der vom Schauspieler ausging. Lortzing schrieb sich seine Texte selbst, im „Wildschütz" hielt er sich an eine Lustspielvorlage von Kotzebue. Nicolai griff zu Shakespeare. Dass gerade der „Lustige Weiber"-Shakespeare nicht vom grössten Format war, kam Nicolais Wünschen entgegen. Er brauchte nur die Umrisse der Gestalten, ihre innere Belebung blieb dem Musiker überlassen.

Hierfür waren die Muster so vorgeprägt, dass sie nur noch einer phantasievollen Individualisierung bedurften: die Frauen als beweglicher Koloratursopran der Frau Fluth, als farbig kontrastierender

Mezzo der Frau Reich, als zarter Mädchenklang der Anna. Dazu die Männer: Fluth und Reich als Bariton und Bass, der erste als eifersüchtiger Liebhaber mit besonderer stimmlicher Beweglichkeit. Dazu ein lyrischer Liebhabertenor, wie bei Lortzing in hoher Lage gehalten, dann die beiden Buffonen: Spärlich und Cajus als Tenor und Bass. Schliesslich Falstaff als Haupt- und Kerngestalt, weniger Buffo als humoristischer Charakterbass, ein gutartiger Enkel des Osmin, gleich ihm in allen Künsten des Singens bewandert, nach der Tiefe zu ausgiebiger behandelt, als der Bassbuffo es gern hat.

Alle singen deutsch, aber ihr Schöpfer kennt den italienischen Zungenschlag. Er gibt ihnen eine Melodik von solcher Gelöstheit, ein Parlando von solcher Leichtigkeit, dass der Hörer mit Erstaunen merkt, wie gut die deutsche Sprache anfängt, singen zu lernen. Es zeigt sich, dass sie bei geschickter Behandlung sehr wohl ihre Holprigkeit ablegen und gesanglich klingen kann, ohne an Klarheit zu verlieren.

Nicolai begnügt sich aber nicht mit der einzelnen Stimme. Er schreibt wieder eine Ensemble-Oper: die erste deutsche Ensemble-Oper seit „Figaro". Auch Lortzing hat viele Ensembles geschrieben. Aber sie sind entweder auf kontrastierende Auseinanderhaltung der Stimmen gerichtet, also rein dialogisch gehalten, wie das grosse Buffoduett van Bett-Iwanow, oder sie stehen rein auf der Wirkung des harmonischen Zusammenklanges, wie das Männersextett im zweiten „Zar"-Akt. Nicolai schreibt das gelöste, dabei doch dauernd zusammenfliessende Kammerensemble Mozartscher Prägung, wie Lortzing es im „Wildschütz" beabsichtigt hat. Er zeigt die Fähigkeit auch der deutschen Stimme zum leichten Vor- und Zurückspringen innerhalb des Klangspieles, zur musikalischen Konversation, zur Behendigkeit des Einwurfes und des leichten Getändels. Nicolai liebt überhaupt mehr das Ineinanderklingen und -spielen der Stimmen als ihren Einzelklang. Nur Anna und Fenton, das Liebespaar, haben je eine ariose Soloszene, alles übrige ist in Ensembles gelöst, während der Dialog auffallend knapp behandelt wird.

Das Soloensemble wiederum ist gestützt auf Chöre, wie sie freilich Lortzing in seiner rechtschaffenen Geradlinigkeit nicht schreiben konnte. Es sind Chöre, die in der Farbigkeit ihrer Charakteristik über Marschner hinweg unmittelbar an Webers Nachlassbotschaft „Oberon" anschliessen. Weber ähnlich ist auch, im Gegensatz zu der dickflüssigen Instrumentation Marschners oder der handwerksmässigen Lortzings, die Art der Orchesterbehandlung. Die Poesie der Klangfarbe tritt wieder in ihre Rechte, das Orchestersolo erhält neue dichterische Bedeutung. Dabei sind Instrumentalwirkungen, wie der Anfang der Ouvertüre, die den Vergleich mit Weber und Mendelssohn nicht zu scheuen haben.

Störend für die dramaturgische Ökonomie ist die handlungsmässige Gleichartigkeit des ersten und zweiten Finales, wobei das erste Finale noch den Vorzug der Chorsteigerung hat. Störend ist auch im letzten Akt die Wendung zum Ausstattungsballett, wie überhaupt die zweite Hälfte des Werkes ein Nachlassen erkennen lässt. Die Art der Wirkung ist bis zur ersten Hälfte des zweiten Aktes mit seinem klassisch buffonen Männerduett festgestellt. Von hier ab erlahmt der innere Anschwung. War die Textvorlage oder war Mangel an Spannkraft des Musikers die Ursache?

Aber auch solcher Mangel dürfte nur aus einem höheren Gesichtspunkt als etwa dem des Versagens betrachtet werden. Er hat daher der Volkstümlichkeit dieses wahrhaft ausserordentlichen Werkes ebensowenig Eintrag tun können, wie die Tatsache, dass vier Jahrzehnte später Verdi den gleichen Stoff als Grundlage für ein Libretto genommen hat.

Mit Nicolais „Lustigen Weibern" schliesst die Geschichte der rein deutschen, also der romantischen Oper geradeso klar ab, wie sie mit Webers „Freischütz" begann. Die Werke dieser Gattung erwachsen aus dem künstlerisch, kulturell und soziologisch bedingten Zwang zum Neuaufbau der Oper als Volksoper aus der deutschen Sprache. Dieser Neuaufbau konnte nicht – wie noch Mozart in seinen deutschen Singspielopern und Beethoven im „Fidelio" – mit den allgemeinen Voraussetzungen der bisherigen Oper rechnen. Er musste ganz von unten her, aus den einfachsten Spielelementen der Volksbühne, das neue musikalische Volksstück schaffen. Die Arbeit, die hier zu leisten war, um die deutsche Sprache sangbar und dem Ausdruckswechsel der Bühne passend zu machen, lässt sich vergleichen der Arbeit, die ein knappes Jahrhundert vordem nötig war, um die deutsche Sprache dem dichterischen Ausdruck gefügig, sie als Literatursprache vollwertig zu gestalten.

Diese Aufgabe wird mit dem Wege vom „Freischütz" bis zu den „Lustigen Weibern" gelöst.

Alles was der deutschen Sprache an Musikalität und Gesanglichkeit innewohnt, ist jetzt an den Tag gebracht in den Gattungen der romantischen, der phantastischen, der komischen und der phantastisch-komischen Oper. In ihr wird das romantische Element bereits durch die Handlung wieder zur ironischen Täuschung. Nicolai macht zwar noch richtige Elfenmusik, aber seine Elfen sind verkleidete Menschen. Der Zauber löst sich zum Maskenspiel. Damit sind auch stofflich die Möglichkeiten der rein deutschen Oper zunächst erschöpft. Werke späterer Zeit, die auf diese Muster zurückgreifen: Cornelius' „Barbier von Bagdad", Götz' „Widerspänstige", Wolfs „Corregidor" bringen nichts wesenhaft Neues.

Die deutsche Oper aber hat die grosse Stagnation der Zeit nach Mozart überwunden, sie hat ihre Existenzfähigkeit erwiesen. Sie ist nun in sich so weit gekräftigt, dass sie wieder Ausschau nach dem Stand der fremdländischen Produktion halten kann. Diese Ausschau und die daraus kommende Wechselwirkung lässt sich um so weniger vermeiden, als der Spielplan der deutschen Opernbühnen mehr von der ausländischen als von der einheimischen Produktion lebt und zehrt. Unter ihr steht naturgemäss immer noch die italienische Oper obenan, jetzt freilich nicht mehr in italienischer Sprache gesungen, sondern, weit schlimmer, in deutscher Übersetzung.

VI

BUFFA UND COMIQUE

1.

Während in Deutschland das Ringen um die nationale Oper einsetzt, während in Frankreich die Meinungen über die Oper ernsthaft einander gegenüberstehen, weiss man in Italien nichts von solchen Fragen. Es gibt keinen Kampf der ästhetischen Theorien, es gibt keinen Gegensatz zwischen nationaler oder internationaler Kunstform. Es gibt überhaupt kein Problem der Oper. Es kann keines geben. Dieses wurzelt stets im Problem der Verbindung von Sprache und Gesang. Italienisch aber war und blieb die Muttersprache der Oper.

So ist Italien bis auf den heutigen Tag das einzige Land, in dem Opernkriege von der Art des Kampfes um Gluck in Paris, oder des Kampfes um Wagner in Deutschland niemals stattgefunden haben, obgleich die Produktion stets gleichmässig weiterfliesst. Soweit sich Änderungen vollziehen, geschehen sie organisch, fast unbemerkt, wie der Wechsel der Jahreszeiten. Im Gegensatz zu den Franzosen und Deutschen des 18. und 19. Jahrhunderts haben sich italienische Komponisten niemals schriftstellerisch betätigt, und das Kunstschrifttum hat sich zu keiner Zeit mit der Oper im Sinne kritischer Reformen beschäftigt.

Der Kunstverstand italienischer Musiker oder Kunstrichter ist deswegen nicht gering zu schätzen. Verdis Briefe erweisen die Sorgsamkeit der Reflektion. Sie ist auch bei früheren Musikern als zweifellos vorhanden anzunehmen. Das kritische Erkenntnisvermögen zeigt gerade in Italien bis tief in alle Publikumsschichten hinein vielleicht stärkere Empfindlichkeit als in andern Musikländern. Diese kritische Erkenntnis basiert indessen stets und zu allen Zeiten auf der Norm des menschlichen Gesanges. Eine Abweichung von ihm als ästhetischem Grundbegriff ist kaum vorstellbar.

Die italienische Oper hat als Ausgleich für diese Hingabe fast alle musikalisch schöpferischen Kräfte der Nation in sich aufgesogen. Für die übrige Vokalmusik ist nur der kleinere Teil, für die rein instrumentale Kunst lediglich ein geringer Rest übriggeblieben.

Bleibt die italienische Oper von den Geschehnissen in Deutschland und Frankreich zunächst unberührt, so zeigen sich doch mittelbare Rückwirkungen. Italien verliert die Bedeutung als Lehrstätte für Ausländer, die bisher dort ihre Ausbildung fanden und dann die italienische Oper international weiterpflegten. Daraus ergab sich eine zweite Rückwirkung. Die alte italienische Oper erschien als Seria und als Buffa. Die Seria wurde auf allen Theaterplätzen der Welt verlangt, sie war die Zusammenfassung aller Gesangskünste. Die Buffa war zuerst eine Nebenerscheinung, eigentlich nur ein Zwischenspiel zur Seria, der Handlung und der musikalischen Grundhaltung nach eine volkstümliche Angelegenheit. Daher stand sie dem italienischen Hörer näher als die Seria.

Im gleichen Masse, wie in anderen Ländern die nationale Oper hochkam, wuchs in Italien die Buffa zur populären Repräsentantin des Opernschaffens heran. Was in anderen Ländern erst mühsam erkämpft werden musste, ergab sich in dem mit der natürlichen Gesangsprache gesegneten Italien zwanglos durch Ausscheiden der fremden Elemente und dadurch bewirktes Hervortreten der volkseigenen Kräfte. Durch sie erwuchs die Buffa zu einer Vollkommenheit, die wiederum vorbildlich auch auf das Ausland wirkte. In Deutschland freilich hatte sich das Singspiel aus sich heraus so weit gefestigt, dass die italienischen Anregungen formaler Art blieben. Für Frankreich aber wurde die Buffa zum bewusst übernommenen Muster. Seine planmässige Weiterbildung führte über das französische Singspiel zur französischen nationalen Operngattung: zur Opéra Comique.

Der Auf- und Ausbau der Buffa in Italien geschieht durch wenige Werke, sie sind zum grösseren Teil heut noch auf der Bühne lebendig. Den Beginn macht Pergoleses „Serva padrona“, 1733 zum ersten Male aufgeführt. „Serva padrona“ ist somit das älteste Werk des heutigen Opernspielplanes. Sie ist darüber hinaus das Grundwerk, aus dem die Stammbäume der italienischen wie der französischen Buffo-Oper emporwachsen. In Italien sind die bedeutendsten

Nachkommen der „Serva padrona" Paisiellos „Barbier", 1780, Cimarosas „Heimliche Ehe", 1792, Rossinis „Barbier", 1816, und Donizettis „Pasquale", 1843.

Die französische Linie beginnt mit Rousseaus, als unmittelbarer Nachwirkung der „Serva padrona" 1752 geschriebenem „Devin du Village". Von hier läuft sie über Singspiele von Duni, Philidor, Monsigny, Grétry, Isouard zu den Hauptwerken der Opéra Comique: Boieldieus „Weisser Dame", Aubers „Fra Diavolo", Adams „Postillon". Sie lösen sich dann in die travestierende Singspieloperette Offenbachs auf. Diese französische Linie ist mannigfaltiger bewegt, reicher an verschiedenartigen Erscheinungen, dagegen selbst in den wichtigsten Werken nicht annähernd so zeitbeständig wie die italienische. Auch fällt auf, dass an der Folge der französischen Werke die gesellschaftliche Bindung sich deutlich spiegelt. Von Rousseau über Grétry, Boieldieu, Auber und Adam bis Offenbach spielt die musikalische Geschichte des Bürgertums.

Die Buffa lässt solche Zusammenhänge schwerer erkennen. Es ist ohne Belang, dass Paisiello und Cimarosa für das Petersburger Theater der grossen Katharina geschrieben haben, Pergolese für Neapel, Rossini für Rom. Die Werke sind genialer konzipiert als die französischen, alle äusserlich soziologischen Bestandteile haben sich restlos in elementare Musik gelöst. Sie wurde ermöglicht durch den italienischen Buffa-Sänger und die Urwüchsigkeit seiner darstellerischen Naturanlage.

„Serva padrona" gibt die ganze Gattung im Reingehalt. Nur zwei singende Personen erscheinen: ein Mann und eine Frau. Die dritte mithandelnde Person ist stumm, sie dient als Fangball, den jene beiden sich im Spiel zuwerfen. Von den Singenden ist die Frau ein Mittelsopran, nicht besonders hoch, eher gelegentlich tief geschrieben, ohne Koloratur. Der Mann ist ein Bass, ebenfalls von mittlerer Umgrenzung. Von beiden Stimmen wird zwar künstlerische Gewandtheit verlangt, nirgends jedoch gesangstechnische Virtuosität. Der Stil ist durchweg Sprechgesang, unmittelbar als solcher in den weitgesponnenen Rezitativen behandelt. In den Arien und Duetten wird er in knappe Floskeln gepresst, sie weiten sich durch thematische Weiterbewegung und periodische Ausrundung zur ariosen Melodik aus. Man könnte von einer kurzatmigen, fast motivisch organisierten Erfindung sprechen, läge die Erklärung nicht eben im Wesen dieses musikalischen Sprachstiles, der die rezitierende Deklamation auch in der Führung der Gesangslinie beibehält.

Auf dieser naturhaft ungezwungenen Verbindung, von der man nicht sagen kann, was das Primäre sei, ob Sprache oder Gesang, beruht die Vitalität des Werkes, zugleich seine bühnenmässige Wirkung. Sie zählt zu dem Erstaunlichsten, was das Theater aller Zeiten zu zeigen hat. Zwei redende Personen, keine Dekoration – primitiver geht es nicht. Spiel und Gegenspiel der Geschlechter ermöglicht diese Reduzierung auf die schlichteste Form, weil jedes Geschlecht sein Gattungsmerkzeichen: seine Stimme in unverhüllter Sinnlichkeit einsetzt. Wiederum ermöglicht nur diese äusserste Vereinfachung solchen vollen Einsatz der Stimme und ihre unbehinderte naiv drastische Wirkung: bei der Frau eine aufstachelnde Folge von Widerständen und Verstellungen, beim Mann die anfänglich plumpe, dabei schliesslich naturhaft ausbrechende Kraft, die jenes listig anfeuernden Sexus bedarf.

Erstaunlich ist die Mannigfaltigkeit in der Abwandlung dieses engen Kreises. Es kann nicht mehr gesagt werden über das Spiel zwischen Mann und Frau, als hier Bass und Sopran einander erzählen, gegeneinander toben, miteinander tanzen und singen. Dieses in seiner Art Ewiggiltige mag Pergoleses Werk seine unvergleichliche Wirkung verliehen haben. Zwei grosse Musiknationen haben dem Stückchen die Grundlage für eine ihrer wichtigsten Schaffensgattungen entnommen, trotzdem ist es über alle Weiterbildungen hinaus in sich unnachahmlich und lebendig geblieben. Indem es als erste Schöpfung der Art den Reingehalt der gesamten Gattung gab, liess es späteren Zeiten wohl die Möglichkeit formalen Ausbaues und produktiver Durchbildung. Alles Wesenhafte aber hatte es in sich selbst bereits unübertreffbar festgestellt.

„Serva padrona" ist das Thema. Nun folgen die italienischen und die französischen Variationen.

Es sind Variationen sowohl im bildhaft künstlerischen als auch im inhaltlich formalen Sinne. Paisiello, Cimarosa, Rossini, Donizetti stehen als Italiener in einer Linie. Das Thema der Magd als Herrin – dem Sinn nach, nicht als Stoff genommen – kehrt bei allen, zum mindesten in den beiden „Barbieren“ und dem „Pasquale“ deutlich wieder. Damit ist zugleich der klangliche Grundriss gegeben. Er unterscheidet sich von dem Pergoleses durch die gesteigerte Mannigfaltigkeit der Charaktere. Dabei fällt auf, dass nur Cimarosa in der „Heimlichen Ehe“ eine dreifache Aufteilung der Frauenstimmen vornimmt. Paisiello, Rossini und Donizetti bleiben bei dem einen, auch von ihnen in tiefer Mittellage gehaltenen Sopran, der in zunehmendem Masse mit Koloraturen behangen wird. Das Singvogelhafte, eben dadurch Liebreizende der Frauenstimme wird Selbstzweck. Die Frau ist in dieser Spielgattung für den Italiener nur Geschlechtswesen, kein Charakter.

Mehr Abstufungen zeigen die Männercharaktere. Hier finden sich allmählich alle Figuren der commedia dell'arte zusammen, zu entsprechenden Stimmerscheinungen umgewandelt und für das Ensemble geformt. Cimarosa hat je einen Tenor, einen Bariton, einen Bass als Hauptpartien, denen drei Frauen gegenüberstehen, so dass sich als Gesamtheit das Mozart-Sextett ergibt. Bei Paisiello kommt, ähnlich wie später bei Rossini, zu den drei männlichen Hauptstimmen noch der tiefe Charakterbass des Basilio hinzu, ausserdem zwei Tenöre und zwei Bässe in Nebenpartien zur Füllung des Ensembles. Das bei ihm wichtigste zweite Finale ist ein Septett mit einer Frauenstimme.

Rossini spart die Nebenpartien. Sein grosses erstes Finale ist ein Sextett aus zwei Frauen- und vier Männerstimmen, dazu Männerchor. Dieser war in der Buffa nicht üblich. Er wird auch von Rossini nur zweimal, in der Introduktion und im ersten Finale eingesetzt, im Anfang rein episodisch, im Finale als rhythmisch dynamische Akzentuierung. Eine Ausnutzung des gesamten Chores für Buffowirkungen unternimmt erst Donizetti in der originellsten Nummer seines „Pasquale“, dem Domestikenchor. Die Solistengruppe dagegen vereinfacht er wieder auf das Quartett Sopran, Tenor, Gesangsbariton und Buffo.

In dieser besonderen Art der Stimmaufteilung, also in der Ensemble-Erfassung der Stimmen vollzieht sich der Ausbau der Buffa von der Grundlage der „Serva padrona“ her. Das Steigerungsmittel ist die Hinzufügung des lyrischen Tenorliebhabers. Aus seinem Vorhandensein ergibt sich das Auftreten der übrigen Erscheinungen spielmässig wie stimmlich, also die Ausrundung zum musikalisch bewegungsfähigen Ensemble.

Eine Entwicklung innerhalb der Buffa-Reihe im Sinne einer inhaltlichen Steigerung ist nicht bemerkbar, jedes Werk repräsentiert eine individuell veränderte Farbe der gleichen Vergnüglichkeit. Der orchestrale Aufwand bleibt bescheiden: bei Pergolese nur Streicher, von da ab gemischtes Orchester, auf Begleitfunktion beschränkt. Nur episodisch erscheinen selbständige Intermezzi, bei Paisiello und Rossini die Gewitter-Musik mit den beliebten Crescendo- und Decrescendo-Wirkungen, bei Cimarosa die serenadenhafte Nachtmusik. Der Aufbau ist in jedem Falle zweiteilig, mit der dadurch gegebenen Hinleitung auf die beiden Endsteigerungen. Sie werden namentlich von Cimarosa und Rossini ausgenutzt, während Paisiello den Schluss seines ersten Aktes in einer klagenden Cavatine seiner Rosine verpuffen lässt. Durch die Einfügung dieses Finales gewann Rossini seinen Erfolg, der Paisiellos vorher in aller Welt beliebtes Werk der Vergessenheit anheimfallen liess. Es war der Sieg nicht nur des aus der bürgerlichen Komödie zur reinen Buffa-Sphäre vordringenden Genies. Es war zugleich der Sieg eines gesanglichen Ensemblespiels über die solistische Gesangsoper.

Zwar hat auch bei Rossini jeder Solist seine Arie. In diesen Arien wird der Charakter aus der Stimme geformt. Namentlich Figaro und Basilio wachsen durch sie, jener mittels der Virtuosität seines ariosen Parlandos, Basilio durch die diabolische Gravität des Organes. Die Selbstenthüllung des Heuchlers durch den Gegensatz zwischen Gedanke und Gesang ist so drastisch durchgeführt, dass der am meisten der Buffo-Konvention verbleibende Bartolo durch seinen Nebenmann fast erdrückt wird. Eine ähnliche Steigerung wie der Charakterbass erfährt der Tenor. Ihm wird die Lyrik des Liebhabers mit Nachtigallen-Koloratur zugeteilt, dazu die leichte Parlando-Beweglichkeit des Buffos, in den Verkleidungsszenen noch der heroische Akzent des Soldaten und der jesuitische Dümmlingston.

Am weitesten gespannt ist das Ausdrucksgebiet des Figaro selbst. Hier ist der Mann ohne Bedarf nach ergänzender Frauenstimme. Ihn regiert gleich Basilio, dem einzigen seiner würdigen Gegenspieler, der Dämon des Goldes. Er könnte, ebenfalls gleich Basilio, ein tragischer Charakter sein, wie sein grosser Stimmgenosse Don Giovanni. Aber seine Welt liegt im Diesseits. So wird er Schicksalslenker und Gelegenheitsmacher, der Kern des Ensembles. Seine führende Stimme zieht die Mittellinie, von der aus der buffone Bass und der lyrische Tenor nach einem Sopran girren, während der lustige Bariton-Philosoph und der mephistophelische Bass-Musikant sich an der Vorstellung des Goldes berauschen.

Dieses ist die Situation eines Finales, das nicht seinesgleichen hat in der Buffa-Literatur. Die Stimmen, anfangs noch singend und ihrer figürlichen Bedeutung bewusst, werden mehr und mehr zu reinen Funktionsträgern melodischer, harmonischer, rhythmischer Akzente. Der Gang des Stückes, die Art des Aufbaues und der Steigerung bewirkt diese Lösung. Sie führt von dem real erscheinungsmässigen Geschehen des Spieles hinauf in eine Sphäre irrealen Treibens, wo nur noch Klänge, Stimmen, Rhythmen spuken und einander jagen. Hier hinein klingen, völlig in Betäubung überführend, die dumpfen Chorrufe, die mit obstinater Unerbittlichkeit dem Bild der klanglichen Wirrnis die letzte Steigerung geben.

Dieses Finale ist der Gipfel, muss es auch der Idee des Ganzen gemäss sein. Dabei ist es so eingegliedert, dass die vorangehenden Sätze organisch beziehbar zu ihm hinführen. Die folgenden Stücke des zweiten Teiles bringen sogar noch eine Steigerung, zwar nicht nach der rein kunstmässig genialischen, wohl aber nach der buffonen Seite hin. Namentlich das Rasier-Quintett führt zu immer tollerer Ausgelassenheit und endet in eine Tanzorgie der Stimmen. Das zweite Finale bringt nur den heiter resümierenden Rückblick und Abgesang, entsprechend dem Sinn der künstlerischen Ökonomie.

Rossinis „Barbier“ bedeutet gleich Pergoleses „Serva padrona“ die Aufdeckung einer äussersten Spielmöglichkeit der Stimmen. Hier aber erscheint als Abschluss, was dort Grundriss war. In beiden Fällen ist der Text nur Mittel, die verborgenen Spielenergien des Gesanges frei zu machen. In beiden Fällen aber steht der handlungsmässige Grundsinn wie auch die Gestaltung dieses Textes in organischem Zusammenhang mit dem gesanglichen Spielwillen. So werden hier über die äussere Zufälligkeit des Librettos hinaus elementare Beziehungen zwischen Sprachgeist und Klangspiel offenbart. Aus ihnen ersteht das in sich vollkommene Kunstwerk der italienischen Buffa.

Es gibt eine grosse Anzahl anderer italienischer Buffo-Opern, Rossini selbst hat noch mehrere geschrieben. Da aber alle auf das gleiche Ziel ausgehen mussten, hat das höchststehende Werk der Gattung die anderen in Vergessenheit gebracht. Nur Donizettis „Don Pasquale" hat, in entsprechend bescheidener Entfernung, sein Eigendasein gewahrt. Er ist gleichsam die letzte Wiederkehr der „Serva padrona", abgesehen von der Genie-Episode des Personalchores eine Vereinfachung des üppigen Rossini-Ensembles. Mit seiner Quartett-Prägung steht er als stilbewusstes, leicht archaisierendes Biedermeier-Mittelding zwischen dem Sing-Sextett Rossinis und dem Sing-Duett Pergoleses. Diese drei Ensemble-Typen umschreiben den Kreis der italienischen Buffa. Damit war eine Grundgattung des gesangsmässigen Stimmenspiels erkannt, zugleich eine produktive Verschmelzung von Sprache und Gesang geschaffen, wie sie dem Wesen des schaffenden Volksgeistes in absoluter Reinheit entsprach.

2.

Die durch keine Konvention eingeengte Naturhaftigkeit der Buffa wirkte auch auf das Ausland hinüber, am stärksten nach Frankreich. Schien sich doch hier ein Weg zur Beseitigung, zum mindesten zur Verminderung eines Mangels der französischen Gesangsmusik zu öffnen. Es hatte sich erwiesen, dass die französische Sängerkehle durch die Hinderungen der französischen Sprachlautbildungen niemals dem italienischen Canto nahekommen, immer auf eine rhetorische Deklamation beschränkt bleiben würde. Vereinfachte man aber diese melodisierte Deklamation, nahm man ihr den Zwang zum hohen Pathos, beschränkte sie auf ein liedhaftes Singen der lyrischen Episoden und verband diese Lyrismen durch gesprochenen Dialog, so ergab sich eine neue, brauchbare Form. Die bisherigen, durch die Sprache veranlassten Schwächen waren zu Vorzügen gewandelt, die musikalische Natürlichkeit war erreicht.

Rousseaus „Devin du Village" ist das erste, in bewusster Anlehnung an die italienische Buffa geschaffene französische Singspiel. Böse Zungen behaupteten, die Musik sei nicht von ihm, aber es ist nie gelungen, einen Beweis dafür zu erbringen. Die Unbeholfenheit der Machart lässt seine Autorschaft glaubhaft erscheinen. Auch dieses Werkchen war eine Fanfare der Rückkehr zur Natur. Gemeint war freilich nicht nur Natur im Sinne unzeremonieller Menschen und Handlungen. Gemeint war die musikalische Natur eines Volkes, wie sie in seiner Gesangsbegabung erkennbar wird.

Die französische Stimme ist von Natur benachteiligt gegenüber nicht nur der italienischen, sondern sogar der deutschen. Sie ist flach, flackernd, namentlich bei den Frauen, dabei oft spröde im Klang. Sie erhält durch die Art der Sprachlautbildung eine peinliche nasale Resonanz. Sie ist unschön als reines Naturmaterial, und solche Unschönheit wird gesteigert durch die ungünstigen sprachlichen Bedingungen. Diese Voraussetzungen machen sie wenig geeignet für den getragenen Gesang, dagegen passen für sie alle rhythmisch und deklamatorisch akzentuierten Formen: Chanson, Couplet, allenfalls jene kleinen lyrischen Gebilde, die mehr sentimenthafte Zartheit beanspruchen, als üppige Kraft des Organes.

Aus solchen Voraussetzungen heraus wurde, angeregt durch ein Gastspiel der italienischen Buffonisten in Paris, das französische Vaudeville in der Retorte Rousseaus geschaffen. Es war natürlich, es war volkshaft. Es vermied die gespreizte Gebärde und begnügte sich mit einfachen Gesängen. So wurde es populär. Viele Talente versuchten sich daran, neben wirklichen Franzosen, wie Philidor, Monsigny, auch Ausländer: die Italiener Duni, Isouard, der Belgier Grétry. Die französische Musikproduktion zeigt namentlich in der Oper einen so hohen Prozentsatz von Nichtfranzosen an führenden Stellen, wie er im Schaffen keines anderen Volkes bemerkbar wird.

Aus dem französischen Singspiel ist die Opéra Comique erwachsen. Sie ist nicht der deutschen komischen Oper gleichzusetzen. In der Comique wird sowohl das lyrische als auch das dramatische Element gelegentlich bewusster betont, als in der vorwiegend heiter gerichteten komischen deutschen Oper. Die Comique hat eine fast unübersehbare Folge von Werken aufzuweisen. Von ihnen erscheinen heute noch Boieldieus „Weisse Dame“, Aubers „Fra Diavolo“, Adams „Postillon“ auf der Bühne. Vor Jahrzehnten beherrschte sie das europäische Theater, das damals freilich seine gesamten Spielaufgaben aus Paris erhielt. Trotz dieser gewaltigen Ausbreitung, trotz der in den besten Werken lebendigen Geschmackskultur hat die Comique niemals jene absolute Weltgeltung erreicht, die der Buffa vom Augenblick ihres Vorhandenseins an zufiel. Die Comique war eine praktisch bedeutsame Gebrauchsgattung. Um mehr zu werden, fehlte es ihr an musikalischer Substanz. Diese geriet so dünn, weil der gesangliche Mutterboden zu schwach war. Nicht der Sänger, sondern der behelfsmässig eingesetzte singende Schauspieler stand auf der Bühne. Die Situation war ähnlich wie in Deutschland, mit dem wichtigen Unterschied freilich, dass in Deutschland Ungeschicklichkeit der Singekunst und Hindernisse der Sprache allmählich beseitigt wurden, während in Frankreich diese Beseitigung durch natürliche Veranlagung und Sprache erschwert war.

So blieb der Darsteller der Comique der singende Schauspieler. Sein eigentümlichster Typ ist der apart hochgeführte, leicht bewegliche, daher koloraturfähige lyrische Tenor. Er erscheint als der romantisch galante Herzensbrecher, der einmal wirklich verkannt wird, wie George Brown, ein andermal sich spitzbübisch verkleidet, wie Fra Diavolo, dann wieder vom Bauern zum vornehmen Herrn verwandelt wird, wie der Postillon. Stets ist er ein in den Salonstil übertragener, entsprechend tenoral umgefärbter Don Giovanni, der die Frauen verführt und die Männer betrügt. Seine Partnerin ist die französische, kokett gefühlvolle Soubrette. Sie singt Lieder, Balladen, Romanzen und stattet sie mit bravourösen Koloraturen aus, ohne dabei den grossen italienischen Koloraturstil zu wagen.

Mit diesen beiden sind die gesanglichen Grunderscheinungen der Comique gegeben. Gelegentlich wird die Soubrette lyrisch umgefärbt, oder es wird ihr, wie in der „Weissen Dame", eine richtige Sängerin zur Seite gestellt. Oder es wird, wie in „Fra Diavolo", die Tenorpartie verdoppelt und dem draufgängerischen Bonvivant noch ein lyrischer Liebhaber beigegeben. Alle übrigen Partien sind schauspielhafte Spielchargen, vor allem die beiden Banditen, der Tenor- und der Bassbuffo, der Bassist als Vater, Onkel, Bösewicht. Alle sind Schauspieltypen, die auf eine ihrer Aktionsbedeutung entsprechende Art zum Singen gebracht werden. Daher die immer wiederkehrenden Formen des Trinkliedes mit und ohne Chor, des Gebetes, des Jägerliedes, der Romanze, Barcarole, des Wiegen- oder Schlummerliedes, des Erinnerungsgesanges und ähnlicher Formen. Sie werden als musikalisch lyrische Ruhepunkte eingesetzt, sind dabei aber handlungsmässig so eingewoben, dass sich eine zwanglose Verbindung der schauspielerischen Realität mit dem Gesang ergibt.

Daraus folgt die Notwendigkeit der Erfindung immer neuer Texte. Solange der Schwerpunkt bei dem Gesange als solchem lag, machte die Wiederkehr des gleichen Textes nichts aus. Je mehr aber die Texte auf Verbindung von schauspielerischem und gesanglichem Reiz zielen, um so mehr steigert sich der Bedarf nach ständigem Wechsel des Textes. Einstmals Gerüst für den Musiker, um das die Musik anwächst, wird der Text jetzt zum dauernd veränderten Kostüm, das eine in den Grundzügen gleichmässige Musik umkleidet. Romane, Novellen, Anekdoten, Episoden geben in immer neuer Anordnung des äusseren Geschehens den Vorwand, die spärlichen Gesangsformen mit dem Anschein des Neuen auszustatten.

Hierbei gibt es einige mit besonderem Geschick angelegte szenische Steigerungen: die Auktion im zweiten Akt der „Weissen Dame", den nächtlichen Überfall im zweiten Akt des „Fra Diavolo", die Entführung des Chapelou im ersten Akt des „Postillon". Es ist das jeweilige Kernfinale der Werke, in dem alle Fäden zusammenlaufen. Durch scheinhafte Verwirrung der Spielkräfte, geschickte Einsetzung des Chores, gut angelegte dynamische Steigerung auch des Orchesters wird der Eindruck einer dramatischen Zuspitzung erweckt. Namentlich der Chor wirkt, im Gegensatz zur Buffa, ähnlich wie bei der deutschen Oper als antreibender Spielfaktor.

Trotz dieser oft originellen Einzelzüge gelangt die Opéra Comique nicht über die Bedeutung einer Mischgattung hinaus. Ihre Lebenskraft ist mit ihrer stofflichen Unterhaltsamkeit erschöpft, das gesangsmusikalische Buffa-Spiel im italienischen Sinne bleibt ihr verschlossen. Es gelingt nicht, die Comique soweit aus der Verbindung mit den Elementen des Schauspieles zu lösen, dass Musik und Gesang die Führung bekommen. Sie hat nicht genügend Sänger und Sängerinnen, sie hat keine Abwechslung unter ihnen. Sie erstickt im Dialog, lässt ihre musikalischen Formen nicht zur Ausweitung gelangen. Über diese Mängel hilft weder die Geschicklichkeit erfindungsreicher Textverfasser hinweg, noch die Begabtheit der Komponisten, noch der äussere Erfolg eines einschmeichelnden, dem geistigen Ruhebedürfnis einer müden Zeit entgegenkommenden Genres.

Der von Jean Jacques Rousseau gewiesene Weg hatte sich als gangbar gezeigt und manche hübsche Aussicht eröffnet. Aber er war weder ein Höhenweg, noch liess er die Möglichkeit dauernder Weiterführung oder überhaupt einer Zielsetzung erkennen. Er endete in der Sackgasse des artistischen Singspieles von Adam. Von hier aus war nur noch die Diminutivform des lyrischen Einakters oder die Operette möglich. Beide fanden in Offenbachs romantischer Ironie den Abschluss.

Auch die Buffa hatte sich erfüllt. Sie konnte sich wiederholen, aber nicht mehr sich steigern. Aus dem Gefühl des Vollendethabens kommt eine Zeit der bequemen Sattheit, zum mindesten in den romanischen Ländern, also ausserhalb von Deutschland. Mozart war nicht aktuell. Seine Musik verehrte und bewunderte man, seine Opern aber waren ohne Beziehung zur Gegenwart. „Fidelio" galt wenig, und von der durch „Freischütz" eingeleiteten innerdeutschen Bewegung spürte das künstlerisch repräsentative Ausland nichts. Wien verfügte zwar über ein vorzügliches Operntheater, aber künstlerische Begebenheiten von Bedeutung waren seit Jahren dort nicht geschehen. In Mailand hatte das seriöse Werk eines jungen Sizilianers, Bellini, die tragische Oper „Norma" Aufmerksamkeit erregt. In gluckisch antikisierenden einfachen Formen aufgebaut, ging sie im Ensemble nicht über das Terzett hinaus, drängte den Chor wieder in die Staffagenbedeutung zurück, konzentrierte dafür alle Kraft auf die Gestaltung der Titelpartie, die als Koloratur-Heroine mit ausgesprochen cantabiler Grundhaltung gefasst war. Ähnlich ernst, mit liebenswürdiger Feierlichkeit versuchte sich Méhul an dem fast oratorienhaft gestalteten „Joseph und seine Brüder". Diese Oper erhält ihr besonderes Klangkolorit dadurch, dass mit Ausnahme der Hosenrolle des Benjamin nur Männerstimmen verwendet werden.

Mit mehr Originalität hatten sich in Paris zwei französierte Italiener hervorgetan, Cherubini und Spontini. Cherubini, von der Buffa kommend, hatte mit „Lodoiska", „Faniska", „Wasserträger" die bürgerlich tragische Revolutionsoper begründet, die in „Fidelio" ihre Erfüllung fand. Neben und nach ihm erschien Spontini, gleichfalls von der Buffa ausgehend, dann aber plötzlich den Apparat der grossen heroischen Oper packend. So waren überall die Italiener wieder im Vormarsch, bezeichnenderweise aber mit einer deutlichen Wendung nach Paris und seiner grossen Oper.

Hier war alles, was der Musiker für die Oper brauchte: die Bühne mit dem Zauberapparat der Maschinen, Dekorationen, Kostüme, das grosse Orchester, unzählige Menschen, dazu Festesglanz auf und vor der Bühne, gewaltige heroische Gefühle, tragische Konflikte, Chöre, Ballets. In dieses grosse Sammelbecken der theatralischen Kunst hinein konnten sich die seit der Mozart-Zeit auf allen Einzelgebieten angestauten Kräfte des Opernspieles entladen, sobald die eine Grundforderung fiel: die Forderung nach Natur und Natürlichkeit.

Wie aber war diese Forderung überhaupt der Oper gegenüber möglich geworden? War sie nicht abgeleitet aus jenem Aufklärungsgeist des 18. Jahrhunderts, der als philosophische Welterkenntnis bereits wieder überwunden und in Verruf erklärt war? Was hatte diese Forderung der Oper gegenüber bewirkt? Abgesehen von dem Einzelfall der italienischen Buffa, die auch nicht mehr fortpflanzungsfähig war, nur die allgemeine Stagnation aller Kräfte, die Vernichtung der ins Grosse zielenden Produktion, die Bevorzugung eines rein unterhaltsamen Diminutiv-Genres.

Zurückgedrängt dagegen hatte jene Forderung nach Natur und Natürlichkeit die Kunst und Persönlichkeit des grossen Sängers. Was war aus der produktiven Pflege der Gesangskunst geworden? Der schöpferische Musiker hatte sein edelstes Gestaltungsmaterial beiseite gelassen. Er hatte sich dem Orchester zugewendet, oder der Reflektion über Natürlichkeit von Gesang und Deklamation. Die Schwierigkeiten des Sprachenproblemes hatten ihn gefangen genommen, die dramaturgische Technik und die Probleme des Kunstverstandes erschienen jetzt wichtiger als alle Sänger- und Stimm-Angelegenheiten.

War es richtig diesen Weg weiterzuschreiten?

Es kommt eine grosse Reaktion. Die so gefeierte Natur und Natürlichkeit der Oper schlägt in das Gegenteil um. Eine heisse Liebe bricht wieder durch zu dem schönsten Spielorgan: der singenden Stimme. Einst war sie Objekt und Subjekt des Spieles, das aus ihren Bewegungsantrieben seine Impulse empfing. Jetzt gewinnt sie wieder den Vorrang, so unwiderstehlich, dass sie alle anderen Elemente des Spieles in ihre Dienste zwingt, sich aber zum Selbstzweck erklärt.

Eine grosse Erschlaffung kommt über die Menschen. Sie erkennen im Sinnlichen nicht mehr die geistigen Bewegungskräfte, nur noch den äusseren Reiz. Es erwacht die Freude am Spiel mit diesem Reiz: der Trieb zur Virtuosität. Es erscheint das Urbild des Virtuosen, der Dämon Paganini. Es erscheint, von ihm erweckt und ihm nacheifernd, sein Gegenbild: Franz Liszt. Es erscheinen Sänger und Sängerinnen von überzeitlichem Format, unter ihnen die Pasta, die Malibran, Jenny Lind, Rubini, Lablache. Es erscheint der grosse Virtuose des Instrumental-Orchesters: Hector Berlioz. Es ersteht die Zusammenfassung sämtlicher virtuosen Künste der Bühne als illusionistischer Ausstattungszauber. Alles aber wird getragen von dem Hauptrepräsentanten dieser neuen, zugleich uralten Kunst des stärksten künstlerischen Rausches: dem Sänger-Virtuosen.

Aber er steht nicht mehr vereinzelt, sondern im Nebeneinander aller erdenklichen Spezies: im Virtuosen-Ensemble, geführt vom Virtuosen-Komponisten. Alle verkünden die Botschaft von der gestaltenden Gewalt der singenden Stimme. Sie erscheint jetzt in der äusserlich prunkhaftesten der bisherigen Verwandlungen: in der Verwandlung der zum Selbstzweck gewordenen Virtuosität als Opéra.

VII

OPÉRA

Die Stadt der Opéra ist Paris, geschaffen aber wird sie mehr von Italienern und Deutschen als von Franzosen. Der Begründer ist ein Italiener, Lully, später kommt der Deutsche Gluck, dann folgen die Italiener Spontini und Rossini, schliesslich der Deutsche Meyerbeer. Dazwischen stehen Rameau, Méhul, Halévy, Auber als Franzosen. Ausser Rameau sind sie den Fremden nicht ebenbürtig, werden auch keineswegs bevorzugt. Der ohne Beanstandung hingenommene hohe Anteil von Ausländern unter den führenden Musikern des grossen nationalen Institutes zeigt, dass dieses von den Franzosen als Vereinigung aller im Weltzentrum zusammenströmenden Kräfte angesehen wurde, als Dokumentierung einer kosmopolitischen Kunst unter französischer Flagge. Wie die Seria in Italien, stand die Opéra in Paris Musikern aller Nationalitäten offen, sofern sie in französischer Sprache komponierten.

Die demokratische Idee der Revolution bestätigte diese Neigung zur musikalischen Internationale, die Komponisten aller Länder erwiderten sie. Waren doch in Paris die reichsten und bestentwickelten Mittel jeder Art, die vorteilhaftesten Wirkungsbedingungen vorhanden. Hierzu gehörte auch die geistig anregsamste, im Einfluss weitest ausstrahlende Presse.

Nicht nur die kulturelle Atmosphäre begünstigte die Vorurteilslosigkeit gegenüber den Fragen der Nationalität. Die Aufgabe selbst trug in sich das Zeichen der internationalen Mischkunst. Das typisch Französische der grossen Oper war nie der Gesang gewesen. Es war das deklamatorische Rezitativ und das Ballett.

Dieses Ballett führte der grossen Oper eine in anderen Ländern nicht annähernd ähnlich gepflegte Formenwelt zu. Der hieraus erwähnte Einfluss beschränkte sich nicht auf die Einschaltung einiger Tanzsätze. Durch das Ballett als Element der Veranschaulichung wurde der mimische Stil auch des gesungenen Teiles bestimmt. Damit aber wurde weiterwirkend die innerorganische Anlage und somit schliesslich das ästhetische Wesen der französischen Oper als Gattung überhaupt entscheidend beeinflusst. Diese Oper ist eine mythologische Allegorie. Sie ist es nicht nur dem stofflichen Inhalt, sie ist es dem Sinn der Gattung nach. Die französische grosse Oper ist aus dem Tanz, aus der Kunst der Bewegungsgestaltung geboren, wie die italienische aus dem Gesang. In der französischen Oper hat der Gesang zunächst die Aufgabe deklamatorischer Verbindung der Tänze. Die stumme Gestik entladet sich in die rhetorische Phrase. Erst als letztes entsteht die melodisch stilisierte lyrische Arie.

Hier war der schwache Punkt der französischen Musik und damit auch der Opéra. Durch ihre Herkunft von der Sprache des Körpers trug sie alle Möglichkeiten der Expansion zur Anschaulichkeit grossen Charakters in sich. Durch die Fähigkeit deklamatorischer Gestaltung war sie für das hohe Pathos und damit den eigentlich tragischen Stil geeignet. Ihre melodische Dürre aber und gesangliche Armut musste sie veranlassen, jeden musikalisch bereichernden Zufluss, gleichviel welcher Herkunft, aufzunehmen. Gesteigert durch diese fremde Kraft des melodischen Gesanges konnten sich dann die im Grundimpuls des Tanzes eingeschlossenen Kräfte erst recht entfalten. In anschaulicher Vielfältigkeit, von der körperlichen Erscheinung bis zur üppigen Entwicklung auch des dekorativen und kostümlichen Bühnenbildes verklärten sie sich zu einer Feier von Gesang und Tanz.

Die französische grosse Oper ist gewiss nicht nur Apotheose des Tanzes. Wohl aber hat hier die Irrealität der Oper in dem musikalisch stilisierten Bewegungsspiel des Körpers ein anderes Gestaltungsmedium gefunden. Der Sinn der Opéra zielt eigentlich dahin, eine anschauliche Zusammenfassung des stimmlich gesanglichen und des tänzerisch rhythmischen Elementes zu schaffen. Dieses Anschauliche ist sinngemäss nicht nur im Hinblick auf den menschlichen Körper allein zu verstehen. Es umschliesst in weitestem Sinne alles visuell Fassbare, optisch Wirkende.

So ist die grosse Oper dem Wesen nach eine kompilatorische Kunstgattung. Sie ist es nicht im Sinne äusserlicher Summierung von innerlich unvereinbaren Dingen. Sie ist es im Willen zur Schaffung eines überindividuellen Organismus. Ein hochstrebender Kunsttraum lockt. Das Ideal eines neuen Weltbürgertumes dämmert auf. Bürgerlich demokratisch begründet und nach den Grundsätzen eines vernunftmässigen Ausgleichs der Kräfte arbeitend, will es in einer Kunst grossen Charakters eine Universalschöpfung gestalten. Es will sich an allem bisher Errungenen geniessend erfreuen. Es ist also ein Aufschwungwille, produktiv gekennzeichnet durch den Wunsch nach Zusammenfassung im weitesten Ausmass.

Dieser Wille lag stets im Wesen der Opéra eingeschlossen, aber er konnte nicht immer mit gleicher Energie nach aussen wirken. Als das Institut 1669 begründet wurde, stand die venezianische Oper in Blüte, die neapolitanische war im Entstehen, in Hamburg versuchte man eine deutsche zu schaffen. Die Zeit war der Idee einer Zusammenfassung um so weniger günstig, als die Opéra damals Unterhaltung lediglich des Hofes war. Die erste deutsche Invasion durch Gluck führte zu heftigen literarischen Auseinandersetzungen, ohne der Gattung den Beigeschmack einer unpopulären Hofkunst zu nehmen. Sie blieb lebensfern. Erst mit Spontinis Werken trat eine Wandlung zur Aktualität und damit zur Wirkungsverbreiterung ein. Die Oper zeigte historische Stoffe mit deutlicher Bezugnahme auf die Ereignisse der Gegenwartsgeschichte. „Vestalin", 1807 aufgeführt, bringt den vergleichenden Hinweis auf die bisher von der Oper vernachlässigte Römerwelt mit Triumphzügen und militärischen Anklängen. „Ferdinand Cortez," 1809 gegeben, der wichtigste und weitesttragende Erfolg Spontinis, ist die Verherrlichung des Eroberers. Die erst nach Napoleons Sturz, 1819, aufgeführte „Olympia" folgt gleichfalls der Zeitgeschichte, indem sie im Anschluss an Voltaire einen Stoff der Diadochenzeit darstellt. Die Werke sind vergessen, Spontinis musikalischer Atemzug reicht nicht, sie über die einstige Zeitgemässheit hinaus als Bühnenschöpfungen lebendig zu halten. Aber sie zeigen den neuen Weg der grossen Oper: den Wunsch nach repräsentativer Allgemeingeltung über Einzelprobleme künstlerischer Art hinaus. Das Mittel ist Aktualität der Stoffwahl.

In den nun folgenden Werken Aubers, Rossinis, Meyerbeers mit ihrem Aufbau aus revolutionären, politischen, religiösen und sozialpolitischen Ideen steigert sich die Aktualität zur unmittelbaren Gegenwärtigkeit. Wenn es je eine Zeitoper gegeben hat, die das musikalische Theater durch Einbeziehung von Tagesideen in den Mittelpunkt des Lebensinteresses zu rücken versuchte, so war es die grosse Oper des Vormärz. Sie war politisches Zeittheater grössten Ausmasses, zum mindesten wollte sie es sein. Alle geistig bewegenden Ideen jener Jahre wurden am Beispiel eines wichtigen geschichtlichen Parallelvorganges breit erörtert.

Daraus ergab sich das Bedürfnis nach Monumentalität der äusseren Anlage. Aus ursprünglich drei Akten wurden vier oder fünf, jeder einzelne von ungewöhnlicher Breite. Der Stoff überwuchert, man kann ihn kaum bändigen, die Massenhaftigkeit wird zum ästhetischen Gesetz.

Der Expansionsdrang greift über auf die Stimmen. Sie werden im Umfang nach oben und unten überspannt. Sie müssen Kraft und Lyrik verbinden. Die Forderung an ihre rein physische Leistung übersteigt alle bekannten Masse. Da es wenige Sänger gibt, die solchen Forderungen entsprechen, wird im praktischen Gebrauch die Vereinfachung und Verkürzung der Partien üblich. Die Aufzeichnung des Komponisten stellt nur noch eine papierne Idealforderung dar, von der jeder abstreicht, was ihm nicht passt. Der Notentext wird der Willkür preisgegeben, wie einst in der alten italienischen Oper, nur umgekehrt: damals komplizierte der Sänger die Vorlage, jetzt vereinfacht er sie.

So stellt der Komponist von sich aus das Idealbild eines Sängervirtuosen auf. Muster ist die Instrumentalvirtuosität. Auch die Art der Melodiebildung wird vom Instrument her bestimmt, Rücksicht auf Wort und Text spielt keine Rolle. Da der Handlungsinhalt im Rezitativ erzählt wird, ist die Sprache für den ariosen Teil Nebensache.

In der Behandlung der Stimmen selbst bekundet sich das gleiche Verlangen nach Überlebensgrösse. Alle exponierten Lagen werden bevorzugt. Die Bässe können nicht tief, Tenöre und Soprane nicht hoch genug geführt werden. Der seltsam unrealistische Klang des weiblichen Kontra-Alt, bisher in der Oper nie verwendet, kommt für dominierende Gestalten in Aufnahme. Der Koloratursopran, in gewagtesten Instrumentalläufen konzertierend, erscheint in doppelter Ausfertigung: als Sängerin mit dramatischem Einschlag, als Soubrette im Pagencharakter. Auch der lyrische Koloraturtenor, nach Möglichkeit ein Prinz, wie die Koloratursängerin Prinzessin, taucht wieder auf. Dagegen spielt die männliche Hauptstimme: der Bariton, im Laufe der späteren Entwicklung eine ebenso bescheidene Nebenrolle, wie der dramatische Mittelsopran. Nur Rossinis Tell macht eine Ausnahme. Dieses Werk zeigt zwar bereits alle Kennzeichen des neuen Mammutstiles, bleibt aber noch in den Grenzen der künstlerischen Realität.

Das Gesamtbild der singenden Kräfte zeigt die Generation der barocken Heldenstimmen im Aufstieg, freilich von der italienischen Seite aus. Kraft, Fülle, Ausdauer des Organes, immer verbunden mit einer guten Stimmkultur, dazu Stattlichkeit der körperlichen Erscheinung sind Bedingung. Es sind allerdings Helden nur durch äusserliche Vergrösserung. Ihr Verhalten ist passiv, ihre Wirkung beschränkt sich auf die physische Eindruckskraft der Stimme.

So ist die grosse Oper Überformat in jeder Beziehung. Die erzwungene Blickweite soll den Eindruck der Monumentalität geben. Diese Oper will durchaus heroisch sein. Sie entnimmt den Begriff des Heroischen den grossflächigen dekorativen Wandmalereien, wie sie die gleichzeitige bildende Kunst schafft. Mit ihr stimmt sie auch überein in der symbolischen Aktualisierung historischer Stoffe.

Darum ist die grosse Oper Ensemblekunst besonderer Art. Sie ist Ensemble nicht im Sinne von Vereinheitlichung, sondern von überlegen abgestimmter Zusammenfügung aller Teile. Was ihr an organischer Einheitlichkeit fehlt, gleicht sie aus durch die souveräne Strategie der Zusammenführung. Der Chor gewinnt als Masse an Bedeutung. Ähnlich, nur bewusster als in der deutschen romantischen Oper wird das Volk zum Element der Handlung. Sie ist durch ideelle Motive revolutionärer, religiöser, sozialpolitischer Art auf die Psyche der Massen eingestellt. Aus diesem Untergrunde erwachsen die grossen Ensembles. Sie bilden den künstlerischen Kern der grossen Oper und finden ihre Krönung in den Finalbauten. In ihnen lebt freilich nichts mehr von dem individuellen Menschen und der Naturhaftigkeit des Mozart-Finales. Auch die tänzerische Lösung der Stimmen, wie sie Rossinis „Barbier"-Finale zeigt, liegt in weiter Ferne. Die singende Stimme der grossen Oper ist nicht Mensch, ist nicht Geist. Sie ist ein virtuoses Klangprodukt von ständig wechselnder Farbe, getragen von der singenden, in sich wiederum vielfach aufgeteilten Masse des

Chores, ergänzt von dem in mehrere Gruppen gegliederten, die Führung untereinander aufteilenden Solo-Ensemble.

Das Ganze ruht auf dem, jeder dynamischen Steigerung fähigen, mit den Stimmen wetteifernden Orchester. Dieses Ensemble ist ein architektonisches, ein gebautes Gebilde. Baumaterial sind einfache, plastisch eindringliche Instrumentalthemen. Sie entfalten sich in weit ausgebreiteter, harmonischer Expansion. Die Individualität der einzelnen Erscheinung verschwindet, das Ganze wird zur allumfassenden harmonischen Einheit auch der Klangfarben.

In dieses Ensemble hinein, anscheinend nur äusserlich unterbrechend, in Wahrheit innerlich und haltungsmässig bestimmend, kommt das Ballett. Es schafft zunächst einen Kontrast innerhalb der gesanglichen Klangentfaltung, aus dem die Stimmen dann mit erhöhter Wirkung neu emporsteigen. Gleichzeitig ist durch diesen Tanz der Formcharakter des Ganzen bestimmt. Er basiert auf der geschlossenen Tanzform, wie sie im Gesellschaftstanz der Zeit, namentlich den zusammengesetzten Schreittänzen, Contre und Quadrille, vorkommt und, rückwirkend, von der Oper her wieder vielfach übernommen wird.

Hiermit ist die strenge Gebundenheit aller Erscheinungen an das Grundgesetz der rhythmischen Bewegungsmechanik gekennzeichnet. Sie sind niemals Menschen, können und sollen es nicht sein. Sie sind im Tanzschritt bewegte Figuren. Aus der Tanzbewegung entwickeln sie die Art ihres Gesanges und ihrer Gesangsform. Übereinstimmung von Erscheinung, tänzerischer Geste und Gesang ist das Ziel. Aus dieser Idee der Bewegung und Gegenbewegung der Gruppen, der Gegenüberstellung langsamer und schnellschreitender Teile ergibt sich der Aufbau der Ensembles und Finales. Er spiegelt eine gestische Formidee. Sie setzt sich um in eine gleichsam optische Musik, in einen grossen, bald feierlichen, bald ausgelassenen, bald zarten Tanz aller klingenden und singenden Organe.

Die Allegorie der alten französischen Oper erscheint in einer neuen Inkarnation. Die stoffliche Einkleidung ist jetzt historisch, der ideelle Inhalt zeitgeschichtlich. Dazu kommt in der Bereitstellung vokaler, instrumentaler, bühnentechnischer Mittel, in der Mobilmachung aller intellektuellen Kräfte eine gesteigerte Fülle des ausführenden Apparates. Über alle diese Verschiedenheiten hinweg aber bleibt die Grundlage unverändert: das Ballett mit verbindenden Rezitativen. Dieses Ballett wird bald getanzt, bald gesungen. Für seine stilbestimmende Bedeutung ist das Umfangsverhältnis der gesungenen und getanzten Teile gleichgültig. Ballett kann pantomimisch sein, tänzerisch gegliedert, es kann mit Gesang und Wort zur szenisch choreographischen Handlung ausgeführt werden. Die grosse Oper vereinigt alle Möglichkeiten im Rahmen einer gesungenen Aktion. Es ist nicht ohne geheimen Sinn, dass in dem von Auber geschaffenen ersten neuzeitlichen Werke der Gattung die Titel- und Hauptpartie eine Stumme ist und von einer Tänzerin dargestellt wird.

Wichtiger als dieser symptomatische Einzelfall ist die Erkenntnis von der Grundbestimmtheit der ganzen Gattung durch die tänzerische Geste, durch den schöpferischen Impuls der körperlichen Bewegung. Damit erscheint die grosse Oper als höchste Stufe dessen, was die Verbindung von Gesang, Sprache, Bewegung erreichen kann, wenn die Führung bei der körperlichen Bewegung liegt, wie die Opéra Comique das Ergebnis einer sprachlich geführten Verbindung zeigt.

Die grosse Oper des 19. Jahrhunderts ist ihrer kompilatorischen Natur nach noch mehr Gattungserscheinung als die Buffa. Das Wesenhafte ihrer historischen wie ihrer ästhetischen Erscheinung ist fast unabhängig von den Persönlichkeiten der Komponisten. Der soziologische Charakter herrscht vor, spezifisch künstlerisch unterscheiden sich die einzelnen Werke nur nach dem Grade, in dem die Bedingungen der Gattung erfüllt werden. Nach Spontinis andeutender Vorbereitung folgt um das Jahr 1830 plötzlich ein eruptiver Ausbruch: die „Stumme" des Franzosen Auber 1829, Rossinis „Tell" 1830, und abermals nur ein Jahr später, 1831, Meyerbeers „Robert der Teufel". Von hier ab nimmt Meyerbeer die Führung. Er ist der abschliessende Repräsentant der grossen Oper.

Diese Kennzeichnung trifft freilich nur den Erfolgen nach zu. Meyerbeer hatte nicht den Temperamentsschwung eines Auber, der die „Stumme" zu einem wirklichen Revolutionsstück machte. Meyerbeer hatte noch weniger das erfinderische Genie eines Rossini, der indessen ebenso wie Auber nicht über die einmalige Spannungskonzentration hinaus gelangte. Meyerbeer hatte überlegene Klugheit, Kultur des Geschmackes, eindringlichen Ernst des Arbeitseifers. Er war das Genie der kompositorischen Virtuosität. Als solches hat er die zur Reife gediehene Werkgattung nach allen Richtungen hin ausgebaut und vollendet. Ausser „Robert“ liegen noch drei wichtige Werke von ihm vor: „Hugenotten“ (1836), „Prophet“ (1848) und die erst nach seinem Tode, 1865 aufgeführte „Afrikanerin“. Zu diesen Werken Meyerbeers kommen als Nebenerscheinungen Halévys 1835 erschienene „Jüdin“ und, Vorbote einer kommenden Zeit, gleichzeitig Übertragung des Pariser Operntyps in die deutsche Vergröberung, Wagners „Rienzi“ (1842). Damit schliesst die Reihe der für die Gattung „grosse Oper“ bezeichnenden Werke.

Für Meyerbeer charakteristisch seinen Vorgängern gegenüber und seine deutsche Herkunft erweisend, ist seine Orchesterbehandlung. Auf ihr beruht die Durchbildung des Gesamtorganismus. Das Orchester erhält gewissermassen eine eigene Verfassung und eine Art kritischer Distanzierung gegenüber der Bühne. Virtuosen treten darin auf, und wetteifern im Konzertstil mit den Virtuosen der Bühne. Neuartig ist die Pracht der Farbenmischungen, namentlich der Holzgruppen, die originelle Eindringlichkeit und rhythmische Drastik des Schlagwerkes. Die aufreizende Wirkung dieser Werke geht nicht zum mindesten von ihrem üppigen, einschmeichelnden Orchesterklang aus. Meyerbeer bedient sich mit besonderer Vorliebe der Tonarten mit vielen Versetzungszeichen, zweifellos des aparten Klangreizes wegen, den namentlich die weichen Holzbläser in dieser Farbe ausstrahlen.

Vom Orchesterklang aus erfolgt die entsprechende Ausweitung der Vokalmasse, der solistischen Klangwirkungen und der formalen Architektur. Welchen Weg Meyerbeer dabei zurückgelegt hat, zeigt ein Vergleich der Schwerterweihe in „Hugenotten“ mit ihrem Vorbild: dem Rütlischwur in Rossinis „Tell“. Obschon die Wucht der Rossinischen Form auch heut noch unmittelbar wirkt, scheint es doch, als ob Meyerbeer nun da erst richtig anfange, wo Rossini aufhört. Gewiss wäre Rossinis Form in sich organisch nicht mehr erweiterungsfähig. Bei Meyerbeer aber war die Möglichkeit weiter ausgreifender Anlage durch das für solchen Aufbau organisierte Orchester gegeben. Rossini schliesst mit dem Höhepunkt, Meyerbeer lenkt mit äusserster Virtuosität in das Decrescendo zurück und gewinnt eben dadurch den grossen Schwung der Linie.

Es hat der nachfolgenden Zeit gefallen, Meyerbeer zunächst

künstlerisch auszuplündern und ihn dann zum Prügelknaben für die ästhetische Zwitterhaftigkeit der grossen Oper zu machen. Indessen hat Meyerbeer nicht die grosse Oper erfunden, er hat sie auf die ihm mögliche Art weitergeführt. Richtig ist, dass diese Weiterführung rein talentmässig und im höheren Sinne unkritisch geschah. Meyerbeer hat mit all seinen grossen Gaben keinen Weg gefunden, um der Vielgestaltigkeit der Opéra einen schöpferischen Mittelpunkt zu geben.

Es fragt sich indessen, ob solcher Versuch überhaupt beachtet worden wäre. Das Schicksal des „Benvenuto Cellini" von Berlioz ist ein Beispiel. Hier sind die Mittel der grossen Oper für ein reines Künstlerdrama eingesetzt, Berlioz hat eine Fülle wahrhaft schöner Musik dazu geschaffen. Aber dieser Musik fehlt zum grössten Teil die Unmittelbarkeit der Theaterbeziehung. Sie ist ein grosses sinfonisches Spiel mit szenischen Illustrationen. Nur ein einziges, grandios aufgebautes Bild: der römische Karneval reicht hinüber in die Wirklichkeit der Bühne und gewinnt durch die elementare Verbindung mit dem Tanz Farbe und Form des Theaters. Der menschlichen Stimme aber steht Berlioz noch fremder gegenüber als Beethoven. „Cellini" bleibt eine sinfonische Phantasie und wird durch die äussere Anpassung an die Opernform dem Theater nicht nähergerückt als die „Damnation" oder „Roméo et Juliette". Genial konzipiert in allen tanzartig gestalteten Szenen, darunter namentlich dem buffonen Terzett des ersten Aktes, bleibt „Cellini" in wichtigen Handlungssteigerungen, besonders in der spielmässig entscheidenden Szene des Perseus-Gusses trocken und unlebendig.

Der Vergleich mit dem 1838 entstandenen „Cellini" erweist die Überlegenheit des Meyerbeer-Stiles. Der Hinblick auf die ernsten, im einzelnen fast sacral empfundenen Schönheiten von Halévys 1835 aufgeführter „Jüdin" wiederum lässt seine ungleich abwechslungsfähigere Musikerpersönlichkeit erkennen. Auch Halévy war es nicht möglich, die unorganische Verschiedenheit der in der grossen Oper zusammenfliessenden Elemente zu überwinden. Gewiss ist namentlich Eleazar, der väterlich heldische Tenor, dessen Rassecharakter durch die Stimmlage besonders originell gezeichnet wird, eine neue Gesangserscheinung für die Opernbühne. Auch die lyrisch dramatische Recha, der Bass des Kardinales sind menschlich echt und wahrhaft geprägt. Vokal-Ensembles, wie die Passah-Feier im zweiten Akt, die a capella-Chöre in der Hinrichtungsszene zeigen einen Meister, den seine vokale Klangphantasie besonders glücklich inspiriert.

Aber trotz dieser über die ganze Oper verstreuten Schönheiten bleibt das Werk ein Einzelfall. Es ändert nichts am Wesen der Opéra als Repräsentationskunst grössten Stiles. Zeitideen werden in geschichtlicher Verkleidung zu einem neuen Mythos der alten Balletoper umgewandelt, von dem Maestro-Virtuosen in Musik gesetzt, von Bühnen-Virtuosen gesungen, getanzt, gespielt, von einer virtuosen Maschinerie illusionistisch verbildlicht. Die Gesellschaft aller Nationen Europas ist Publikum und gibt den mondänen Rahmen. Er ist hier mehr als solcher. Er ist das eigentliche Spiegelbild jenes unwirklichen Bühnenspieles in der Wirklichkeit.

Die grosse Oper ist eigentlich kein Kunstwerk im üblichen Sinne. Sie ist die Gemeinschaftsschöpfung einer Zeit. Als solche ist sie nicht vom Blickpunkt der kunstästhetischen Kritik aus fassbar. Sie ist in Wahrheit die erste Erscheinung einer Art kollektivistischer Kunstgattung. Daher kann an ihr bald diese, bald jene Sondereigenschaft hervortreten, ohne dass das Ganze davon betroffen wird, denn dieses Ganze ist kein in sich gegründeter Organismus, will und soll es auch gar nicht sein.

Damit hängt es zusammen, dass gerade die grosse Oper der Parodie so breite Angriffsflächen bietet, und dass die witzige Travestie hier zur bedeutsamen Gegenerscheinung wird. So gehört Offenbach ebenso zur Geschichte der grossen Oper wie Meyerbeer. Offenbach verspottet nicht den Musiker Meyerbeer, so gern er sich namentlich seiner pompösen Rhythmik bedient. Er verspottet ebensowenig den Musiker Rossini, obschon auch sein „Tell“ in der „Helena“ wiederkehrt. Er verspottet auch nicht Gluck, obschon die Klage-Arie des Orpheus durch Offenbachs Zitierung mehr Popularität erhalten hat, als durch das Glucksche Original. Aber diese Bezugnahmen sind Nebenerscheinungen. Persifliert wird die grosse Oper als solche, die Fassaden-Monumentalität ihrer Formen, die Unechtheit ihrer aus der tänzerischen Stilisierung erwachsenen Gefühlssprache, die Fragwürdigkeit ihres Virtuosentums, die Sinnlosigkeit ihrer Textgestaltung.

Es gibt keine schärfere Kritik an der grossen Oper, als die der grossen Parodien von Offenbach, es gibt auch keine, die richtiger wäre. Es ist die Selbstkritik der Zeit, die ihr eigenes Werk verspottet. Sie kennt es in seinen Schwächen am besten und sieht sich selbst im Negativ ebenso wie im Positiv. Darum gibt es ebensowenig eine Gegenerscheinung zu den Parodien Offenbachs, wie zu der grossen Oper. Man müsste denn zurückgehen auf die Spätzeit der griechischen Tragödie, wo sich in den Erscheinungen des Euripides und des Aristophanes ähnliche Symptome gebildet hatten.

Bei alledem war die grosse Oper ein Erfolg. Sie machte die Pariser Aufführungsstätte zur Musikbühne der Welt. Alle übrigen Theater Europas leisteten ihr Gefolgschaft. Diese Vorherrschaft wirkte sich lähmender aus, als vordem die der italienischen Oper. Sie blieb wenigstens auf die damals führenden Gesellschaftskreise beschränkt und bewahrte ihren Charakter durch Beibehaltung der Originalsprache. Die grosse Oper aber traf auf veränderte Zeitverhältnisse. Die der Form nach noch als Hoftheater geführten Bühnen waren längst allgemein zugänglich und, unter Eingliederung in den höfischen Betrieb, Theater des Bürgertums geworden. Die Presse, im 18. Jahrhundert vorwiegend auf ästhetische Fachbetrachtung beschränkt, hatte neue journalistisch populäre Diskussions- und Bewertungsarten eingeführt. Aber sie diskutierte der Hauptsache nach nur die jeweilige artistische Einzelleistung, nicht die Kunstgattung als solche. Ihr gegenüber waren distanzierende Maßstäbe kaum vorhanden.

Wenn etwa Robert Schumann seinen Ingrimm über „Prophet" in ein Tagebuch-Kreuz zusammenfasst, so bedeutete diese heimliche Geste nichts gegen die vom Pariser Urteil abhängigen Berichte in allen deutschen Tageszeitungen, nichts gegen die Ausbreitung, die der aufblühende Musikalienhandel den neuen Werken durch Verkauf von Arrangements beliebter Melodien, Phantasien und Potpourris gab. Die ungesangliche Auffassung der Oper, ihre Entgegennahme als einer Musik, die man ebenso pfeifen, geigen oder blasen könne wie singen, wurde auf jede Art befestigt.

So erscheint die Opéra als eine Kunstgattung, bei der beliebte Melodien von beliebten Sängern unter Beigabe von effektvollen Ausstattungswirkungen in historischen Kostümen vorgeführt wurden. Bade-, Explosions-, Schiess-, Schlittschuhlauf-, Massenmordszenen, Schiffsuntergänge und sonstige pittoreske Katastrophen sorgten für die nötige Augenweide, die den grossen Zirkusspielen nichts nachgab. „Rienzi“ gibt eine systematische Zusammenfassung, die Prügelszene der „Meistersinger“ den letzten humoristischen Rückblick auf diese Art der Finalsteigerungen.

Am stärksten schädigend war die Tatsache, dass auf der deutschen Bühne die ausländische Oper in Übersetzungen gesungen werden musste. Die Übersetzungen störten nicht nur den Zusammenhang zwischen Ton und Sprache. Die barbarische Rücksichtslosigkeit ihrer Diktion warf die deutsche Bühnensprache in einen Zustand zurück, der seit einem Jahrhundert überwunden schien. Ausserdem wurde die Sinnhaftigkeit des Originaltextes einem Reim oder einer Phrase wegen oft in das Gegenteil verkehrt, sofern überhaupt noch die Möglichkeit sinnhafter Erfassung der Worte blieb.

In dieser Art vollzog sich die praktische Auswirkung des Triumphes der grossen Oper. Er fand seine symbolische Bestätigung darin, dass, wie vorher Spontini, nun Meyerbeer als leitender Generalmusikdirektor nach Berlin berufen wurde. Er teilte seine Tätigkeit als künstlerischer Führer zwischen Berlin und Paris. In Wien, München, Dresden übten andere Anwälte der grossen Oper direktoriale Gewalt. Weniger schlimm sah es in Italien aus. Es hatte dem Einfluss der Pariser Bühne immer noch den unerschöpflichen Schatz seiner nationalen Gesangsoper entgegenzusetzen. Zudem war das italienische Publikum minder neuerungsbedürftig, auch minder führungslos, als das deutsche Bürgertum.

Trotzdem spürte auch Italien den Einfluss der grossen Oper und die damit aufgeworfenen Probleme der Einbeziehung aussergesanglicher Elemente auf das Wesen des szenischen Stimmenspieles. Von Italien wie von Deutschland her drängte es zur Auseinandersetzung mit jenem seltsamen Phänomen, das alle Kräfte des musikalischen Theaters in seinen Bann geschlagen hatte.

Diese Auseinandersetzung kam. Sie brachte die stärkste produktive Erneuerung, die in der Geschichte der Oper seit dem Erscheinen Mozarts zu verzeichnen ist. Sie führt zurück von der kosmopolitischen zur nationalen Oper und knüpft sich an die Namen Wagner und Verdi.

VIII

WAGNER

1.

Die Zeit war erfüllt.

Instinktiv und doch wie nach vorgefasstem Plan hatten mehrere Generationen einer nachfolgenden vorgearbeitet.

Mit dem Verfall der alten italienischen Gesangsoper war der Organismus der Oper aufgeborsten. Die Sprache hatte ihn gesprengt. Gesang, Handlung, Szene, Darstellung, Dialog, Rezitativ, Arie waren durcheinander geraten, namentlich in den nicht italienischen Ländern. Allmählich zwar hatte sich alles scheinbar wieder ausgeglichen. Die Oper aus Tanz, Gesang und Bild, das grosse Maskenspiel der Stimmen war in neuer Gestalt vorhanden. Sie erschien wie eine Ausstellung verschiedenartigster Möglichkeiten, die nun dessen harrten, der aus ihnen das nehmen sollte, was wieder einen wahrhaften Organismus geben konnte. Und er kam und nahm alles: Weber und Marschner und Lortzing und Spontini und Rossini und Auber und Halévy und Meyerbeer.

Einige Daten sind wichtig, weil sie meist falsch vorgestellt werden. „Rienzi" wurde 1839–41 geschrieben und ist beeinflusst von Spontinis „Ferdinand Cortez", weniger von Meyerbeer, dessen „Hugenotten" Wagner erst während der Arbeit kennen lernte. „Prophet" erschien 1848, mehrere Jahre nach „Holländer" und „Tannhäuser". Als „Afrikanerin" 1865, nach Meyerbeers Tode in Paris zum erstenmal gegeben wurde, hielt Wagner bereits bei „Meistersinger". Die Schaffensdaten liegen also neben-, nicht nacheinander. Den zeitlichen Vorsprung gewinnt Meyerbeer hauptsächlich dank der schnellen Ausbreitung seiner Werke. Dieser Vorsprung ist so gross, dass er den nur 22 Jahre älteren, zudem ungewöhnlich bedächtig schaffenden Meyerbeer gegenüber Wagner fast als Angehörigen eines früheren Zeitalters erscheinen lässt.

Um so auffallender ist die resolute Geschwindigkeit, mit der Wagner in seinen ersten Werken „Feen“, „Liebesverbot“ und „Rienzi“ alle Elemente der deutschen, italienischen und französischen Oper zusammenfasst und kritisch revidiert. Diese Frühwerke haben sich zwar mit Ausnahme des gelegentlich – meist in entstellter Form – erscheinenden „Rienzi“ auf der Bühne nicht gehalten. Für Wagners Stellung zur Oper aber sind sie grundlegend. Kompositionen wie dazugehörende Schriften erweisen, dass es Wagner von Beginn seines Schaffens an um Gesang, um singende Menschen auf der Bühne zu tun ist. „Nun ist aber einmal“ schreibt der 21jährige „der Gesang das Organ, durch welches sich ein Mensch musikalisch mitteilen kann, und sobald dieses nicht vollkommen ausgebildet ist, gebricht es ihm an der wahren Sprache. Darin haben allerdings die Italiener einen unendlichen Vorsprung vor uns, bei ihnen ist Gesangsschönheit zweite Natur, und ihre Gestalten sind ebenso sinnlich warm, als im übrigen arm an individueller Bedeutung... und doch werde ich nie den Eindruck vergessen, den in neuester Zeit eine Bellinische Oper auf mich machte, nachdem ich des ewig allegorisierenden Orchestergewühles herzlich satt war und sich endlich wieder ein einfacher edler Gesang zeigte.“

Die Bellinische Oper war „Romeo und Julia“. Wilhelmine Schröder-Devrient sang den Romeo. Ihre genialische Leistung brachte die zweite Erkenntnis: Gesang darf nicht Selbstzweck sein, sondern muss erwachsen aus innerer Bezugnahme auf ein dramatisch bewegtes Handlungsspiel. Die Persönlichkeit, die solches durch ihren Gesang lehrte, war eine Frau. Damit hatte Wagner für sich selbst den entscheidenden Gestaltungsantrieb gewonnen: das lebendige Vorbild der dramatisch singenden Frauenstimme und den Aufbau aller Gesangsorganismen um dieses Zentrum der singenden Frauenstimme.

Bis hierher hat sich die deutsche Oper gerade für die dramatischen Frauenpartien mit Notbehelfen begnügt. Leonore war zu sehr singende Idee, um als Frau mit allen menschlichen Bedingtheiten des Weibes zu wirken. Das gilt nicht nur von ihrer spielmässigen Bedeutung. Es gilt auch von ihrem Gesang und von der Art, wie die Frauenstimme als solche hier eingesetzt wird. Die Weberschen und Marschnerschen Frauen sind nur im Diskant geschriebene Stimmen, aber – mit Ausnahme der bravourös gestalteten Rezia – keine sinnlich bewegten Lebewesen. Mit Wagner erst beginnt das grosse Spiel der dramatischen Frauenstimme. Indem er sie nach dem Vorbild der Schröder-Devrient zum Mittelpunkt des gesanglichen Geschehens macht, gewinnt er gleichzeitig das Grundmass, nach dem die neue Einheit der Oper gestaltet wird.

Die Frauenstimme ist im Vergleich zur Männerstimme das dem spielerischen Effekt leichter zugängliche, bewegungsfähigere, auch der Klanglage nach für virtuose Mechanisierung besser geeignete Organ. Soweit die alte Oper die massvolle Linie und den dramatischen Effekt bevorzugte, geschah dies unter Ausschaltung des spezifisch weiblich erotischen Ausdrucks. Erst durch Mozart war die Gefühlskraft der Frauenstimme freigemacht worden. Die Führung aber blieb der Männerstimme, so dass die Frauenstimme auch weiterhin von ihren besonderen Fähigkeiten des Zierwerks und der artistischen Gesangsreize Gebrauch machte.

Mit der Verlegung des Spielimpulses in die Frauenstimme, ihrer Umdeutung zur Führerin des Ensembles fallen alle Ausdrucksformen virtuoser Herkunft fort. Die Stimme empfängt Form und Reiz ihrer Bewegungslinie aus der intensiven Spannung auf die ihr entgegenstrebende Stimme des Partners. Frauen- und Männerstimme werden empfunden als Teilungen eines ursprünglichen Ganzen, dessen Hälften immer wieder zur Vereinigung drängen. Aus diesem Willen empfangen sie ihren Spielsinn. Er beruht auf dem Verlangen nach der komplementären Gegenstimme. Die Sehnsucht der Geschlechter zueinander wird zum Gegenstand der stimmlichen Handlung. Der weiblichen Stimme fällt hierbei der aktive Lock- und Verheissungsruf zu, der männlichen Stimme der Ausdruck des Suchens nach Erfüllung.

So wird die Frauenstimme zum dramatisch bewegenden Spielfaktor. Weber mit den Erscheinungen der Eglantine und Rezia, Meyerbeer mit der Valentine, späterhin mit Fides und Selica hatten ähnliches unternommen, beide aber, ohne die zentrale Bedeutung der damit angebahnten Lösung zu erkennen. Indem Wagner den Stimmtypus der nur vom Verlangen nach dem Manne beherrschten Frau immer eindringlicher erfasst, gewinnt er für sein Bühnenspiel zunächst die innerlich treibende Kraft, gewinnt er zugleich die stimmlichen Männererscheinungen, die sich um diese Frauenstimme in verschiedensten Typisierungen gruppieren.

Wagners Frauenstimmen zeigen nicht die Mannigfaltigkeit der Mozartschen Frauen. Es gibt bei Wagner eigentlich nur zwei verschiedene Frauenerscheinungen. Sie erweisen sich durchweg als einander ergänzende Doppelwesen, und stehen antithetisch zueinander. Venus und Elisabeth, Elsa und Ortrud, Brünhilde und Sieglinde sind solche Doppelerscheinungen. Innerlich zusammengehörend, strahlen sie ihre ideelle Verbundenheit nach zwei entgegengesetzten Richtungen aus. Dieses ist die spätere Art der Typisierung. In „Rienzi" erscheint die dramatisch vollblütige Frauenstimme noch in männlicher Verkörperung. Adriano ist die Nachwirkung des Romeo der Schröder-Devrient, für die diese Partie geschrieben wurde, keine Alt-, sondern eine dramatische Mezzo-Gestalt. Gleichzeitig ist hier die Bestätigung für die primäre Bedeutung der Stimmcharaktere, die erst sekundäre der äusseren Handlung: die dramatische Frauenstimme als solche war Wagner wichtiger als die szenische Unwahrscheinlichkeit der heroischen Hosenrolle. Später hat Wagner solche Widersprüche vermieden. Auch bedient er sich nicht stets der Zweiheit der Frauenerscheinung. Senta bleibt allein, auch Isolde, der gegenüber Brangäne nur untergeordnet wirkt, ähnlich wie Lene gegenüber Evchen, während bei Kundry die klangliche Gegenerscheinung in die Gruppe der Blumenmädchen aufgelöst wird.

Im Vergleich mit den bisher vorhandenen Frauenstimmtypen zeigt Wagners Auswahl eine schroffe Einschränkung. Alle soubrettösen Stimmen fallen fort, der „Tannhäuser"-Hirt ist das einzige Überbleibsel dieser Gattung. Die Rheintöchter, Nornen und Walküren sind eine neue Gattung von Frauen-Ensembles. Sie dienen innerhalb der einzelnen Werke als eine Art Chor-Ersatz, zu dem die Blumenmädchen direkt überleiten. Von Lortzing, zu dem vielerlei Beziehungen bestehen, wird in „Meistersinger" die komische Alte übernommen, von der französischen Spieloper die „Holländer"-Mary. Darüber hinaus erscheint die Frauenstimme nur noch episodisch: als Fricka und Waltraute, sodann unter nachdrücklicher Ausnutzung des tiefen Contre-Alt-Klanges als Erda. Wie hier die Tiefe und

Schwere, so ist im Waldvogel die Höhe und leichte Bewegungsfähigkeit der Klangfarbe eingesetzt. Diese Einzelheiten sind Ausnahmen mit besonderer Zweckbestimmung. Sie bestätigen den Unterschied zu den grundlegenden Frauenstimm-Typen der Haupthandlung: dem einen dramatischen Sopran, oder dem Doppelwesen des lyrischen Sopranes und des dramatischen Mittelsopranes.

In beiden Erscheinungen sieht Wagner die Frau, richtiger: hört er die Frau, klingt ihm der Gesang der Frau, die den Mann erruft. Alles übrige ist Beiwerk, dieses ist der Kern. Mit der Senta-Ballade ist die ideelle Konzeption von Wagners Klang-Dramaturgie gegeben. Nun aber wird diese eine Stimme aufgeteilt. Das ist nicht nur eine Sache der gestaltenden Phantasie. Es ist gleichzeitig eine stimmtechnische oder stimmökonomische Angelegenheit. Mädchen und Weib in einem ist eine Überspannung gegenüber realen Möglichkeiten der Stimme. Selbst die Schröder-Devrient versagte als Senta. So kehrt Wagner zu der „Rienzi"-Aufteilung zurück, aber die eigentlich dramatische Frauenstimme bleibt jetzt auch erscheinungsmässig im Reiche der Frau. Die üppigste, zugleich fanatisch gewaltigste Stimme der Schröder-Devrient formt sich zur Venus, ihre Gegenerscheinung, nach der jungen Nichte Johanna modelliert, inniger, weniger gelöst im Ausschwingen des Gefühles wird zur Elisabeth.

Heilige und Göttin der sündhaften Liebe sind nicht gar so verschieden, gelegentlich werden beide von der gleichen Sängerin gesungen. Dieser Vorgang bestätigt die innere Identität beider Gestalten. Elisabeth vor allem hat erheblich mehr Venus-Element in sich, als ihr, vom dritten Akt aus gesehen, zugebilligt wird. Man könnte meinen, während der Konzeption sei ein Bruch, eine gewaltsame Umbiegung der Gestalt erfolgt, vor allem in der stimmlichen Haltung, die erst im dritten Akt vom dramatisch Impulsiven zum rein Lyrischen wechselt.

Elisabeth und Venus treffen nie zusammen, Elsa und Ortrud kämpfen direkt miteinander, es ist eine veränderte stimmdramaturgische Anlage, aber die Wirkung bleibt problematisch. Aus der unmittelbaren Gegenüberstellung beider Frauenstimmen ergibt sich die Weitläufigkeit und das Auseinanderbrechen des zweiten „Lohengrin"-Aktes, das Unabgeschlossene beider Frauengestalten als dramatischer Erscheinungen.

Von hier ab sind beide Frauentypen nicht mehr Gegensätze im dramatisch aktiven Sinne. Die lyrisch mädchenhafte Erscheinung dient als Ergänzung, oder, wie Sieglinde, als vorbereitende Nebengestalt der anderen. Gutrune ist ein Notbehelf für den äusseren Ablauf der Handlung. Diese hat vom ersten Entwurf her einen unverrückbaren Mittelpunkt: Brünhilde. Ebenfalls aus der Persönlichkeit der Schröder-Devrient konzipiert, ist Brünhilde das Zentrum des „Ring"-Werkes, das durch sie allein sinnhafte Rechtfertigung erhält. Wie Brünhilde die einzige wahrhaft aktive Erscheinung innerhalb des „Ringes", so ist Isolde das gleiche für „Tristan", Kundry für „Parsifal", selbst Evchen für „Meistersinger".

In der Beziehung zur Frau wurzeln die Erscheinungen aller Männer, aus ihr empfangen sie Leben. Wichtig für das Spiel sind sie stets nur soweit, wie diese Beziehung zur Zentralerscheinung der Frau reicht. Es gibt nicht, wie bei Mozart, unter den Männern Gegensätze, wie Natur und Leben sie schaffen. Es gibt nur einen Kreis von Liebhabern. Wohl werden Sehnsucht, Begehren, Erkenntnis, Entsagen auf mannigfaltige Art ausgedrückt, bestimmt aber wird jede einzelne Erscheinung lediglich durch die Liebesbeziehung zur Frau.

Die Frauenindividualität wird auf einen einzigen Gattungstyp Weib vereinheitlicht. Er wechselt zwar von Werk zu Werk in der individuellen Charakterisierung, bleibt aber über alle Verschiedenheiten hinweg der Natur nach stets das Weib als singendes Geschlechtswesen. Die Erscheinung des Mannes wird aufgespalten. Diese Zerlegung ist vom Spiel aus gesehen die für die Oper sinngemässe Ausnutzung naturgegebener Verschiedenheiten der Stimme.

Die französische Oper hatte die heldische Erweiterung namentlich des Tenor- und Bassklanges gebracht, die deutsche die Hervorhebung des Baritons für den Ausdruck leidenschaftlicher Dämonie. Wagner hält sich in „Rienzi" mit der Titelpartie noch an das französische Muster. Vom „Holländer" ab aber fasst er zugleich mit dem richtigen Frauentyp auch die beiden Männerstimmen: den Bariton- und den Tenor-Liebhaber. Beide existieren nur durch ihre

Beziehung zu Senta, sind durch sie hervorgerufen. Beide geben erst in ihrer Verschiedenheit das vollständige Bild des Mannes und seines Lebens aus der Frau.

Der weitere Ausbau der männlichen Stimmtypen bei Wagner zeigt die Auseinanderlegung der männlichen Natur in den Tenor-, Bariton- und Bass-Charakter mit wechselnder Verlagerung der Akzente. Zum mindesten Tenor und Bariton sind durchweg als einander ergänzende Spiegelungen der Frauennatur im Manne aufgefasst. Tannhäuser und Wolfram, Lohengrin und der verschmähte Telramund, Siegmund, Siegfried und Wotan, Sachs und Walter, Parsifal und Amfortas bedingen einander. Im „Tristan" ist die Aufteilung durch die knappe Behandlung Melots, die Einschränkung Kurvenals auf die Freundschaft zu Tristan, vor allem durch die unmittelbare Einbeziehung des Basses Marke in den Männerkreis der Liebenden äusserlich verändert, die Grundeinstellung bleibt die gleiche. Auch das väterliche Gefühl: im Daland, Landgrafen, König Heinrich, Pogner beruht auf abgeklärter Liebesempfindung. Religiös gesteigert erscheint sie bei Gurnemanz, in stärkster Umkehrung bei Hagen.

Wesentlich ist nicht der Grad und die Verschiedenheit des Gefühles zur Frau, wesentlich ist die Tatsache, dass jedes Männer-Dasein nur auf diesem Gefühl beruht. Das gilt ebenso von den Dämonen: Alberich, der aus dem Fluch gegen die Liebe seine Macht gewinnt, Loge, der von ihrer Weltherrschaft berichtet, Klingsor, der sich verstümmelt, um sie zu besiegen, Mime, der sie nicht begreift, Beckmesser, der durch sie lächerlich wird, Hagen, der sie vernichten will und damit sich selbst vernichtet. Wo die Welt der Männer erscheint, kündet sie stets „lassen will nichts von Lieb' und Weib". Sie kündet es nicht nur, sondern diese Vorstellung allein hat sie ins Leben gerufen. Jede Wendung ihrer Stimme, jeder Zug ihres Wesens ist erfüllt von dem Streben, dem Gedanken von „Weibeswonne und -wert" zustimmend oder gegnerisch Ausdruck zu geben.

Die Sehnsucht nach dem Weibe fordert für die Stimmbehandlung Herausstellung aller Eigenschaften, die solcher Sehnsucht Erfüllung verheissen. Hierzu gehören Glanz und Kraft, das sieghaft Strahlende des Klanges. Es gehört dazu ebenso das Düstere, Geheimnisvolle,

Leidende, wie es naiv in Sentas Ballade als Ursache des weiblichen Mitgefühles und der Hingabe ausgesprochen wird. Mit beiden Ausdrucksgegensätzen ist der Tenor und der Bariton Wagnerscher Prägung gekennzeichnet. In einzelnen Fällen kommen eben aus diesem Ausdruckszwang Grenzverwischungen vor. So sind die als leidend charakterisierten Tenorhelden Siegmund und Tristan in auffallend tiefer, fast baritonaler Klanglage gehalten.

Der Klangausdruck wird entscheidend mitbestimmt durch den Sprachausdruck. Wagner hat die Wichtigkeit des Sprachproblems für die Oper schon früh und tief erkannt. Die späteren Schriften halten, wenn auch mit anderer Ableitung als in den Jugendaufsätzen, den Gedanken fest, dass in der Oper gesungen werden, und dass die Sprache diesen Gesang auf naturgemässe Art ermöglichen müsse. Instinkt und Reflektion führen Wagner zur Beachtung wurzelhafter Verschiedenheiten der Sprache und der daraus sich ergebenden Verschiedenheiten der Singarten. Ihre physiologischen und klimatischen Bedingtheiten, die Unterschiede der Gedankenprägung in den einzelnen Sprachen drängen sich auf. Aus Erkenntnis der kulturellen Verwurzelung des Problemes gewinnt er den Begriff der Sprachversmelodie. Geschaffen werden konnte sie nur, indem der Verfasser der Worte und der Musik eine Person waren. Die Worte mussten die Melodie latent in sich tragen. Sie mussten geschrieben werden aus unter- oder überbewusstem Mithören der Melodie. Die Melodie wiederum entstand aus dem Erhorchen der Gefühlsbewegung der Worte. Feinhörigkeit hierfür konnte nur der haben, der die Worte selbst geschrieben, das für ihre Innenbewegung entscheidende Unausgesprochene schöpferisch erlebt hatte.

Es ist nicht vorstellbar, dass ein italienischer Komponist jemals die Nötigung empfunden haben sollte, sich mit derartigen Überlegungen zu beschäftigen. Für den deutschen Musiker waren sie unumgänglich. Dass Wagner in seinen Darlegungen dem Begriff „Oper“ den Begriff „Drama“ entgegensetzt, bleibt eine nur scheinbare Antithetik, solange der Gesang als Ausdruckselement festgehalten wird. Was Wagner als Gegensatz zur Oper vom Drama fordert, ist Erkenntnis für die aus dem Wesen der deutschen Sprache notwendige Gestaltungsart der Stimmen. Solche Forderung wird unvermeidlich, sobald diese Stimmen deutsche Originalworte mit allen daraus sich ergebenden Folgen für die gedankliche Struktur von Handlung und Text singen sollen.

Indem Wagner dieses grosse Problem der Materialgesetzlichkeit des sprachverbundenen Klanges durch Selbsthilfe löste, tat er, wie er selbst bemerkt, zunächst nichts anderes, als bereits Lortzing getan hatte. Wahrscheinlich war Lortzing in seinem bescheidenen Kreise auf die gleiche Schwierigkeit gestossen, und hatte sich daraufhin seine Texte selbst geschrieben, ohne lange darüber zu grübeln. Für Wagner war die begriffliche Auseinandersetzung nicht zu umgehen. Sein Verfahren musste auf dem Gebiet der grossen tragischen Oper zu weitreichenden Folgen führen, sowohl für Stoff und Aufbau der Werke, wie für ihre künstlerische Organik. Diese Folgen machten sich äusserlich am auffälligsten bemerkbar durch die veränderte Art des Gesanges. In drastisch populärer Formulierung warf man ihm Mangel an Melodie, daher Unsanglichkeit vor.

Beide Einwendungen beruhen darauf, dass Wagner an die Stelle der gewohnten Instrumentalmelodie die sprachorganisch sinnvoll geführte deutsche Gesangsmelodie setzte. Das war keine Abwendung, sondern die neue Hinwendung zum Gesang, den er wieder als naturhaftes Klingen der menschlichen Stimme empfand.

Die Erfahrung hat gezeigt, dass Wagners zuerst scheinbar so schwer ins Ohr gehende Sprachmelodie mit der Zeit sogar in hohem Masse volkstümlich geworden ist. Wagners Gesangsmelodie hat allerdings bei ihm selbst manche Wandlungen erfahren. Sie geht aus von der alten Opernmelodik des „Rienzi", der noch eine fast Gluckische Trennung dramatisch bewegter und lyrisch ausruhender Teile zeigt. Mit „Holländer" setzt der Mischstil ein. Kennzeichnend für ihn ist das grosse Duett Senta-Holländer. Es beginnt in rein ausdruckshaft gestalteter Gesangslinie und endet in einer italienisierenden Stretta. Von hier ab wird der Gesang immer freier. Wagner gelangt allmählich zu einem melodischen Stil, der in seiner Transparenz der Linienführung und intensiven Dichtigkeit des Ausdrucks wie eine verklärte Rückspiegelung der einstigen Opernmelodie erscheint. Die Stimmen singen mit fast italienisch wohllautender Geschmeidigkeit, die deklamatorische Linie verläuft dabei in naturhafter Plastik. Sprachgedanke, Handlungswille und Stimmklang werden zur Einheit verbunden. Was deutsches Gesangsorgan in ursprunghafter Verbindung mit deutscher Sprache zu gestalten vermag, ist erreicht. Die ideellen und stofflichen Spielsymbole sind gefunden, ihnen entsprechend sind die handlungsmässigen Stimmtypen und -charaktere geprägt.

2.

Der Ausbau der Sprachmelodie setzt voraus die Vorherrschaft des harmonischen Stiles und des Orchesters als klanglichen Trägers dieses harmonischen Stiles. Hier war der grundlegende Unterschied allem Bisherigen gegenüber: die sprachentstammende Gesangsmelodik hebt die Selbständigkeit der Stimme auf, macht sie zum Teilelement eines instrumentalen Klangorganismus, dessen Stütze sie dauernd bedarf. Die Stimmen bleiben wohl Spieltypen unterschiedlichster Art, aber sie sind eingebettet in ein zusammenhängendes Ganzes. Der Spielimpuls wechselt vom Vokalen zum Instrumentalen, er ist ein primär harmonischer Spielimpuls.

Hieraus ergibt sich die besondere Beschaffenheit der Handlungsstoffe.

Individualhandlungen etwa von der Art eines „Figaro", eines „Don Giovanni", realistische Ideenspiele, wie „Fidelio", selbst naive Volkshandlungen wie „Freischütz", waren von solcher Grundlage aus nicht möglich. Durch das harmonisch instrumentale Ausdrucksmedium wird der bewegende Antrieb in das kosmisch Naturhafte verlegt. Der Weg zur reinen Gefühlsdramatik ist freigegeben, der Mythos mit dem Mittelpunkt des „rein menschlichen" Menschen wird Handlungsobjekt. Damit ist auch handlungsmässig die Verbindung hergestellt zu jener Art der Stimmtypisierung, bei der die Frauenstimme führt und die Männerstimmen sich peripherisch um sie gruppieren.

Gleichsam erst zwangsläufige Folge ist die Ausgestaltung des orchestralen Apparates. Auch hierbei zeigen sich Wandlungen, sie betreffen die Vermehrung der instrumentalen Klangmittel, sie betreffen die Satzart, sie betreffen die innere Durchbildung des harmonischen Stiles bis zur höchstmöglichen Verfeinerung aller modulatorischen, dynamischen, koloristischen Wirkungen. Alles zielt auf Beweglichmachung der Harmonik. Das wichtigste Mittel hierfür ist die motivische Technik. Sie wird häufig als Intellektualisierungsprozess aufgefasst, weil sie äusserlich als sinfonisch gerichtete Thematik erscheint. In Wirklichkeit ist sie nur das Gelenkwerk, mittels dessen der harmonische Organismus funktioniert.

Hierbei zeigen sich Unterschiede der Behandlungsart in verschiedenen Zeiten, damit zusammenhängend Unterschiede der Stoffwahl selbst und ihrer Gestaltung. Die Mittelgruppe der Werke weist eine erhebliche Schrumpfung des Gesangsapparates auf. Die Zahl der singenden Stimmen wird auf ein Mindestmass beschränkt, weite Strecken des Bühnengeschehens werden von nur zwei Stimmen bestritten, der Monolog breitet sich aus, grosse orchestrale Zwischenspiele werden eingeschaltet, jeder Ansatz zu geschlossener Ensemblebildung der Stimmen wird vermieden. Völlig fehlt der Gesangschor, der vordem gerade der deutschen romantischen wie der französischen grossen Oper das Gepräge gegeben hatte. Diese Einschränkung des Sing-Apparates gilt allerdings nur für die Zeit zwischen „Lohengrin“ und „Tristan“. Es ist die Zeit, in der das Bewusstsein des Gegensatzes zur bisherigen Singart auch als Theorie nachdrücklich betont wird. Bestärkt wurde der erkenntnismässige Wille noch durch den gleichzeitig elementar durchbrechenden harmonischen Handlungswillen. Er behauptete sich vom Orchester her mit so unausweichlicher Gewalt, dass er alle gesanglichen Erscheinungen überflutete und nur noch die Stärksten am Leben liess.

Diesem Taumel über eine neu gewonnene Erkenntnis folgt von „Tristan“ ab die Rückwendung zum Typus der grossen Ensembleoper. Wagner hatte sie bis zum „Lohengrin“ gepflegt, er nahm sie mit „Meistersinger“ und „Götterdämmerung“ wieder auf und brachte sie mit „Parsifal“ zum Abschluss. Das Ensemble der Solostimmen kehrt im „Meistersinger“-Quintett wieder als lyrisch konzertanter Abschluss. Der Chor und der aus ihm gewonnene Finalaufbau wird zu einer Ausbreitung geführt, die an Individualisierungskraft die ältere romantische Oper, an Steigerungsfähigkeit die grosse französische Oper übertrifft.

Ein Mann des Theaters wie Wagner konnte wohl vorübergehend und aus besonderen Ursachen auf einen Teil der vorhandenen Wirkungsmittel verzichten. Nach Fortfall dieser Anlässe musste er darauf bedacht sein, alle Kräfte seinen Absichten wieder dienstbar zu machen. Entscheidend für ihn bleibt stets das Ziel. Bei einer Oper solcher Art musste es das Ensemble im weitestreichenden Sinne sein. Das ergab schon der Ursprung aus der harmonischen Handlung. Für sie war die Vielheit der vorhandenen Kräfte Voraussetzung, ihr Ineinandergreifen organische Bedingung. Die vorübergehende Einschränkung auf eine geringe Zahl von Singenden und der Fortfall des Chores waren nur scheinbare Einschränkungen. Sie wurden durch Kraftentfaltung nach anderer Richtung ausgeglichen. Der Gedanke des grossen, des grösstmöglichen Ensembles ist unveräusserlicher Grundgedanke solcher Werkgattung. Dabei bleibt unwichtig, ob das Ensemble vokal oder zeitweilig vorherrschend instrumental betont ist. In allen Fällen gilt der Aufbau durch steigernde Entwicklung als Leitaufgabe. Er entspricht dem Wesen der instrumentalen Harmonik, die ein sich entwickelndes, dauernd sich veränderndes Wesen ist.

Hieraus ergibt sich die formale Gliederung. Möglich war der zweiaktige Typ der italienischen Mozart- und Buffo-Oper, der fünfaktige Mammut-Typ der grossen Oper, die dreiaktige Form der romantischen Oper. Mit Ausnahme von „Rienzi" entscheidet sich Wagner für die dreiaktige Anlage. Freilich gelingt es nicht stets, die Fülle der Gesichte so zusammenzudrängen, dass das Kernstück: der zweite Akt, zur knappesten Veranschaulichung des Handlungsgedankens wird. Völlig gelungen ist es beim Mittelakt des „Holländers". Von der Senta – Ballade bis zum Hauptstück des Werkes, dem Duett Senta – Holländer, zieht sich eine ununterbrochen steigende Linie. Indem sie alle bewegenden Kräfte aufzeigt, gestaltet sie die gegenseitige Erweckung bis zur völligen Erkennung mit fast übernatürlich wirkender Sicherheit.

Der zweite „Holländer"-Akt ist der Grundakt Wagners. Er hat ihn später mehrfach ähnlich, dann naturgemäss komplizierter gestaltet. Er hat dabei ebenso naturgemäss den Ausdruckskreis im einzelnen stärker durchforscht. Als Gesamtkonzeption übertroffen hat er diesen Mittelakt nie, wohl aber in verschiedenen Fällen die Einheitlichkeit verfehlt. Hierzu gehören der zweite „Lohengrin"-Akt, der zweite Akt der „Walküre", die Anlage des „Ringes" als Gesamtkonzeption.

Ausgeglichen wird die Überlastung gerade in solchen Fällen durch eine besonders straffe Führung des Eröffnungsaktes. Es mag einem künstlerischen Gesetz entsprechen, dass der elementaren Dynamik solcher Eröffnungsakte wie des „Lohengrin" oder der „Walküre" Mittelakte von besonders lastender Breite folgen. Es entspricht auch dem Gebot der Wandlung, dass der schaffende Künstler in der Art der Formung wechsle. Sicher aber zeigt sich die Kunst Wagners da am stärksten, wo die Konzentration, wie beim „Holländer", für den Mittelakt gelungen ist. Hier verwirklicht sich die Gleichheit aller triebhaften und reflektiven Kräfte, die Zusammengehörigkeit und gegenseitige Ergänzung der Stimmen und der sie tragenden harmonischen Orchesterhandlung. In solchen Mittelakten, in denen alle aktiven Elemente des Werkes frei ineinander strömen, erscheint auch der Sinn der äusseren Handlung auf das Wesenhafte verdichtet.

Demnach ist das Urbild der Wagnerschen harmonischen Handlung einaktig. Die beiden Aussenakte erscheinen als formal notwendige, inhaltlich aber nur vorbereitende und ergänzende Ausführungen des tragenden Mittelaktes. Diese Rahmenbedeutung der beiden Aussenakte kommt am reinsten in „Parsifal" zur Geltung. Als formales Gebilde, mit dem Vorspiel und Nachspiel des ersten und dritten Aktes, dem Kernstück des zweiten Aktes, zeigt er ebenso den Reingehalt der Schaffensweisheit Wagners, wie der zweite „Holländer"-Akt die erste stürmische, doch hellsichtig erschöpfende Niederschrift.

Am sorgsamsten gegeneinander ausgeglichen sind alle Teile in „Tristan" und in „Meistersinger". Beide Werke, der reifen Schaffenszeit entstammend, musikalisch mit Recht immer wieder als Wagners vollblutigste Schöpfungen anerkannt, behaupten auch in bezug auf formale Vollendung den absoluten Vorrang. Hier stehen die drei Akte wirklich im Verhältnis von Anlauf, Handlung und Vollbringung, wie der dreiaktige Typus es fordert. In beiden Werken ist der zweite Akt bedeutsam als Quintessenz des Werkwillens, aber dieser Vorzug wird durch keinen Mangel der übrigen Teile erkauft. Der erste „Tristan"-Akt zählt gleich dem Eröffnungsakt des „Lohengrin" und der „Walküre" zu den stärksten Expositionswirkungen der Musikbühne. Anfangs- und Schlussakt der „Meistersinger" bewahren trotz der ungewöhnlichen Dehnung namentlich des Schlussaktes stets Straffheit und Schärfe des Zusammenhaltes. Wie aus wiederkehrender Freude am Spiel der Spiele feiert sogar der Tanz – bei Wagner als besondere szenische Episode seit „Rienzi" nicht mehr zugelassen – fröhliche Auferstehung.

Eine Ausnahmestellung innerhalb Wagners Schaffen nimmt nur „Tannhäuser" ein. Er ist Wagners merkwürdigstes Werk, mit dem er eigentlich nie fertig geworden ist. Merkwürdig ist nicht nur die Konzeption der Doppelgestalt Elisabeth-Venus. Tannhäuser selbst ist Wagners vieldeutigste, dabei an menschlicher Lebensnähe reichste Männergestalt. Er ist der gewaltigste unter den Tenören, wie Sachs unter den Baritonisten und Hagen unter den Bässen. Diese drei vertreten zusammengenommen gewissermassen das Gesamtbild des Mannes, dem sich die übrigen einordnen. Aber selbst Sachs und Hagen können an problematischem Gehalt nicht dem Tannhäuser verglichen werden. In ihm hat Wagner den Begriff des Mannes oder des Männlichen ähnlich umfassend zu gestalten versucht, wie den des Weibes vorher in Senta. Bei der Frau konnte dieser Versuch gelingen, weil sie aus einer Grundsehnsucht her zu erfassen war. Beim Manne gelang es nicht. So teilte sich diese Gestalt immer wieder und immer weiter auf. Sie schuf sich ein Gegenspiel im Lohengrin, sie wandelte sich über die verschiedenen Ring-Typen, gab einen Teil ihrer Leidenschaftlichkeit an den Bariton ab, wuchs weiter zum Tristan, bis sie schliesslich in der Doppelgestalt Parsifal-Amfortas zur Ruhe gelangte, wie Venus in Kundry.

Aber in dem kühnen, grundlegenden, dem Sinn nach unvollendeten Werk der frühen Manneszeit spiegelt sich die innere Unrast. Es bekam zwei Zentren, wie es von zwei Frauenstimmen beherrscht wird: das grosse Finale des zweiten Aktes und den Venusberg des ersten. Beide stehen für immer unvermittelt, ungelöst nebeneinander. Wagner hat später die, anfänglich zurückgehaltene Bedeutung des Venusberges durch die Pariser Neufassung noch unterstrichen. Er hat damit neben dem Schlussakt „Siegfried" und dem Mittelakt „Parsifal" den dritten jener grossen Duo-Akte geschaffen, in denen der Mittelakt des „Holländers" zur Erfüllung gelangt. Hier ist das gestaltet, was nach Wagners Erkenntnis der deutschen Stimme in deutscher Sprache singend gestaltbar war: der Liebesruf.

Es ist die Sprache des Gefühles, aus dem rein Menschlichen genommen, getragen und vorwärts getrieben von der harmonischen Bewegung des Orchesters.

3.

Wagner hat bei seinen Gestalten stets an den singenden Schauspieler gedacht. Freilich meinte er die Betonung des Schauspielerischen in erster Linie kritisch oppositionell gegenüber dem ungewandten Sänger. Es wäre ihm nie eingefallen, auf Gesang und Stimme zu verzichten. Er wollte nur nicht den Schönsänger der aus sich selbst lebenden Stimmelodie. Er dachte an eine Art Universalmenschen, der ebenso gut sang wie sprach und spielte. Die Forderung der Universalität beschränkte sich nicht auf den Darsteller, sie ging auf sämtliche Teile der Wiedergabe über. Sie war Forderung nach Mobilisierung aller Kräfte, Forderung also nach Ensemble im weitesten Sinne.

Zu diesem Ensemble gehören nicht nur die mitwirkenden Spieler. Zu Wagners Ensemble zählen alle eindrucksgestaltenden Kräfte akustischer, optischer Art, darüber hinaus selbst solche, die scheinbar nur den Zuschauer betreffen, seine Ruhe, seine Konzentrationsfähigkeit beeinflussen: Verdunkelung des Zuschauerraumes, Anordnung mit gleicher Blickmöglichkeit für alle, Tieferlegung des Orchesters. Alles sind Auswirkungen des Handlungsgedankens. Er gipfelt in einer einzigen Forderung: Illusion.

Die Illusion ist höhere Wirklichkeit im Sinne wahrhafter, von allen Kleinheiten des Lebens gereinigter Natur. Diese Illusion greift mit ihrer Handlungsauswirkung über den Bühnenrahmen hinaus. Indem sie das Bühnenspiel zur Wirklichkeit formt, fordert sie den Glauben, die Aktivierung des Zuschauers als letzter Stufe der Handlungsauswirkung.

Die singende Stimme als ursprünglicher Ausgang dieses Spielrausches ist scheinbar vergessen. Sie hat sich zur deutschen Sprachmelodie gewandelt. Sie hat in immer weiter greifender Auswirkung alle Mittel des vokalen, des instrumentalen, des szenischen Apparates in ihren Dienst gezwungen. Sie hat schliesslich den Hörer selbst in das Spiel einbezogen, ihn zum Teil jenes Ensembles gemacht. Aus Handlung und Illusion ist das Phantasiebild des Gesamtkunstwerkes als der „ersichtlich gewordenen Tat der Musik“ entstanden.

Das ist die eigentliche Ensemble- und Gesamtheits-Idee: die Einbeziehung des Zuschauers in das Spielgeschehen als innerlich mithandelnder Instanz. Es ist zugleich das Mittel, dem nicht primär gesangsbegabten Deutschen das Stimmenspiel der Oper zum Erlebnis zu machen, ihn durch dieses Gemeinschaftserlebnis im Gesang und im Klingen der Stimmen produktiv werden zu lassen. Erwiesen ist damit die Möglichkeit der deutschen Oper in einer Gestalt, die dem italienischen wie dem französischen Muster eine eigene nationale Form gegenüberstellt. Diese Form wirkt sich aus zu übernationaler Geltung, weil sie alle bisherigen Formen der europäischen Oper in sich einschliesst, sie umdeutet und in produktive Beziehung zu der neuen Gesamtidee setzt.

Die Stimmtypen aber, die hier erscheinen, werden ihrer geistigen Haltung nach zu neuen Lebenstypen. Ihre Einschränkung auf das Gefühlhafte, ihre Individualisierung nach dem Grade ihrer Gefühlsintensität weist über musikalisch organische Bedingtheit hinaus in die Struktur der Geisteskultur dieser Zeit. Die Auffassung der Frau als des bewegenden Lebensmittelpunktes findet ebenfalls den entsprechenden Widerhall in den Grundbegriffen des gleichzeitigen Geisteslebens.

So wächst die deutsche Oper aus scheinbar einschränkenden Bedingungen hinaus zu einer Weltgeltung, wie sie einstmals die italienische Oper als Kunstschöpfung, dann die grosse französische Oper als Gesellschaftsschöpfung geübt hatte. Indem die deutsche Oper alle Elemente dieser grossen Oper in sich aufnimmt, sie aber aus einem produktiven Gedanken künstlerisch vereinheitlicht, stellt sie sich damit in schroffen Gegensatz zu ihr. Die grosse Oper hat als Eigenwert nur noch den Reiz ihres Virtuosentums einzusetzen und wird in eine aussichtslose Verteidigungsstellung gedrängt.

Anders ist es mit der italienischen Oper. Auch sie schien vorübergehend von der neuen Idee des Gesamtkunstwerkes verdunkelt und zurückgedrängt zu werden. Aber es kam die Zeit, in der das begriffliche Beiwerk, das der Gesamtkunst ihren ethischen und kulturellen Nimbus gegeben hatte, wieder abfiel. Damit wurde die Oper, mit ihr die alte, ewige Grundkraft der singenden Stimme als eigentliche Lebensform auch dieser Gesamtkunst neu erkennbar. Es kam damit das Wiedererwachen der Sehnsucht nach dem ursprünglichen Naturklang der singenden Stimme. Es kam damit die Zeit, in der das Wagnerwerk in seiner eigentlich kunsthaften Grossartigkeit erst richtig erkannt wurde.

Daneben aber wird wieder der italienische Klang der schönen Stimme vernehmbar. Die Erkenntnis der Gesangsoper als der Ursprungsform der Oper erwacht zu neuem Leben in ihrem Heimatlande Italien. Gewonnen, behauptet und schliesslich wieder zu europäischer Geltung gebracht wird sie durch Verdi.

IX

VERDI

Verdi wurde im gleichen Jahre geboren wie Wagner, 1813, er hat ihn um 18 Jahre überlebt. Gleich Wagner hat auch Verdi fast nur Opern geschrieben, die wenigen anderen Werke sind Episoden. Die Zahl der Opern Verdis, 26, ist doppelt so gross als die der Werke Wagners, dessen Jugendopern mitgerechnet.

Der Unterschied erklärt sich nicht durch Verdis längere Lebensdauer, denn nach Wagners Tode veröffentlichte Verdi nur noch zwei Opern. Ebensowenig ist bei Verdi Flüchtigkeit oder kraftgenialische Oberflächlichkeit anzunehmen, die ein schnelleres Arbeiten ermöglicht hätte. Der Unterschied der Werkzahl ergibt sich nicht aus individueller Schaffensmoral. Er beruht auf der Verschiedenheit der geistigen Einstellung zum Wesen der Oper.

Für Wagner ist die Oper zunächst ein Problem. Spielmässiges Singen in einer unsanglichen Sprache und mit spröden Stimmen macht von vornherein einen starken Zusatz belastender Reflexion nötig, die Verdi nicht braucht und nicht kennt. Er schreibt seine unproblematische italienische Gesangsoper. Sie knüpft an die Gebrauchswerke Bellinis, Mercadantes, Donizettis an und ist bestimmt für Aufführungen in Mailand, Neapel oder in der italienischen Provinz. Sie ist gedanklich unbeschwerte Heimatkunst.

Verdi ist zudem kein Bildungsmensch wie Wagner. Alles Literarische, ästhetisierend Spekulative liegt ihm fern. Er ist kein intellektuell beweglicher Bürger, er ist ein bodenständiger Bauer. Dieses Elementarische überträgt er in seine Kunst.

Der junge Verdi gilt vielfach als roh, namentlich seines gelegentlich fast brutal erscheinenden Temperamentes wegen. Gewiss ist Verdi eine tief leidenschaftliche, er ist aber dabei eine von Grund aus männliche Natur, eine der männlichsten Erscheinungen der Kunstgeschichte. Das Unnachahmliche seiner Künstlerschaft beruht nicht zum mindesten auf dieser, in ihrer Seltenheit doppelt eindrucksgewaltigen Männlichkeit. Dass die ersten Äusserungen einer solchen Natur einer überfeinerten Zeitkultur derb, auch banal oder gar bänkelsängerhaft erscheinen mussten, ist nicht Verdi zur Last zu legen. Er hat diesen Grundzug seines Wesens niemals geändert, auch wenn die späteren Äusserungen weniger primitiv waren.

Solche Verbindung von Bodenständigkeit und maskuliner Artung der Persönlichkeit musste rückwirken auf die Auswahl der Texte. Verdi sieht zunächst weniger auf ihren stofflich anekdotischen Inhalt. Massgebend für ihn ist ihre ideelle Haltung. Seine Bauernnatur bedarf einer Ideologie, in der die Begriffe Freiheit, Vaterland, Einigkeit in Verbindung mit einer heroischen Männlichkeit gezeigt werden. Im übrigen herrscht mannigfaltige Buntheit der Handlungsstoffe und Schauplätze, nationalistische Anspielungen werden als gefährlich eher vermieden als gesucht. Jene Ideen aber brechen stets von neuem im geeigneten Augenblick durch, sie sind das Band zwischen der Vielheit der äusseren Erscheinungen. Damit aber wirkt sich der nationale Sprachgeist auch in der neuen italienischen Oper aus: dass er die Leidenschaften der Menschen in Beziehung setzt zu allgemeinen Ideen, aus denen im geeigneten Falle plötzlich nationale Stichworte für Wünsche und Ziele eines Volkes aufzucken.

Erst von dieser Grundlage aus wird das Textbuch nach individuellem Bedürfnis und Geschmack kritisch betrachtet. Wie in der französischen Oper gewinnt die Frage nach Unterhaltungsreiz von Stoff und Handlungsaufbau mehr und mehr Bedeutung, die inhaltliche Beschaffenheit des Librettos entscheidet über das Schicksal der Oper. Es sind Bedingungen, die zurückweisen auf die gesteigerte Einbeziehung des sprachlichen, gedanklichen und begrifflichen Elementes in die Oper. Sie zeigen, dass die mit der zunehmenden Nationalisierung der deutschen und französischen Oper einsetzende Wandlung die italienische Oper ebenfalls erfasst, auch wenn der Wortschatz der Sprache und ihre naturgegebene Verwandtschaft mit dem Gesangslaut unverändert bleibt.

Verdi hat der Anforderung nach Abwechslungsreiz der Opernhandlung durch rege Bezugnahme auf die erzählende und dramatische

Literatur zu entsprechen gesucht. Er ist der erste Musiker, der das Problem auf diese nächstliegende Art löst. Es kam dabei nicht darauf an, die Anforderungen an den Text qualitativ im literarischen Sinne höherzustellen als bisher. Es kam nur darauf an, diesem Text Bewegtheit, Abwechslungsreichtum, Charakterfarbe zu geben. Erforderlich war Vorgangsspannung an Stelle der reinen Dispositionsanlage für Musikstücke, dramatische Zuspitzung an Stelle der musikalischen Aneinanderreihung. Es war nur ein Wechsel der Libretto-Methoden, nicht der Libretto-Werte, die von diesem Wechsel unberührt bleiben.

Verdi gewann seine wichtigsten Anregungen aus Werken von Victor Hugo, Schiller und Shakespeare. Dazu kommt die Verwendung von Romanstoffen des Dumas und einiger anderer, minder bekannter Erzähler. Verdi hat also, indem er mit zunehmender Bestimmtheit Auswahl und Behandlung seiner Textvorlagen selbst regelte, ein klares Bekenntnis für das abgelegt, was er wollte. Seine Beziehungen zu seinen Stoffen und Büchern sind ebenso aufschlussreich wie die entsprechenden bei Wagner, so verschieden beider Welten selbst sind.

Diese Verschiedenheit zeigt sich auffallend an dem Verhältnis zur grossen Oper. Wagner fühlt sich nach kurzem Anfängertum zu ihr hingezogen, weil der Zustand der deutschen Oper ihm keine andere Wahl lässt. Für Verdi besteht diese Veranlassung nicht. Die Bühne Italiens ist bei seinem Erscheinen zwar ebenfalls von Paris, als der Hauptstadt des damaligen Europa mitbestimmt, aber doch immer noch dank günstiger Voraussetzungen als eigene Institution vorhanden, so dass sie dem einheimischen Musiker Entfaltungsmöglichkeit gewährt. Erst nachdem er bereits 18 italienische Opern geschrieben hat und 40 Jahre alt geworden ist, schreibt Verdi seine erste grosse Oper für Paris, „Sizilianische Vesper", um nun diese Reihe mit fünf anderen gewichtigen Werken etwa 15 Jahre hindurch bis zur „Aida" fortzusetzen. Die Anregungen, die ihm diese, durch ihre Mannigfaltigkeit immer wieder fesselnde Kunstgattung gab, erschöpfen sich nicht in Einzelheiten der artistischen Formung. Es zeigen sich auch tiefe Bindungen der rein künstlerischen Konzeption. „Aida" ist nicht vorstellbar ohne Meyerbeers „Afrikanerin", zum mindesten nicht in dieser überlegenen und abschliessenden Reife, und die Nachwirkungen der melodisch rhythmischen Gestaltung reichen bis hinauf zum „Othello".

Ungeachtet dieser Bedeutsamkeit blieb die grosse Oper für Verdi nur ein Durchgang. Er wandelte sie nicht, wie Wagner, zu der für seinen Bedarf erforderlichen Form um. Er liess sie schliesslich wieder fallen und ging auf seinen heimatlichen Boden zurück. Die fünfzehnjährige Pause nach „Aida", die in diese Pause fallende Beschäftigung mit aussertheatralischen Kompositionen vorwiegend vokaler Art, dazu einem Streichquartett, ist nicht auf die Verarbeitung Wagnerscher Einflüsse zu deuten. Sicher wurde Verdi von der Erscheinung Wagners zum Nachdenken angeregt, eine Beeinflussung aber im oft behaupteten Sinne war nicht möglich. Verdi erkannte besser als jeder andere die aus Sprache und Gedankenwelt geschaffene Bedingtheit der Wagnerschen Werke.

Dagegen mag die Einwirkung Wagners dazu beigetragen haben, Verdis Auseinandersetzung mit der grossen Oper zu beschleunigen. Das Ergebnis sind die beiden Abschlusswerke des italienischen Opernschaffens: eine letzte Seria: „Othello", eine letzte Buffa: „Falstaff". Beide sind Enderscheinungen einer Kulturperiode im gleichen Sinne, wie die Werke Wagners. Sie schneiden zwar nicht die Möglichkeit des Weiterschaffens ab. Als Dokumente für die Vereinigung einer höchsten individuell künstlerischen und zugleich zeitlich kulturellen Reife geben sie aber auf absehbare Zeit hinaus eine Zusammenfassung, die keine Übersteigerung oder auch nur vergleichbare Annäherung zulässt.

Der ideellen Grundhaltung des Textes, der erhöhten Geltung aller sprachlich bedingten Eigenheiten entspricht der Wille zur Verallgemeinerung der Stimmtypen. Sie werden zu ständig wiederkehrenden Gattungswesen. Die Menschen sondern sich somit den Stimmen nach in mehrere Grundkategorien. Diese Grundkategorien aber – hierin liegt der Unterschied gegenüber der alten Gesangsoper – sind Charaktergruppen. Erst aus der primären Erkenntnis ihrer Charaktere werden sie stimmklanglich typisiert.

Verdi befolgt dieses Prinzip vom Beginn seines Schaffens an, am auffallendsten durch die auszeichnende Stellung, die er dem Bariton gibt. Die Stimme ist gleich der antiken Charaktermaske, und der Bariton ist der Protagonist. Von den grossen italienischen Meistern hatte bis dahin nur Rossini den Bariton bevorzugt. Er hatte mit dem „Barbier"-Figaro ebenso das Muster des Buffo-Baritons geschaffen, wie mit dem Tell das Vorbild aller italienisch dramatischen Bariton-Gestalten. Hier knüpft Verdi an, und dieses ist seine stärkste innere Beziehung zu Rossini: die Formung seiner Mittelpunkt-Menschen aus dem Bariton-Klang. Von hier aus läuft die Grundlinie durch das gesamte Verdi-Werk: vom Oberto zu Nabucco, „Ernani"-Carlos, Macbeth, und den anderen Bariton-Zentren der Frühzeit über Rigoletto, Luna, Germont-Vater, Boccanegro, „Maskenball"-René, „Forza"-Carlos, Posa und Amonasro bis hinauf zu den beiden Gipfelerscheinungen der tragischen und der buffonen Welt: Jago und Falstaff.

Das ist das Urthema der Oper Verdis, es heisst: der Bariton-Mann. Er wird heroisch, lyrisch, elegisch, brutal, herrisch, dämonisch, bis zur letzten Steigerung der Ausdrucksmöglichkeit abgewandelt, aber nie passiv. Er ist stets aktiv, führend. Die Bariton-Kraft ist die männliche Schaffens- und Bewegungskraft, ist das Schöpferische, ist der Mann schlechthin. Dieser Mann der Verdi-Welt ist nicht Liebhaber. Er ist viel Wichtigeres, er ist Erzeuger der Handlung. Hierin liegt der Unterschied zwischen Wagner und Verdi: wie die Kunst Wagners sich um die Zentralerscheinung des Weibes dreht, so bewegt sich Verdis Kunst um Gestalt und Wesen des Mannes und der Mannesstimme.

Unter allen führenden Baritongestalten Verdis ist kein Liebhaber, sofern man Luna und den „Maskenball" – René, also die eigentlich Verschmähten und Betrogenen nicht als Liebhaber ansehen will. Die übrigen sind Väter, wie Miller, Rigoletto, Germont, Amonasro, Freunde, wie der „Forza"-Carlos und Posa, Könige, wie Nabucco, Attila, Macbeth, Dämonen, wie Franz Moor, Jago, Falstaff. Sie sind Menschen oberhalb des Weibes, elementare Energien. Sie sind Urbilder des Männlichen, irgendwie absolut Schöpferischen. Sie heben sich heraus aus dem gefühlhaft erotischen Verlangen und offenbaren das eigentlich Heldische. Verdi durchstösst aus diesem Grundimpuls jenen von Mozart gezogenen Kreis des Naturspieles der Geschlechter und der daraus gewonnenen Beziehungen der Stimmen von Mann und Frau. Er stellt den einen männlichen Sänger wieder in den Geschehens-Mittelpunkt, um den alle anderen Kräfte sich bewegen. Der Bariton gewinnt damit die formorganische Bedeutung der einstigen Kastratenstimme in noch gesteigerter, mit der Natur nicht mehr in Widerspruch stehender Bedeutung. Er kann nun wieder singen ohne geschlechtlichen Zweckgedanken. Aus ihm klingt nur der Grundwille zur plastischen Charaktergestaltung eines menschlichen Urtyps durch die einzige hierzu berufene und befähigte männliche Mittelstimme.

Indem Verdi den Bariton in den Mittelpunkt der Klanghandlung stellt, ändert er die Bedeutung der Oper von der primären Liebeshandlung in die primäre Charakterhandlung. Damit musste sich rückwirkend die Bedeutung des Tenor-Liebhabers vermindern. In allen Aktionsfragen wird er vom Bariton geführt, wie Othello von Jago, Carlos von Posa, Alfred vom Vater, der, äusserlich weniger hervortretend, doch die treibende Kraft der Handlung ist. Oder der Tenor ist scheinbar überlegener, aber nicht ebenbürtiger Gegenspieler, wie der „Rigoletto"-Herzog. Gelegentlich verschiebt sich das Stimmen-Verhältnis durch das Hinzutreten eines Basses. Stets alt gedacht, erhält er als Liebhaber eine zum Dämonischen gewendete Tragik, wie Silva in „Ernani", König Philipp in „Carlos".

Der Tenorklang hat für Verdi keinen Charakter im stilbestimmenden Sinne. Seine Kennzeichen sind Glanz, bravouröse Leichtigkeit, gemischt mit Akzenten heldischer Kraft und spontanen Temperamentes. Äusserlich strahlend, innerlich schwächlich, bleibt er Spielball der Gegenkräfte, als dramatische Erscheinung dem gedankenvollen Bariton-Mann stets nachgeordnet. Dieser Tenor bedarf der Ergänzung durch den Frauenklang. Er ist keine Solo-, sondern eine Duett-Stimme, ebenso wie der lyrische Sopran, der ihn vervollständigt. Dieser erscheint in vielfachen Variationen: von der mit virtuosen Koloraturen durchsetzten, leichten Bravourstimme der „Troubadour"-Leonore über die reinen Koloraturtypen der Gilda und Violetta und die ausdrucksvollen lyrischen Intensitätsstimmen der Amelia, Elisabeth und Aida bis zur elegisch zarten Desdemona.

Aber diese Gattung der Frauenstimme, so schön und väterlich liebevoll Verdi für sie zu schreiben weiss und so bedeutsam sie innerhalb des Ganzen steht, ist nicht führend. Verdis Stimmenplan fordert die Zwei-Frauen-Oper, ähnlich wie Wagner sie in „Tannhäuser" und „Lohengrin" schafft. Verdis Auffassung der Frauenstimme hat indessen nichts mit der Wagners zu tun. Wie der führende Bariton bei Rossini, so ist Verdis Zwei-Frauen-Oper bei Bellini vorgebildet, am eindrucksvollsten typisiert in Norma und Adalgisa: der leichte jugendliche Hochsopran gegenüber dem fülligen dramatischen Mittelsopran. Bei Bellini ist dieser noch mit reichem Zierwerk ausgestattet, entsprechend dem Typus der früheren dramatischen Koloratursängerin. Verdi senkt den Klang allmählich so weit, dass er hauptsächlich die frauenhafte Mittellage erfasst. Dieser Stimmtypus wird für Verdi das Gegenstück zum Bariton. Er braucht das Weib als Temperament, als von der Natur besonders gestaltetes Gefäss der Leidenschaften.

So entsteht die Reihe der dämonischen Frauenerscheinungen, die bei Verdi die eigentlichen Gegenspieler des Mannes sind, nicht als beflügelnde, sondern als hemmende, erdhaft gebundene Kräfte. Hierzu gehören die Abigail in „Nabucco", Lady Macbeth, die zu sybillinischer Grösse aufwachsende Azucena, ihr nahestehend, wenn auch ähnlich der „Rigoletto"-Maddalena nur episodisch hervortretend die „Maskenball"-Ulrika, schliesslich die beiden grossartig konzipierten Erfüllungen dieser Erscheinungsfolge: Eboli und Amneris. Damit ist die Reihe der dramatisch aktiven Frauen bei Verdi abgeschlossen, Emilia in „Othello" bleibt Begleiterin, in „Falstaff" erscheint nur noch Quickly als humoristisches Widerspiel.

Alle diese Frauen sind Leidenschaftsgeschöpfe. Soweit Liebe zum Manne in ihnen überhaupt vorhanden ist, wirkt sie nur als Antrieb zur Eifersucht. Ihr Handeln erregt weit über die Region erotischen Fühlens hinaus die dunklen Gewalten des Lebens: Machttrieb, Kampflust, Rachsucht, und setzt so dem emporstrebenden Willen des Mannes die schicksalhafte Erdverbundenheit des Weibes entgegen. Für den maskulin empfindenden Verdi ist die Frau nur in den schwächeren Erscheinungen freundlich beglückend. Als Gattungswesen ist sie niederziehende Macht, getrieben von der Kraft des Blutes, das als stoffgebundenes Element den Willen des Mannes zu sich herunter zu zwingen sucht. Aus dieser Gegenüberstellung sieht Verdi Mann und Weib – nicht als Liebespaar, sondern als einander bekämpfende Urkräfte.

Dieses ist das Spielproblem, wie Verdis Natur es fasst, und wie es sich ihm nun mit wachsender Klarheit in beiden Stimmtypen darstellt. Die Verteilung auf das Gesamtwerk ist wechselnd, in einzelnen Opern dominiert die männliche, in andern wiederum die weibliche Erscheinung. Verdi befolgt kein programmatisches Schema, jede Betrachtung kann nur die Elemente aufzeigen. Gelegentlich stehen sich die Grundtypen, wie Macbeth und die Lady, unmittelbar gegenüber, gelegentlich ist auch nur eine vorhanden, wie Jago. Zumeist bedeuten sie die Pole des Geschehens, die nicht unmittelbar miteinander in Berührung kommen, wohl aber die bewegenden Kräfte sind. So Azucena und Luna, Eboli und Posa, Amneris und Amonasro. Gegenstand ihres Kräftespieles ist die menschliche Zwischenwelt, die Welt der einander suchenden und begehrenden Liebes-Wesen, der ergänzungsbedürftigen Tenöre und Soprane, der Schicksal-Erleidenden, nicht Schicksal-Bestimmenden, die eingekerkert, verurteilt, vergiftet, lebendig begraben werden. Sie sind die Schwachen, lyrisch auch da, wo sie, wie Rhadames, Helden darstellen, die Schönsänger, die sich, wie Ernani, auf Befehl selbst umbringen, wenn die führende Gewalt es verlangt. Von diesem Frühwerk bis zum Othello ist wiederum eine einzige, einheitliche Linie passiven Heldentums, vergeblichen Kampfes gegen Übermächte. Nur der „Rigoletto"-Herzog macht eine Ausnahme. Er steht über dem Schicksal, das hier auf den vermeintlichen Lenker selbst, den Bariton zurückfällt. So wechseln die Konstellationen im einzelnen. Auf diesem Wechsel beruht der Reiz der Verschiedenheit. Aus ihm entspringt für den Musiker immer wieder der Phantasietrieb schöpferischen Neugestaltens.

Solche Gestaltungsart war als innere Problemstellung neu. Indem Verdi das erotische Spiel zwischen Mann und Frau als bewegenden Impuls in zweite Linie rückt, indem er es nur noch als Objekt des Geschehens gelten lässt, dieses Geschehen selbst aber in die Gegenüberstellung zweier elementarer Charakterkräfte verlegt, nimmt er der Melodie den erotischen Antrieb, der sie seit Mozart bestimmt hatte. An seine Stelle tritt die Charaktermelodie, Melodie ohne Geschlechtsreiz, Melodie rein aus der Aktivität des Singenden, als spontanes Ausströmen einer Handlungsenergie. Verdis Melodik gewinnt dadurch eine Lebensunmittelbarkeit, deren blutvolle Gegenständlichkeit im Anfang gelegentlich fast grobschlächtig wirken mag.

Die Deklamation als solche spielt dabei zunächst eine untergeordnete Rolle, entscheidend ist Führung, Schwung und rhythmische Kraft der gesangsmelodischen Linie. Damit hängt zusammen eine andere neue Eigenschaft der Melodik Verdis: ihre Gegenwärtigkeit und Zeitverbundenheit. Verdis Melodie ist keine aus künstlerischer Distanzierung gezeigte objektive Formung. Sie entsteht im nämlichen Augenblick, in dem sie gesungen wird. Sie ist unmittelbar anschauliches Erlebnis: das Melodiewerden des eben erlebten Affektes. Sie ist nicht betrachtend, reflektierend, schildernd, sie bezieht sich nicht auf vordem Geschehenes. Sie erwächst aus dem Moment.

Darauf beruht die beispiellose Intensität der Bühnenwirkung Verdis, zugleich die Rechtfertigung für die Wahl seiner Stoffe. Sie wirken nur als Affektveranlassungen, als aneinandergereihte Folgen solcher. So sind sie auch gemeint. Das Literarische darin, an sich mit Aufmerksamkeit behandelt, ist als Eigenwert ohne Belang. Soweit Verdi literarische Vorlagen benutzt, entliterarisiert er sie. Er will nicht Shakespeare, Schiller, Hugo in Musik setzen – sie sollen ihm Opernstoffe und Handlungen geben. Affekte des Augenblicks, aus starken Spannungen und Erregungen entstehend, in organischer Steigerung sich fortsetzend, immer wieder ihre aufstachelnde Wirkung auf die Charaktere übend – das ist der Bedarf dieser Kunst. Sie geht damit in voller Absichtlichkeit auf das primitivste Wesen des Theaterspieles zurück, ist improvisatorisch gemeint, vermeidet daher alles bewusst Kunsthafte. Ebenso vermieden werden Problemstellungen geistig intellektualistischer Art. Sie wären von solcher Grundlage aus überhaupt nicht durchführbar. Abgesehen davon aber liegen sie ausserhalb des Wirkungswillens dieser Kunst, für die nur das elementar Primitive in Idee und Gestaltung in Betracht kommt.

Solche Kunst konnte gar nicht breit, volkshaft genug sein. Sie durfte sich dabei ruhig dem Vorwurf der Banalität aussetzen. Er war für sie ebensowenig ein wirklicher Vorwurf, wie die angebliche Hintertreppenromantik der Texte. Ihrem Wesen nach musste sie überall streben, vom subjektiv Individuellen zum Allgemeingültigen vorzudringen. Bezeichnend ist, dass in Verdis frühesten Werken die Chöre, darunter mehrfach solche im Unisonostil, die stärkste Wirkung üben. Der „Nabucco“-Chor: „Va pensiero“ ist hierfür besonders aufschlussreich, aber alle Werke dieser Zeit tragen ähnliche Züge. Verdis Weg führt von dieser breiten, zuerst aus der Masse gesungenen Chormelodik in langsamer Aufteilung, Durchäderung und Lockerung des melodischen Stoffes zu ständig subtiler werdender melodischer Gliederung. Je durchsichtiger die Aufgabenstellung, um so mehr kristallisiert sich die melodische Sprache, ohne jemals ihre Herkunft zu verleugnen. Verdi zivilisiert sich niemals, aber sein Blick gewinnt an Unterscheidungsvermögen und Eindringlichkeit. Je reicher er die Welt der Erscheinungen sieht, um so reicher strömt ihm die Melodie zu. Führer hierzu wird das Wort. In immer feineren Faltenwürfen und Formungen durchdringt und löst die Sprache den musikalischen Stoff, nicht durch deklamatorische Behandlung, sondern durch geistige Aufgliederung, sinnhafte Modellierung und architektonische Ausweitung der melodischen Substanz.

Hierauf beruht auch Verdis Art der Ensemblebildung. Ensembles grossen Stiles im Sinne Mozarts gab es bis dahin nur bei Rossini und in der älteren Buffa, während sich die Ensembles bei Bellini, Mercadante, Donizetti auf unterlegte Steigerungen einer führenden Stimme beschränken. Rossini ist der erste, dessen Ensembles aus organischem Zusammenklingen mehrerer selbständiger Stimmtypen erwachsen. Während aber Rossinis Ensemble sich zur Vereinheitlichung, zum Unisono des Stimmklanges entwickelt, bleibt bei Verdi der Einzelcharakter als solcher gewahrt. Er entfaltet sich eben durch den Zusammenklang zu der ihm eigentümlichen Art der Melodisierung. Hier ist eine innere Beziehung zwischen der Ensemblekunst Verdis und Mozarts. Verdis Ziel bleibt freilich stets die Ausbreitung der melodischen Charakterlinie, bei Mozart dominiert die Stimme als gesangliche Erscheinung.

Duette und Terzette sind meist ebenso wie die Arien unmittelbarer Handlungsbestand, gegenseitige Anregungen namentlich der klanghaft zusammengehörenden Stimmen, wie Sopran und Tenor. Sie gelangen erst in dieser Verbindung zum vollen Sich-Aussingen, wie in den grossen Duetten der „Traviata“, „Aida“, „Othello“. In diesen Stücken bestätigt sich die unmittelbare Aktualität des Verdischen Gesanges als Verschmelzung verschieden gelagerter Stimmen in der gleichen Gefühlslinie. Das Schlussduett Aida-Rhadames zeigt diese stimm-dramaturgische Kunst ebenso vollendet wie das grosse Duett Desdemona-Othello im ersten Akt. Neben diesen handlungsmässig mehrstimmigen Stücken gibt es aber in fast jeder Oper Verdis noch ein grosses Solo-Ensemble, das äusserlich einen Stillstand des Geschehens bezeichnet, jedoch zugleich die Zusammenfassung aller bestimmenden Singcharaktere. Diese Gleichzeitigkeit der Verschiedenheiten bewirkt eine besondere Schärfung der klanglichen Spielelemente. Es zeigt sich gleichsam das Herzstück des Ganzen in einer Übertragung aus dem aktionsmässigen Nacheinander in das musikalische Nebeneinander.

Dieses Stück ist das Verdi-Quartett, wie es am bedeutsamsten in „Rigoletto", „Carlos" und „Othello" steht. Es ist der Schlüssel zu Verdis musikalisch stimmlicher Dramaturgie: es führt die Hauptcharaktere zusammen, zeigt jeden in seiner Besonderheit, zugleich Bedingtheit und Verbundenheit gegenüber den anderen. Es bezeichnet den seelischen Verlauf der Handlung, indem es die bewegenden Kräfte aufdeckt und sie in ihrer Gesetzmässigkeit erkennbar macht. Es deutet damit die jedesmalige Welt als Verbindung eben dieser verschiedenartigen Kräfte. Das Vokal-Quartett ist für Verdi Idealbild einer Klangtotalität. Indem sie die führenden und widerstrebenden Elemente zusammenfasst, schafft sie die Illusion einer übergeschlechtlichen, überpersönlichen Gesamtheit, in der alles menschliche Singvermögen, aber ohne die im einzelnen damit verbundenen Begrenztheiten vereinigt ist.

Über das Quartett als Solo-Ensemble ist Verdi in der Zahl der Stimmen nie hinausgegangen, er hat dann gleich die Verbindung zum Massen-Ensemble mit Chor genommen. Der Chor ist für ihn namentlich in den Anfangswerken ebenso Melodieträger wie der Solist. Dramaturgisch gesehen: der Chor ist selbständiges Element der äusseren wie der klanglichen Handlung. Daher die Vorliebe für Unisonoführung der Chorstimmen, daher auch die häufige Aufteilung in Männer- und Frauenstimmen, die entweder, wie im zweiten Finale des „Troubadour" einander gegenüber gestellt werden, oder, wie bis hinaus zu den „Othello"-Chören, in rein klanglicher Abwechslung registerhafte Steigerungen bringen. Daneben wird der Männerchor gern zu Erzählungen, Verschwörungen, Flüster-Intermezzi benutzt.

Mit der Wendung zur grossen Oper tritt die handlungsmässige

Inanspruchnahme des Chores zurück gegenüber seiner Bedeutung als Aufbaumittel dynamischer und klanglicher Massenwirkungen. Hier dringt auch das tänzerische Element der grossen Oper in Verdis Formenwelt ein, obschon es nicht zu ihr gehört und niemals in ihr heimisch geworden ist. Verdis Balletmusiken sind „Einlagen" geblieben. Lebendig wird der Tanz bei ihm nur da, wo er in die musikalische Handlung einbezogen ist: im einleitenden „Rigoletto"-Menuett, im „Traviata"-Walzer, im Todesmenuett des „Maskenballes".

Die Massen-Ensembles selbst finden im „Aida"-Marsch ihren effektvollsten Abschluss. Sie gehören zu Verdis zwar populärsten, künstlerisch aber wenigst selbständigen Schöpfungen. Handlungsmässig von aussen aufgesetzt, sind sie dementsprechend fast kantatenhaft komponiert. Sie zeigen die Klangphantasie und rhythmische Energie des Musikers, dazu die am Muster Meyerbeers geübte Kunst des dekorativen Aufbaues. Der Klanghandlung Verdis aber entspricht das Finale als Massensteigerung überhaupt nicht. Ensembles stehen bei ihm richtig inmitten eines Aktes. Sie sind Zusammenziehungen, aus denen wieder Entladungen in die Einzelerscheinung erfolgen. Charakteristisch hierfür ist die Gesamtökonomie des „Othello", die nebengeordnete Einsetzung des Chores, die Umbiegung in der Steigerung des einzigen grossen Final-Ensembles im 3. Akt, der Ausklang in verhallende Chorrufe. Die Entwicklung ist umgekehrt wie bei Wagner. Bei diesem strömt alles der Auflösung in die Harmonie zu, so dass „Parsifal" wieder zur Choroper im umfassenden Sinne wird. Bei Verdi verästelt sich die zunehmend subtiler ausgewogene Harmonik immer wieder in die melodische Linie, aus dem Klangkomplex des grossen Ensembles hebt sich von neuem die Einzelstimme heraus.

Dieses ist auch der Weg des Verdi-Orchesters. Es ist dem Sänger nachgeordnet, es bleibt dem Sänger nachgeordnet. Aber es ist nicht so sehr Träger der Harmonik, wie bei Wagner, als Deuter und Mittler des Rhythmus, damit zugleich des Handlungstempos. Insofern begleitet es nicht, es führt die Stimme, gibt der Melodie Körper, Gegenwärtigkeit und Bewegung. Mehr noch: es reicht der Stimme die Melodie zu. Das Arien-Vorspiel hat für Verdi nicht mehr den Sinn des Präludierens, sondern gleichsam des Entstehenlassens der Melodie. So ist das Orchester hier – auch in Verdis frühesten Werken – mehr Partner der Stimme als Begleiter, freilich nicht im Sinne der Gegenüberstellung, sondern der klanglichen Ergänzung, ihrer harmonischen und rhythmischen Füllung. Auch hierin bleibt Verdi sich gleich bis in die letzte Wandlung des Alters hinein, auch hier ist die sich vollziehende Metamorphose nur der Vorgang einer sich immer mehr verfeinernden Aufteilung, einer Blosslegung des Geäders, das wie aus einem Massivblock in all seinen Biegungen und Verzweigungen allmählich durchschimmert – ein Transparent, das den Stoff selbst fast vergessen lässt. Wort und Gedanke sind Meissel und Werkzeuge, die den Prozess der Auflichtung jenes elementaren Klangkomplexes ermöglichen.

So führt die Bahn von der alten Nummernoper bis hinauf zu den beiden Schlusswerken: „Othello" und „Falstaff". Es ist kein Weg der Steigerung im landläufigen Sinne. Es ist ein Weg, der breit anfängt und schmal endet, der Weg zu einer Höhe, in der die Luft dünner wird. Elementare Regungen der menschlichen Natur, Liebe, Eifersucht, Bosheit, Narrheit klingen auf. Sie singen aus diesen Stimmen mit einer inneren Freiheit der melodischen Gestaltung, die jenseits aller Konventionen steht. Sie singen aus Tenor-, Sopran- und Baritonstimmen, als seien diese Stimmklänge selbst endgültige Aufschlüsse, als brauchte man die Menschen nur nach Stimmkategorien, überhaupt nur nach der Beschaffenheit ihrer Stimmen einzuteilen, um letzte Erkenntnisse über sie zu finden.

Im „Othello" ist dieses Schaffensprinzip zur tragischen, im „Falstaff" zur heiteren Lösung geführt. Im „Othello" gelangt Verdi dadurch zur abschliessenden Verkörperung der stimmlichen Grundtypen als Individualcharaktere, im „Falstaff" gelangt er zur Aufteilung an eine Gestaltenwelt von überindividueller Mannigfaltigkeit. Sie stellt sich solistisch dar als Ensemble eines Doppelquartettes weiblicher und männlicher Stimmen und vervielfältigt sich darüber hinaus in den Chorklang. Es ist eine Ensemblebildung gleichsam durch Aufsplitterung der Stimmen in immer kleinere und kleinste Teile, die sich dann in der Narren-Fuge wieder zur Einheit zusammenschliessen, immer gruppiert um den führenden Bariton als Kern.

Auch Verdis Kunst der melodisierten Stimme gipfelt also in

einem letzten Ensemble. Dieses aber ist nicht, wie das Wagner-Ensemble, organisierte Zusammenfassung einer Vielheit heterogener Kräfte zur Gesamtheit. Ihr musikalisches Schluss-Symbol ist die Grundform der alten Vokal-Polyphonie: die Fuge. Es ist eine primäre Einheit, die sich in Aufteilung darstellt, ohne darüber jemals die Bindung in sich zu verlieren. Diese Einheit ergibt sich aus der in einem einzigen Stimmtypus erfassten Melodie des menschlichen Buffone, der sich wandelt, die tragische, die komische, die heitere Maske vornimmt, bald als Mann, bald als Weib erscheint, über und hinter sämtlichen Erscheinungen aber stets die gleiche, spielhafte Urkraft bleibt. Das Fugenthema wird durch alle Wandlungen hindurch dargestellt von der singenden Stimme. Jede individuelle Maskierung fällt. Es bleiben nur die Stimmen aller Register, die sich nun das gleiche melodische Thema im Reigenspiel der Form zuwerfen, so lange, bis diese Mannigfaltigkeit sich selbst zurückführt in die letzte Einheit.

Dieses alles aber bleibt in den Grenzen des Gesanges. Es geschieht keine Einbeziehung des Zuschauers, keine Aktivierung im Sinne unmittelbarer Beteiligung. Der Ensemblebegriff ist musikalisch streng begrenzt. Er nimmt selbst das szenisch Optische nur als Beigabe in sich auf. Die Szene ist bei Verdi illustrative Ausschmückung der Handlungsbegebnisse. Die Anforderungen sind bescheiden. Sie beschränken sich auf geringfügige Illusionshilfen, an denen das Wichtigste ihre Unaufdringlichkeit ist. Diese lockere Einbeziehung des dekorativen Rahmens ändert sich um einiges bei den Werken, die als grosse Opern unter planmässiger Verwendung von Ausstattungswirkungen geschrieben wurden. Hier ist das dekorative Element auch bewusst in das musikalische Kolorit übertragen. Das gilt namentlich für „Aida“, während Verdi sonst keine Lokalunterschiede zwischen den Menschen seiner Opern macht. Seien sie Franzosen, Spanier, Schotten oder Deutsche – ihre Melodien bleiben ebenso italienisch wie die Leidenschaften, von denen sie bewegt werden.

Es gibt daher kein Milieu, es gibt keine Atmosphäre dieser oder jener Stoffwelt. Verdis Oper ist Charakteroper. Also gibt es in ihr nur Charaktere, die als solche erkennbar zu machen sind. Das Wichtigste davon geschieht durch den Gesang. Der darstellende

Körper, überhaupt alles menschlich Bewegte der Bühne muss dem Gesang entsprechen. Richtunggebend hierfür ist die Erkenntnis von der absoluten Gegenwärtigkeit des Verdischen Gestaltungsstiles. Verdi ist Realist, er gibt keine Umschreibung und keine Ausdeutung. Er gibt immer nur die Sache, das Geschehnis, den Menschen selbst in knappester, eindringlicher Form. Er setzt dabei die naturhafte Lebendigkeit des guten italienischen Darstellers voraus, der anschaulich ist, ohne psychologische Studien zu treiben. Es gibt bei Verdi keine problematischen Charaktere, es kann der Natur seiner Kunst nach keine geben. So weit sie es in den Vorlagen noch waren, hat er sie vereinfacht. Das ist nicht anders möglich bei einem Dramatiker, der mit drei bis vier Grundtypen ein langes Leben hindurch schafft und spielt. Mehr aber hatte Verdi nicht zur Verfügung, weil die menschliche Stimme ihm nicht mehr hergab.

Das Werk Verdis war, wie jedes aus den Bedingnissen der nationalen Sprache erwachsene Schaffen, lange Zeit hindurch Missverständnissen ausgesetzt. Es war eine schwere Forderung an die Mitlebenden, Wagner und Verdi zugleich in sich aufzunehmen. Falsche Vergleiche mit allen sich daran knüpfenden falschen Folgerungen konnten nicht ausbleiben. Sie haben, als die Erkenntnis der Gesangsnatur der Oper neu durchbrach, dazu geführt, dass Verdi nach früherer Zurücksetzung Wagner gegenüber ebenso unrichtig bevorzugt wurde. Vergleichungen aber sind für die Erkennung beider Erscheinungen nur hemmend. Bei beiden ist die nationale Bedingtheit der Sprache und des Sprachgeistes Voraussetzung des Schaffens. Bei beiden kam als zweite Bedingung allgemeiner Art die Eignung des nationalen Darstellers hinzu, den Wagner als singenden Schauspieler, Verdi als klingende Stimme erfasste. Dass bei Wagner diese Erkenntnis an die Erscheinung einer genialischen Frau anknüpfte, während Verdi die männlichste Mannesstimme als Zentrum seines Musikhörens empfand, ist nur eine Bestätigung für die auseinanderstrebende Verschiedenheit beider Naturen und beider Kunstarten, die erst im Ziel wieder zusammentreffen.

Wagner bringt alles, was an Singfähigkeit im Deutschen vorhanden ist, durch die Hebel der instrumental reflektiven und der szenischen Darstellung, zusammengefasst durch die Fiktion der dramatischen

Zielsetzung zur veranschaulichenden Lösung. Verdi macht die Schönheit des italienischen Gesanges handlungsfähig. Die Aktivierung der Stimme, die Gewinnung der gegenwärtigen, lebendigen Melodie ist sein Werk. So löst er sich von der Atelier-Opernmelodik der vorangehenden Zeit und gibt der Melodie die Wirklichkeit der Freilichtkunst.

Die deutsche wie die italienische Oper hatten mit dem Schaffen dieser beiden, das ganze 19. Jahrhundert hindurch lebenden höchsten künstlerischen Potenzen Gattungsmuster aufgestellt, die alle innerhalb beider Kulturen vorstellbaren Möglichkeiten zu erschöpfen schienen. Zur Vollendung der romantisch bürgerlichen Oper fehlte noch der Schlussbeitrag der französischen Oper, die, über den kosmopolitischen Sammeltyp der grossen Oper hinweg, nun auch das französische Muster für diese Kulturperiode nationalsprachlicher Oper schuf.

X

LYRISCHE OPER

Gounod — Thomas — Bizet — Offenbach — Massenet — Mascagni — Leoncavallo — Puccini — Mussorgski — Debussy

1.

Während in Deutschland Wagner, in Italien Verdi die sprachlich nationale Oper vollendet, entsteht in Frankreich eine neue Gattung: die lyrische Oper. Zuerst eine Art Zwischenerscheinung auf halbem Wege zwischen grosser Oper und spielhafter Comique, gewinnt sie bald so viel Boden, dass sie zur Repräsentantin französischen Opernschaffens wird, die wichtigsten volkseigenen Begabungen an sich fesselt und allmählich auch das Ausland in ihr Geltungsbereich einbezieht: nicht nur Italien, auch die neuerdings an der Opernproduktion teilnehmenden slavischen Völker.

Die Lebensdaten der älteren dieser Musiker entsprechen ungefähr denen Wagners und Verdis, die jüngsten erreichen ihre Schaffenshöhe um die Jahrhundertwende. 1811 wird Ambroise Thomas geboren, 1818 Gounod, 1819 folgt Offenbach, 1824 Smetana, 1825 Saint-Saëns und Mussorgski, 1838 Bizet, 1842 Massenet. Das ist die ältere Generation. Sechzehn Jahre vergehen bis zur Geburt von Puccini und Leoncavallo 1858, Charpentier 1860, Debussy 1862, Mascagni 1863, Dukas 1865. Die Folge der wichtigsten Werke entspricht nur ungefähr den Geburtsdaten. Das erste typische Werk der lyrischen Gattung ist Gounods 1859 aufgeführter „Faust", 1866 erscheint „Mignon" und gleichzeitig „Verkaufte Braut", 1874 Mussorgisks „Boris", 1875 „Carmen". Erst sechs Jahre später, 1881, folgen „Hoffmanns Erzählungen", 1884 Massenets „Manon" und Puccinis „Willis", 1887 „Samson", 1890 und 1892 „Cavalleria rusticana" und „Bajazzo", 1893 Puccinis „Manon", 1896 „Bohème", 1900 „Tosca" und Charpentiers „Luise", 1902 Debussys „Pelleas und Melisande", 1904 „Butterfly", 1907 Dukas' „Ariane", der sich Puccinis Einakter und „Turandot" anschliessen.

Die Chronologie ist wichtig. Sie zeigt das Anwachsen einer über mancherlei Verschiedenheiten hinweg in sich verbundenen Werkgattung aus mehreren Quellen, ihr Vordringen in der Zeit nach Wagners Tode und während der letzten Lebensjahre Verdis, ihre auf Welterfolge gestützte Vorherrschaft um die Jahrhundertwende und dann wieder das Erlöschen des Auftriebes. Sie zeigt das Übergreifen zunächst der französischen lyrischen Oper in das italienische Schaffen nach Verdi. Hierbei ist freilich die vorherige Beeinflussung der lyrischen Franzosen durch Verdi nicht zu übersehen. Somit wird Wirkung um Wirkung vergolten, zumal vom „Othello" ab Verdi selbst die Führung zur neuitalienischen Oper übernimmt, und die Werke der Jungitaliener sich ebenso auf Verdis „Othello" wie auf „Carmen" und die französische Lyrique stützen.

Gemeinsam ist dieser ganzen Reihe ausser den organischen Zusammenhängen in sich selbst noch die innere Stellungnahme gegen Wagner. Von der Zeit an, wo sein Einfluss zu wirken beginnt, wird Wagner als geistiges und künstlerisches Phänomen zwar sehr beachtet und diskutiert, produktiv verwertet aber nur als Musiker. Nicht allein Wagner mit seiner Idee der instrumental harmonisch begründeten Handlung stösst auf zunehmende Opposition. Auch die ältere Form der grossen Oper wird abgelehnt. Wo sie in der Folgezeit noch in neuen Werken erscheint, in „Samson", in einigen Werken Massenets, wird sie zunächst des virtuosen Glanzes entkleidet, auf einen musikalisch gewissermassen ernsthafteren Standpunkt zurückgeführt. Damit aber ist sie auch ihres ursprünglichen Wesens beraubt und nicht mehr vollgiltige Repräsentantin der Gattung. Man kann sagen, dass nach Meyerbeers „Afrikanerin" keine wahrhaft grosse Oper mehr geschrieben wurde, und dass dieses Schlusswerk des bedeutendsten Meisters zugleich das Schlusswerk der Gattung ist.

Die grosse Oper hatte sich am kosmopolitischen Virtuosentum leergelaufen. Die nationalen schöpferischen Kräfte strebten in Frankreich nach Betätigung in einem Rahmen, der, ohne die äussere Expansion der grossen Oper zu erreichen, doch das Ausdrucksgebiet der Comique überschritt. Das gefühlhafte Element drängte stärker hervor und verlangte nach Betonung des ursprünglichen Grundcharakters der französischen Oper als der eigentlich lyrischen Gattung. Die Bezugnahme auf die italienische Buffa hatte diese Einstellung gehemmt, hatte die Steigerung der Lyrik zum heroischen Pathos der grossen Oper zugewiesen und das Sentiment in der Comique nur als Nebenwirkung zugelassen. Hier aber lag die wichtigste Ausdrucksquelle für das französische Musikgestalten, für die französische, zwar zarte und kleine, aber modulationsfähige und lyrisch timbrierte Gesangsstimme, zu deren Vorzügen noch ihre Beweglichkeit und plastische Akzentuierkraft kam. Je enger sich französische Sprache und Gesang im Pathos und der Virtuosenkunst der grossen Oper wie in der spielhaften Durchdringung des Gesangsstiles der Comique zusammenschlossen, um so dringender musste der Wunsch werden, diese Errungenschaften sprachgesanglicher Technik innerhalb einer seriösen, dabei dem französischen Gesangsorgan und Sprachvermögen völlig eigenen Form zu verwenden.

Den lyrischen Spieltenor mit der leichten Höhe, der Koloraturfähigkeit und der zarten Lyrik des Ausdrucks hatte die Comique bereits in vollendeter Ausprägung geschaffen. Über George Brown hinaus war eine gesangliche Steigerung nicht denkbar, wohl aber eine dramatische. Für sie fehlte bisher die weibliche Ergänzung und der gleichwertige Gegenspieler. Die französische Frauenstimme ist temperamentsmässig die der Soubrette. Sie ist mehrdeutig. Sie hat die Möglichkeit leicht ansprechender und dann koloriert zu behandelnder Höhenregister. Sie hat die andere Möglichkeit der sonoren, durch den romanischen Akzent fast altmässig klingenden Mittellage. Hierin ähnelt sie dem italienischen Mezzosopran. Ohne dessen dramatisch kantabile Ausbreitungsfähigkeit zu besitzen, ist sie ebenso plastisch in der Wiedergabe der gesanglichen Sprachlinie. Dieser, nach zwei Richtungen hin entwicklungsfähige Frauenstimmtypus bedurfte nur einer innerlich sentimenthaften Gefühlssteigerung, um aus dem Bereich des munter Konversationellen in die Linie der ernsthaft lyrischen oder dramatischen Sängerin zu gelangen. Als dritter Grundtypus erwies sich auch hier mit zunehmender Bedeutung der lyrische Bariton. Er erreicht nicht das dämonisch Elementare des Verdischen Baritons, ebensowenig die hochgesteigerte Männlichkeit des Baritons Wagnerscher Prägung. Aber er verfügt über ein schönes, weiches, auch energischer Spannung fähiges Organ. Der Grundcharakter dieser drei Stimmtypen musste der Ausdruck des Lyrischen bleiben.

Damit war ausserhalb aller stimm- und gesangsmässigen Fragen das Handlungsgebiet gekennzeichnet, das, zwischen der heroischen und der komischen Oper liegend, den gefühlsmässigen Gestaltungswillen des Franzosen am reinsten spiegelte: die Liebeshandlung. Für sie stand ein Frauenstimmtyp schmächtiger, aber rassig leidenschaftlicher Art zur Verfügung, dazu zwei Männerstimmtypen ebenfalls lyrischer Grundhaltung. Diese drei Stimmen mussten auf alle Möglichkeiten sensitiver Behandlung hin erforscht, in alle Farben einer klar umgrenzten Klang- und Bewegungsskala zerlegt werden, um verschiedenartige Spielkombinationen zu ergeben. Charaktere im objektiven Sinne konnten sie von solcher Grundlage aus nicht werden, wohl aber in der Bedeutung verschieden temperierte Geschlechtswesen. Was sich von diesen Voraussetzungen her der sinnlichen Verkörperung bietet, ist nicht so sehr der Einzelmensch, das Individuum als solches. Es sind die Beziehungen zwischen den Menschen, es ist das Fluidum ihres Wesens, die Atmosphäre des Vernehmens vom einen zum anderen, erkannt an der geheimnisvollsten Macht dieser Verbindung, dieses Fliessens von Mensch zu Mensch: an der Liebe. Sie ist jetzt nicht, wie bei Verdi, Leidenschaft als bewegendes Faktum, sie wird Objekt der Darstellung selbst.

Damit stehen auch die Gestalten nicht mehr klar und hell, wie eben bei Verdi, gegen den Horizont. Sie lösen sich auf in ein Flimmern und ein Strömen vom einen zum andern. Sie werden selbst Atmosphäre. Das Element, in dem sie sich bewegen, ist das Milieu, das Duft und Klang der Umgebung unmittelbar einbezieht in das Handeln der menschlichen Erscheinungen. Die Stimme wird zum Gegenstand sinnlicher Begehrlichkeit oder zum Ausdruck des Begehrens. Das Spiel, auf zwei als Geschlechtstypen erscheinende Männerstimmen gegenüber einer Frauenstimme begrenzt, wird zum Liebesspiel der Eifersucht. Sie kann zwischen zwei Liebhabern walten, oder auch dem Liebhaber und einem väterlichen oder dämonischen Begleiter.

Diese Voraussetzungen beruhen ebenso auf kulturellen und geistigen, wie auf den musikalischen und stimmphysiologischen Bedingtheiten des französischen Opernwesens. Aus ihnen entwickelt sich, über die Comique hinauswachsend, der erste wahrhaft volkseigene, im umfassenden Sinne national französische Gattungstyp der lyrischen Oper. Er ist so national bedingt, dass er, ähnlich wie die deutsche Oper Webers, Marschners, Lortzings, oder wie auch die italienische Buffa oder das Frühwerk Verdis eine Übertragung in fremde Sprachen und auf fremdsprachige Bühnen nicht zulässt ohne Entstellung und Vergröberung. Das gilt auch für solche Fälle, in denen die Übertragung sich im Auslande eingebürgert hat. Hier ist etwas in Wahrheit Unübertragbares das Wesentliche: der Zauber der Sprache, der aus ihr erwachsende Reiz der Gedankenbildung, der gleichfalls damit zusammenhängende besondere Typ der äusseren Erscheinungen, der unwillkürlichen Temperamentsbekundungen und -bewegungen — dieses alles aber vereinigt im Klange der Stimme. Klimatisch und physiologisch bedingt, kann sie nur im Ineinanderwirken all dieser Umstände so tönen, wie es gemeint und sinnhaft ist, und wie der Organismus dieser Werke es fordert. Es gibt Werke, die hinauswachsen über den Sprachgrund, dem sie entstammen. Es gibt andere, die sich so tief in ihre ursprunggebende Kraft versenken, dass die Sprache sie fest umhüllt, und den richtigen Klang erst auftönen lässt aus dieser sprachlichen Verbundenheit. Dieses sind die Werke der nationalen Begrenztheit. Jedes Kulturvolk hat sie hervorgebracht. Ihre Umpflanzung in anderen Boden führt fast immer zu Missverständnissen. Auch der französischen lyrischen Oper ist es so ergangen, obschon sie mit einigen ihrer Hauptwerke lebhaften Widerhall gerade auf der deutschen Bühne gefunden hat.

Das gilt namentlich von dem ersten grossen Werk dieser Gattung: Gounods „Faust", oder, wie der Titel in Deutschland berichtigt wurde „Margarethe". Sie ist freilich noch nicht das reine Muster der lyrischen Oper. Ausstattungsforderungen, grosses Ballett, Chöre und Ensembleanlage zeigen noch den Willen zur grossen Oper. Die Natur des Musikers aber und die Wahl des Stoffes haben sie in Wirklichkeit zur lyrischen Oper gemacht, die am meisten dem Typ der damaligen Verdi-Oper verwandt ist. Eine stimmliche Besonderheit ist der Mephisto-Bass, in vorwiegend hoher Lage, fast baritonal gehalten, eine Übergangserscheinung von Meyerbeers dämonisch empfundenem Bertram zu den maskulinen Einzelgängern Verdis. Die übrigen Stimmtypen sind durchweg lyrisch. Die hohen Frauenstimmen werden aufgeteilt in die sentimentale Soubrette mit Koloratur in der Titelpartie, die auf der französischen Bühne besonders beliebte burschenhafte Hosen-Soubrette (Siebel) und die komische Alte. Unter den Männerstimmen dominiert der in weicher Gesangslinie geführte Tenor. Neben ihm steht als Gegenspieler, hier aus brüderlicher Eifersucht, der lyrische Bariton Valentin. Zusammengenommen mit dem Mephisto-Bass ist es die Mozartsche Sextett-Gruppierung der Stimmen, wie in „Figaro" und „Don Giovanni", praktisch gelangt sie freilich nur bis zum Quartett. Es steht im lyrischen Zentrum des Werkes, dem künstlerisch bestgelungenen 2. Akt, löst sich dann in den Terzettyp auf. Er ist eigentlich für diese Gattung bestimmend, wird hier aber erst am Schluss in der Verbindung Sopran, Tenor, Bass erreicht. Dazwischen gibt es vieles befremdende Beiwerk, das im Gattungssinne noch als unsichere Stilmischung erscheint, durch die Art des Ausdrucks sich aber doch innerhalb der lyrischen Umgrenzung hält. Sie wird auch durch die Handlung selbst gegeben. Es ist eine reine Liebesgeschichte, untermischt mit Elementen phantastischer und dämonischer Herkunft, aber stets auf die Liebeshandlung bezogen. Indem sie sich der von der Dichtung her volkstümlichen Gestalten in naiver Vereinfachung bedient, gibt sie wirklich das Urbild für die hier gesuchte und gemeinte lyrisch ergreifende Zartheit des Spieles.

Die stoffliche Verbundenheit mit Goethes Dichtung hat daher Gounods „Margarethe" auch in Deutschland nicht geschadet. Sie hat vielmehr die Popularität der Wirkung ebenso erhöht wie bei Ambroise Thomas' wenige Jahre darauf folgender „Mignon". Hier ist der Typus der lyrischen Terzett-Oper schon bewusster ausgeprägt. Die Beziehungen zur grossen Oper fallen fort, es gibt nur im Beginn des 1. Aktes ein kurzes Ballett, dagegen ist wieder Dialog eingesetzt, zum Teil freilich in melodramatischer Untermalung. Die Frauenstimmen sind anfangs geteilt in die virtuose Koloratursoubrette Philine und die vorwiegend in dunkler Mittellage gehaltene lyrische Mignon. Aber Philine ist mit Ausnahme des Anfanges keine Ensemblegestalt. Sie fehlt im Schlussakt fast völlig, das Spiel liegt zwischen Mignon, dem lyrischen Tenor und dem lyrischen Bariton, der als rivalisierender Vater erscheint. Die Klangkombination ist in den wesentlichen Zügen schon klar fixiert, die Männertypen stehen fest. Ebenso fest steht die Scheidung des Frauenklanges in die kolorierte Höhenlage und die lyrisch empfindungsvollere, mittlere

Charakterlage, die den Vorzug naturhafter Sprachklangfarbe hat. Motor dieser Stimm-Spielkräfte ist die einfache Liebeshandlung, jetzt ohne das episodische Opern-Beiwerk der „Margarethe“, rein auf rührende Akzente der Sehnsucht, des Begehrens oder der Entsagung beschränkt.

Dieses alles wird in schlichte Fassung der Sprache wie der Melodik gebracht. Breites Sichaussingen und Ausspinnen der Klangphrase war diesen französischen lyrischen Stimmen nicht möglich. Die liedhafte Form, die volkstümlich geführte melodische Linie blieb Grundbedingung. Der deklamatorische Akzent ist auch hier wichtig, nur erhält er eine einfache, unpathetische, dafür melodisch gefällige Einkleidung. Klarheit, Schärfe, Knappheit des Ausdruckes sind die Leitideen, angewendet gegenüber einem Grundphänomen menschlichen Gefühlslebens, dargestellt in den Typen der begehrenden und begehrten Frau zwischen zwei Männern.

2.

Das ist die Situation, die Bizet vorfindet. Er findet dazu den bis zur „Aida“ gelangten Verdi, er findet einen zwar noch nicht vollendeten, aber in wesentlichen Hauptzügen bereits erkennbaren Wagner vor. In Rom, wo er sich um die Wende der sechziger Jahre als Rompreisträger aufhielt, hat er das italienische Theater gründlich kennen gelernt, die Pariser „Tannhäuser“-Aufführung und alles darauf folgende macht ein Übersehen Wagners unmöglich. Zudem war erst 1865 Meyerbeers „Afrikanerin“, gleichfalls die Terzett-Oper Sopran – Tenor – Bariton, die Eifersuchts-Oper des heroischen Stiles zur Uraufführung gelangt. Dass zur gleichen Zeit Mussorgski seinen „Boris Godunow“ schuf, wusste zwar niemand, aber in Paris waren auf „Margarethe“ und „Mignon“ andere Werke ihrer Autoren gefolgt, darunter Gounods in Frankreich besonders gefeierte „Romeo und Julia“. Es war eine Zeit voll ungewöhnlicher Spannungen, dabei trotz aller Gegensätze voll innerer Bewusstheit. Denn die Art des Schauens war eigentlich in den grossen musikalischen Kulturländern gleich, nur die Arten der Gestaltung zeigten die Mannigfaltigkeit der natürlichen Veranlagung. In und aus dieser Zeit entstand das eine grosse, alles Vorangehende der gleichen Gattung überragende Meisterwerk der französischen Lyrique: „Carmen“.

Dass es bei seinem Erscheinen nicht sofort erkannt, dass es nachträglich – zugunsten der Wirkung – an Stelle des Dialoges Rezitative von fremder Hand erhielt, tut der Wichtigkeit des ersten Auftauchens keinen Abbruch. Das Werk ist da, in dem alle Grundeigenschaften der Lyrique zu höchstmöglicher Intensität gesteigert sind, dabei zwang- und absichtslos, rein aus der Zündkraft des Gegenstandes heraus. Dieser wiederum zeigt die tragende Idee der Lyrique: die Liebes- und Eifersuchtshandlung zwischen einer Frau und zwei Männern in ebenso einfacher wie ergreifend wahrhaftiger Fassung, ausserhalb jedes Sentiments: Liebe als dämonische Urgewalt, die sich mit fast antiker Schicksalskraft auswirkt. Damit verbunden ist der für die Spielabsicht der Lyrique wichtige Zauber eines besonderen Milieus. Durch Verbindung von Zigeunertum und spanischem Kolorit erhält es einen fast exotischen Reiz, während gleichzeitig die Gegenwärtigkeit des Geschehens und das Alltägliche des Handlungsrahmens durch scheinhafte Nüchternheit und objektive Klarheit einen spannenden Gegenreiz geben.

Gering sind demgegenüber die konventionellen Bestandteile, namentlich bei der Ingangsetzung des 1. Aktes. Die vieraktige Form zwang zu einer Art Streckung. Die sentimentale Figur der Micaëla, pittoreske Chöre, Tänze, Milieuschilderungen brachten allerlei episodische Füllung, bis die Handlung in den drei Vorderakten soweit geführt war, dass sie im Schlussakt plötzlich den lawinenartigen Absturz nehmen konnte. Dieser Schlussakt ist in jeder Beziehung, als künstlerische Konzeption, als dramatische Kontrastierung der Stimmen, als Blosslegung ihrer Animalität der Reingehalt des Werkes. Bezeichnend wiederum, dass eben die Steigerungslinie zum 4. Akt anfangs überhaupt nicht erkannt wurde. Der guten Aufnahme des konventionellen ersten Aktes folgte ein Abflauen bis zum Fiasko des Schlussaktes – Bestätigung dafür, dass „Carmen“ in der Erfassung des Wesens der Lyrique den Wendepunkt bezeichnet.

„Carmen“ ist das Grundbild der Terzett-Oper, nicht im Ensemblesinne, sondern in der Ausprägung der handelnden Typen. Sie sind hier absolut elementar erfasst, am schärfsten die Frau. Sie hat den Mignon-Mezzo-Klang der französischen Frauenstimme, für deutsche Begriffe mit pastosem Alt verbunden, in Wirklichkeit zu verstehen nur aus dem üppigen sinnlichen Tiefklang der gallisch romanischen Frauenstimme. Die gesanglichen Anforderungen sind relativ gering, soweit stimmphysische Gesichtspunkte in Betracht kommen. Grundlegend ist die stete Verbindung mit der Sprache. Jede Biegung der Gesangslinie passt sich dem deklamatorischen Vortrag an. Dieser ist, soweit irgend angängig, auf Tanz- und Liedtypen zurückgeführt. Dabei wird mehr das Kolorit der Stimme als ihre Kantabilität eingesetzt, und auch dieses Kolorit stets im Sinne der Stimmungscharakteristik: im Kartenlied die dunklen Farben in schwer lastender Linie, als Gegensatz in der Seguedilla die tonlich nur flüchtig angeschlagenen Tanzrhythmen.

Zugleich ist jeder Carmen-Gesang eine neue Maske, Spiegelung des Mannes, zu dem sie spricht: die rezeptive Natur des Weibes ist mit unheimlicher Realistik geschildert im Wechsel ihres Tones gegenüber den Spaziergängern, José, Zuniga, den Schmugglern, Escamillo. Immer ist sie eine andere, ist der Klang der Stimme, die Führung der Melodie, das Temperament, das Tempo wechselnd innerhalb einer geringen stimmlichen Substanz. Ganz aus sich selbst spricht sie nur im resigniert den Umkreis der Stimme auf- und abschreitenden Kartenlied, darüber hinaus im dramatisch akzentuierten ariosen Dialog des letzten Aktes. Die mimische Bedeutung des Stimmwesens, seine eigentliche schauspielerische und charakterbildende Funktion ist noch nie derart konsequent, mit ähnlicher Geringschätzung aller im gewohnten Sinne gesanglichen Qualitäten herausgestellt, die Erfassung der Frau als eines Urdämons noch nie ähnlich aus den Besonderheiten des Organes begründet worden. Man erkennt den Unterschied, wenn man diese Carmen vergleicht mit den übrigen singenden Frauen des Werkes: Frasquita, Mercedes, Micaëla. Sie alle sind Sängerinnen, die in klaren Beziehungen stehen zu der üblichen Art der Stimmtypisierung. Carmen bleibt ausserhalb dieser Reihe. Eben deshalb ist sie die vollendete Erfassung eines Elementarwesens aus der spielmässigen Gestaltungsmöglichkeit der Stimme.

Die beiden Männer sind durch das Wesen der Hauptfigur bestimmt. José, der durch leichte Höhe und schmeichende Weichheit des Klanges gewinnende französische Tenor, wird hier durch das aufreizende Temperament der Frau aus der Passivität des Erleidens heraus zur lebendigen Menschlichkeit leidenschaftlichen Handelns aufgepeitscht. Der tierische Schrei steht am Endpunkt der Gesangslinie, und die letzte grosse Duo-Szene des Paares endet im gesprochenen, also ton- und klanglos gewordenen Wort.

Weniger aktiv ist der Bariton geraten. Er steht hier nicht als handelnde Kraft, nur als einfache Tatsache. Sein Lied, auf simple Marschmelodik gebaut, ist lediglich refrainartiges Wahrzeichen jeder Handlungsdrehung, seine Wirkung die der naturhaften Männlichkeit des Baritons gegenüber dem das empfindsame Ausnahmewesen kennzeichnenden Tenor. Die weitere Umgebung ist nur skizziert: die Bassgestalt des gefoppten Liebhabers Zuniga, die aus einstigen Buffotypen ins pfiffig Seriöse gesteigerten beiden Schmuggler, die beiden anderen Zigeunermädchen. Die Art aber, wie sie als Milieucharakteristik eingesetzt werden, erhebt sie von spielmässigen Behelfsmitteln zu organisch belebten Typen.

Es ergibt sich eine neue Art der Ensemblegestaltung. Sie wird nicht mehr aus den führenden, sondern aus den Nebenerscheinungen gewonnen. Im Quintett, dem Hauptensemble des Ganzen, ist von den Trägern der Handlung lediglich Carmen, und auch sie zunächst nur als Füllstimme beschäftigt. Das Stück steht in keiner unmittelbaren Beziehung zu dem Geschehensinhalt des Werkes, es ist auch nicht, wie bei Verdi oder bei Gounod, eine Zusammenziehung der Grundkräfte. Vom äusserlich dramaturgischen Standpunkte gesehen, wäre es nur eine effektvolle Einlage. Ihre einzig wichtige Mittelepisode – Carmens Verweigerung der Teilnahme an der Schmuggleraktion – könnte ebenso ausserhalb dieser Umrahmung stehen. Diese Einschachtelung eines Handlungsteiles entspricht der von Carmens Kartenlied im Frauenterzett des 3. Aktes. Die Bedeutung dieses Ensembles aber im Hinblick auf Atmosphäre und psychologische Voraussetzungen der folgenden Geschehnisse ist so wichtig, dass sein Fehlen nicht vorstellbar ist ohne Störung des Gesamtablaufes. Gerade im Quintett verdeutlicht die Sonderbehandlung der Stimmen im gleichmässig hastigen Flüsterton jene Steigerung des zwangsläufig Schicksalhaften, das die Ereignisse lenkt. Im gleichen Sinne einer Fassbarmachung des Handlungsklimas ist auch der Chor gestaltet, am ausführlichsten im 1. Akt, vielfach aufgeteilt, als Kinder-, Frauen-, Männerchor in zahlreichen Einzelgruppierungen: Spaziergänger, Soldaten, Zigarettenarbeiterinnen, niemals zur Massenwirkung zusammengefasst. Erst das konventionell gesteigerte Finale des 2. Aktes bringt einen Total-Chorklang mit opernhaftem Ensemblecharakter. Er wird in den Schmugglerchören des 3. Aktes als Stimmungsunterlage beibehalten, im Marsch des 4. Aktes wieder auf singend introduzierende Klang-Statisterie beschränkt. Beim Erreichen dieses Punktes hat der Chor seinen Zweck als klanglicher Beleuchtungskörper erfüllt. Jetzt geht es nur noch um Mensch und Mensch, die Masse verschwindet.

Besonders subtil ist das Orchester behandelt, innerhalb des Orchesters wiederum die Holzgruppe. Jede Art von Massenwirkung fällt fort, wo sie gelegentlich auftritt, namentlich in den Escamillo-Szenen, wird sie sofort als beabsichtigter Gegensatz spürbar. Dieses Orchester ist weder handlungsführendes Element der Harmonie, noch ordnet es sich begleitend der Singstimme nach. Es ist gleichsam Licht und Luft, in der die Menschen der Handlung leben und atmen. Es ist nicht gedanklich reflektierend, aber von Ahnungen und plötzlichen Erkenntnissen durchzogen. Es schweigt in Momenten äusserster Handlungsspannung, beschränkt sich auf wenige rezitativische Akkorde, um dann wieder die Singstimme in vehementem Ausbruch zu stützen und zu steigern. Das harmonische, das kammermusikalische, das koloristische Element sind in gleichem Masse vertreten, gebändigt und bestimmt aber durch das Gebot intensivster Zusammendrängung des Ausdruckes. Eben auf dieser fast aphoristischen Konzentration, der Vermeidung jeglicher Floskel und Phrase beruht die Drastik und Schlagkraft dieses Orchesters. Der Eindruck des nicht völlig Ausgesprochenen, nur durch scharfes Schlaglicht Angedeuteten bestimmt die Totalwirkung. Die Einzelflöte, der einzelne Trompetenklang ist nicht mehr Solo im alten Sinne. Er ist Abbreviatur eines eigentlich voller gemeinten Klanges, der hier nur durch seine wesentlichste Farbe angedeutet wird. Nur innerhalb eines derart gereinigten, fülligen und zugleich transparenten Orchesterklanges konnte sich die französische Singstimme frei und selbständig klingend bewegen.

Gewiss wäre es eine Übertreibung, zu behaupten: dieses alles und damit der Totalbegriff dessen, was „Carmen"-Stil für die Oper bedeutet, sei entstanden aus dem Modell einer Frauenstimme, aus dem Willen, ihr in Sprache und Gesang, Charakter und Handlung den Ausdruck zu geben, der die produktivste Ausnützung ihrer Möglichkeiten bietet. Im Hinblick auf die irrationalen Bedingungen des Schaffensprozesses aber verhält es sich doch so. Erst von solchem ideellen Zentrum aus war der Aufbau eines Werkes möglich, das in seiner schlichten Wahrhaftigkeit als in jeder Faser national charaktervoll gelten muss, wie kein anderes französisches Werk zuvor. Diese Frauenstimme ist mit all ihren Vorzügen und ihrer Begrenztheit der musikalisch sensitive Grundtyp einer Nation. In der Eigentümlichkeit ihres Klangwesens ist sie wie keine andere geeignet für den Ausdruck der Mischung von Schwermut und Frivolität, Sinnlichkeit und Todesverachtung. So ist sie ein ins Weibliche übertragener Don Giovanni, von gleicher Unbändigkeit des Temperamentes erfüllt wie das Vorbild. Erst die Erkenntnis dieser tiefsten Antriebe führt zur Erkenntnis vom Wesen des Werkes, lässt es begreiflich erscheinen, dass eine gewiss genial konzipierte und meisterhaft ausgeführte, als Kunstschöpfung im engeren Sinne jedoch keineswegs vereinzelt stehende Schöpfung diese welterobernde Ausnahmegeltung als Phänomen der Opernbühne erlangen konnte.

Zeitlich und dem Erfolge nach am nächsten an „Carmen" stehen „Hoffmanns Erzählungen". Offenbach, fast 20 Jahre älter als Bizet, hat diesen noch durch ein Preisausschreiben entdecken helfen, und ihn dann um mehrere Jahre überlebt. Er hat vermutlich auch „Carmen" noch gehört, dagegen nicht mehr sein eigenes einziges Werk auf dem Gebiet der lyrischen Oper. „Hoffmanns Erzählungen" erschienen erst nach Offenbachs Tode, 1881, sechs Jahre nach „Carmen" auf der Bühne. Sie haben einen ähnlichen Siegeslauf genommen, wenn sie auch nicht von gleicher typisierender Kraft erfüllt sind, ihr Umkreis daher kleiner bleibt. Innerhalb dieses Kreises aber zeigen sie das gleiche Gesetz der Veranschaulichung und Gestaltung, die gleiche Einteilung der Erscheinungen und Temperamente. Was ihnen gegenüber „Carmen" abgeht an Animalität und Ursprünglichkeit, ersetzen sie durch Feingliedrigkeit der Innenorganik. Die Grundidee der Stimmen-Handlung ist auch hier wirksam, deutlicher fast noch als in „Carmen" bleibt alles übrige Episode. Der Chor hat nur Rahmenfunktion, eine Besonderheit des Werkes beruht auf der Behandlung der drei Mittelakte als traumhafter Erzählungen, die von der präludierenden und epilogisierenden Chorszene umschlossen werden.

Hiermit hängt zusammen die tragende dramaturgische Idee der Stimmenwandlung der Frau. Sie erscheint in drei je einaktig gefassten Gestalten, die zusammen alle dem Wesen der lyrischen Oper zugehörigen Typen zeigen: die Koloratur-Soubrette, die dramatisch akzentuierte Mezzo-Soubrette, die lyrisch sentimentale Soubrette. Damit ist das Wesen der Frauenstimme umschrieben, die dem Begehren des sensualistischen, der Hörigkeit verfallenen Tenor-Mannes vom Faust-José-Typ entspricht. Er bleibt stets der gleiche gegenüber allen Metamorphosen des Weibes. Veränderlich dagegen, gleich der Eva-Wandlung, ist die andere männliche Gegenerscheinung, der Bariton. Hier wird er mit einem mephistofelischen Einschlag als Lenker und Nutzniesser des Geschlechterspieles, als Dämon der Begehrlichkeitsweckung wie des Trennungsgebotes, als böser Zauberer des Liebestruges erfasst. Fast gleicht er den Verdischen Baritontypen, nur steht er nicht wie Jago ausserhalb der Region des Weibes, sondern innerhalb ihrer, aber als der wahre Gebieter über Leben und Tod, Erfüllung und Enttäuschung.

Die Konzeption dieser Gestalt wie die der dreifachen Frauen-Spiegelung gehört zu den eigentümlichsten Schöpfungen einer Phantasie. Aus den ständigen Verwandlungen der Erscheinungen gewann sie immer wieder neue Anregungen und war damit gleichzeitig der Notwendigkeit einheitlicher Durchführung überhoben, für die Offenbachs Kraft kaum ausgereicht hätte. Damit verbunden ist jenes Zwielicht der Grundstimmung, das gegenüber der tragischen Realistik der „Carmen“ -Handlung den Schimmer tragikomischer Phantastik gibt. Wiederum ist die Idee der ständigen Gleichheit in der Vielheit des Erscheinungslebens, der Gedanke der steten Wiederkehr und des Gattungshaften im Ausdrucksleben der Oper niemals so unverhüllt und naiv zum Gestaltungsprinzip erhoben worden, wie in diesem Werk. Dadurch erhält es über die eigene Bedeutung hinaus als Formprinzip symbolische Geltung.

Es fällt auf, dass alle Werke der lyrischen Oper entweder unmittelbar oder mittelbar der Dichtung entnommen sind: „Faust“, „Mignon“, „Werther“, sind Goethe-Entlehnungen, „Carmen“ ist einer Mérimée-Novelle nachgebildet, „Hoffmanns Erzählungen“ sind eine Art Anthologie um die Gestalt des Dichters selbst. Sicher waren die Urheber dieser Bearbeitungen urteilsfähig genug, um den Abstand ihrer Fassungen gegenüber den Originalen zu erkennen. Aber sie empfanden keine Veranlassung, sich Skrupel darüber zu machen. Der Gedanke einer Vergleichung im literarischen Sinne lag ihnen fern. Wesentlich waren nur zwei Erfordernisse: zunächst die Liebeshandlung in der Konstellation der Frau zwischen zwei Männern. Sodann eine von besonderen Stimmungsreizen erfüllte Umgebung, geeignet, die Drei-Personen-Handlung als Eifersuchtsgeschehen schicksalhaft mit der Aussenwelt zu verflechten, den Menschen als Produkt seiner Umgebung erscheinen zu lassen. Massenet hat diese fatalistische Verknüpftheit in „Manon" hervorgehoben. Dieses Werk gehört, wie mehr noch alle sonstigen Schöpfungen Massenets, dem französischen Ausdruckskreis so unmittelbar an, dass eine Übertragung kaum möglich ist, zum mindesten die besonderen Qualitäten schädigt. Über diese Einschränkungen hinweg, die verbunden sind mit der zart amourösen Erotik, bleibt aber das Gestaltungsproblem als solches unverändert. Nur drängt die Drei-Personen-Handlung mehr zur Zwei-Personen-Handlung, Sopran und Tenor. Die Bariton-Funktion wird nach aussen in die störende Intrige verlegt. Wichtig ist an den Werken Massenets wie auch des Saint-Saëns die zunehmende Neigung zum melodisch ausgesponnenen Gesang, die damit verbundene Melodisierung der Wort- und Sprachbehandlung. Sie wird zu immer zarterer Gefühlsabstufung getrieben, weil das Singvermögen der französischen Stimme nur in dieser zunehmenden Lyrisierung musikalisch und klanglich standzuhalten vermag. Hier ist einer der Wege, die zu Debussy führen, so fern im übrigen die mit der Verfeinerung zugleich wieder ins Konventionelle abgleitende Tonsprache Massenets einer Erneuerung stand.

3.

Das Prinzip der Lyrique, wie es sich in der französischen Behandlung entfaltete, war nicht sonderlich wandlungsfähig. Es musste von der Wahrhaftigkeit Bizets bald wieder in einen neuen kunsthaften Illusionismus hineinführen, wenn es nicht gelang, die gegebenen Typen kräftiger auszubauen und dadurch neue Steigerungen zu finden. Hierfür aber war die französische Stimme nicht ausreichend expansiv veranlagt. Die französische Oper war daher auf Verfeinerung des seelisch Gefühlsmässigen und immer stärkere Einbeziehung aller atmosphärischen Elemente gerichtet. So gelangte sie mit Debussy schliesslich in eine Region ätherischer Zartheit, die den Gegenpol der naiven Unmittelbarkeit Bizets bedeutet und damit auch den Kreis der Aussenwirkung beträchtlich einengt.

Anders war der Eindruck des gegebenen Beispieles auf Italien. Hier lagen keinerlei Hemmungen vor, weder des Organes, noch des Temperamentes, noch des Spielwillens. Im Gegenteil, die Stimme wollte mehr singen. Je stärker die Leidenschaft erregt wurde, um so lebendiger und wohler fühlte sich das Gesangs-Temperament, und um so drastischer äusserte sich der Spielwille. Diese Leidenschaft, diese Naturnähe des Erlebens, wie sie Bizet gezeigt hatte, waren nötig und wurden gesucht. Alles mit der herkömmlichen Oper verbundene Beiwerk dagegen, namentlich die langausgesponnene, mühsam vorgetriebene Handlung wurde als hinderlich empfunden. Wesentlich war nur das Kampfspiel dreier Stimmen, wie es die Lyrique vorgebildet und wie es ähnlich der alte Verdi im „Othello" gestaltet hatte. Auch hier die eine Frau zwischen zwei Männern, von denen der Stärkere freilich nicht Liebhaber, sondern Dämon war, für den die Frau nur Objekt bedeutet. Aber die künstlerische Konzeption war die gleiche wie bei den Franzosen. Nur das Milieu hatte Verdi verschmäht, weil die Leidenschaften bei ihm zu stark waren, um noch andere Faktoren gelten zu lassen. Dieses Milieu indessen war für die Nachfolgenden als Farbe wichtig. Im übrigen begnügte man sich mit primitiven Grundzügen. Durchbildung der Handlung war Nebensache, sie gehörte nicht zur Oper. Diese sollte wieder einmal nur durch Stimme wirken. Das war möglich, sobald man nur die natürliche Leidenschaft sprechen liess. Um so sicherer musste die Wirkung sein, je unmittelbarer diese Leidenschaft dem Leben entnommen war. Jeder historische Stoff bedurfte der Erklärung. Die Wirklichkeit erklärte sich selbst, und die aus ihr kommende Leidenschaft musste jedem sofort verständlich sein.

Es entsteht aus der künstlerischen Wahrhaftigkeit Bizets und der Realistik des späten Verdi die veristische Oper. Sie ist gekennzeichnet durch Reduzierung alles Handlungsmässigen auf die Form des einaktigen Spieles, Einschaltung der Chöre nur zu episodischen Einzelwirkungen pittoresker Art und Situationscharakteristiken, Auslassung alles sonstigen Beiwerkes, Konzentration des Spieles auf die drei Stimmen der lyrischen Oper. Jetzt aber sind es italienische Stimmen. Je stärker ihre Leidenschaft durch die Echtheit des Bühnenerlebens erregt wird, um so mehr schwillt die Stimme an. Sie sprengt die Grenzen auch des Realismus eines Verdi, sie versucht den äussersten Affekt unmittelbarer Erregtheit noch im Klang zu erfassen. Die Handlungsführung ist darauf gerichtet, diese äussersten Affekte in möglichst schneller Steigerung aufeinanderfolgen zu lassen, so dass sie sich immer wieder überbieten. Dabei werden alle erdenklichen Mittel angewendet, um den Hörer unmittelbar zu ergreifen. Er muss von der Wirklichkeit der Handlung erschreckt, gerührt, muss mitbeteiligt sein wie bei einem Strassenerlebnis. Sogar Ort und Datum der garantiert wahren Begebenheit wird ihm mitgeteilt, er kann in der Zeitung nachprüfen. Der Verismus macht dies möglich. Zudem sind die Charaktere einfach, alltäglich. Was ihnen geschieht, kann jedem einzelnen geschehen, auch dieses Bewusstsein steigert die Eindringlichkeit der Wirkung. Entscheidend aber ist die Typisierung der Gestalten aus der Leidenschaftsgewalt, Kraft, dynamischen Ergiebigkeit und gleichzeitig gefühlhaften Geschmeidigkeit des Stimmcharakters. So entstehen Gestalten wie Santuzza, Turridu, denen sich Alfio als treibende Ergänzung anfügt, ähnlich, wenn auch in der sonstigen Umgebung nicht gleichwertig ausgestattet, Canio und Tonio. Es ist der Reingehalt der Lyrique, vom „Othello“ her gesehen und mit beabsichtigter, freilich begabungsmässig nicht anders möglicher Kunstlosigkeit ausgestattet.

Die geistige Bedürfnislosigkeit dieses Stiles musste sich bald am Mangel jeglicher Expansionskraft erweisen. Die einaktige Form war im Grunde nicht Konzentration, sondern Notbehelf der Gestaltungsarmut, die Verwendung der Stimmtypen primitive Gegenüberstellung gegebener Muster ohne innere Verknüpfung. Puccini ist der einzige unter den Jungitalienern, der über die Erfindungsbegabung hinaus Sinn für das innere Gesetz der Sing- und Spielhandlung hat, für Aufbau und Gestaltung, für die Bedeutung des Charakters als einer erst in der Ausbreitung sich enthüllenden und wachsenden Kraft. Gleichwohl ist er eine epigonale, eine abschliessende Erscheinung. Es liegt daher ausserhalb seines Vermögens und auch seiner Absicht, neue, eigene Typen zu finden. Wohl aber vermag er die vorhandenen zu der für ihn geeigneten Form zusammenzufassen. Aus künstlerischer Mittlerschaft zwischen italienischer Kraft und französischer Empfindsamkeit entsteht ein neues romanisches Muster. Die Einwirkung Wagners wird dabei namentlich in der freien Behandlung der Harmonik spürbar. Es ergibt sich ein nicht internationaler, wohl aber weltmännisch romanischer Spieltyp. Er erlangt um so schneller allgemeine Geltung, als er an keinerlei bekenntnismässige Voraussetzungen gebunden ist, sondern ausgesprochen konversationelle Züge trägt.

Puccini übernimmt zunächst die Typisierung der Charaktere wie des Handlungsablaufes von der lyrischen Oper, in seinem zweiten Werk, „Manon", berührt er sich sogar unmittelbar mit Massenet. Er behält, mit einer Ausnahme, den soubrettös sentimentalen Diminutiv-Frauentypus bei. Der Bariton bleibt der eifersüchtige, verschmähte oder intrigante Liebhaber. Niemals, nicht einmal in der dämonischen Faunsmaske Scarpias, wird er dem grossen Format des Verdi-Baritons vergleichbar. Auch der Tenor hält sich im wesentlichen innerhalb des lyrischen Gebietes. Nur Cavaradossi stürmt im Augenblick äussersten Affektes in das Heroische hinüber, ohne diese Linie zu halten. Es bleibt also durchweg der Grundriss der Lyrique, von Stimmungselementen des Milieus vielfach durchsetzt und koloristisch aufgeputzt.

Aber diese im Französischen klanglich so zarten, durchsichtigen Gestalten erhalten jetzt einen für ihre Physis fast überreichen Zuschuss an vokaler Substanz. Sie werden zudem pathologisch aufgefärbt, um den Organen durch Beimischung des Leidensvollen eine neue Klangnüance zu geben. Mimi ist schwindsüchtig, bei Butterfly bringt das japanische Kolorit die pittoreske Färbung. Nur Tosca steht gewissermassen frei im Raum. Sie ist Puccinis Verdi-ähnlichste oder -nächste Gestalt. Sie ist selbst Sängerin. Als solche bedarf sie keines anderen Kolorits als dessen, das ihr die natürliche Leidenschaftlichkeit der besonders reizbaren künstlerischen Frau gibt. Dieser Mangel an Parfüm lässt hier Puccinis naturhaftestes, musikalisch reichstes und reifstes Werk entstehen. Dass es gleichwohl nicht der Folterkammer- und Hinrichtungseffekte entbehren kann, zeigt die Begrenztheit dieser Kunst, ihren Bedarf an möglichst krass gefasster Naturalistik. Aber Puccini bleibt nicht, wie Mascagni und Leoncavallo, bei solchen Augenblickswirkungen stehen. Aus dem affektuösen Aufschrei der Stimme wächst die neue Melodie, die grosse Kantilene. Sie wird gesteigert durch die mit virtuoser Leichtigkeit hingeworfene Harmonik, Koloristik und Dynamik des Orchesters.

Auch sie beruht auf der subtilen Erfassung des augenblicklichen Affektes aus der Reaktion der Nerven, auf der Sprunghaftigkeit im Wechsel des Geschehens. Sie ist gelegentliche Ergänzung der Singstimme, wiederum niemals Führung. Äusserstenfalls wird sie unmittelbarer Reflex, Klangspiegelung des optisch handlungsmässigen Eindrucks, springt nicht sofort in das Wort über, sondern in die seelische Gebärde, ist Luft, Perspektive, Hintergrund. Dieses Orchester wechselt unablässig in seinen Einzelfunktionen, aber es gedenkt dabei stets des Hauptgebotes: niemals die Stimme zu verhüllen. Es bleibt Kostüm der drei grossen Stimmtypen. In ihnen stellt sich für diesen letzten Opern-Italiener des 19. Jahrhunderts das Leben und das Spiel des Lebens dar, soweit und wie es aus der singenden Stimme heraus darstellbar ist.

Puccini hat ausser seinen drei Hauptwerken „Bohème", „Tosca", „Butterfly" vor der unvollendet gebliebenen „Turandot" noch eine Buffa – als Teil einer Trilogie – geschrieben: „Gianni Schicchi". Es ist ein merkwürdiger „Falstaff"-Nachklang mit der Zentralgestalt des Baritons und dem um sie gruppierten, in Arabesken aufgelösten Ensemble, das letzte Dokument eines rein aus der Sprache schöpfenden Ensemble-Parlandos, in das die melodischen Gesänge des Liebespaares fast wie Parodien eines Jugendtraumes verloren hineinklingen. Dieses Werk erweist Puccinis hohe Künstlerschaft, wie sie sich ausserhalb der ihm durch seine geschichtliche Stellung auferlegten Schaffensbedingungen an einem frei gewählten Thema dokumentiert. „Schicchi" ist zeitlos, aber auch ohne aktuellen Reiz, wie alles Zeitlose, ein reines Phantasiespiel.

Innerhalb seiner Zeit steht Puccini als Vollender der lyrischen Oper, wie sie sich aus der Durchdringung mit den Elementen des italienischen Gesanges gestaltete. Nahm er dabei wichtige Anregungen Verdis als der einzige zur Nachfolge Berufene auf, so unterschied er sich doch in einem Punkte von Verdis Schaffensart. Für Puccini ist stets die Frau das schöpferische Zentrum. Sie ist nicht nur, wie Carmen, die Initiativkraft. Sie dominiert auch in Gesang und Handlung in so zunehmendem Masse, dass die Männer-Erscheinungen schliesslich, wie in „Butterfly", nur noch Staffage sind, bestenfalls die Möglichkeit geben, ein Duett mit ihnen zu singen. „Tosca" hält auch in dieser Beziehung noch scheinbar eine Mittellinie, und „Bohème" bringt aus dem Stoff heraus Abwechslung durch kleinlebige Ensembles. Aber auch in diesen Werken ist der Stil des Gesanges und der Melodik durch das Gefühlsleben der Frau und den Typus ihrer Stimme bedingt. An diesem Feminismus der Konzeption zeigen sich die grossen kulturellen Zusammenhänge, die das Theater Puccinis näher an die französische Lyrique stellen als an den einer anderen Welt angehörenden Verdi. Sie ziehen gleichzeitig eine geistige Verbindung zwischen dieser französischen Oper und dem Theater Richard Wagners.

4.

In Frankreich hatte man inzwischen Wagner gründlich kennen und soweit bewundern gelernt, wie dies der Opéra-Teil des französischen Geschmackes zuliess. Der andere, nicht von den Akzenten des Pathos, der Rhetorik und der Geste, sondern vom Klangelement der Sprache bestimmte Teil widerstrebte dem Fremdländischen wie auch dem Gestaltungsziel dieser Kunst. Er suchte das natürliche Gesangsvermögen der eigenen Sprache dagegen zu mobilisieren. Die Lyrique war eine solche Gegenerscheinung. Aber ihr fehlte ungeachtet der organischen Anpassung von Sprache und Stimmcharakter die unmittelbare Ableitung der Stimmlinie aus der Sprache. Die Lyrique blieb stets um Eingliederung des Sprachelementes in die gegebene Formstruktur der Musik bemüht. Man respektierte immer wieder die Sondergesetzlichkeit des musikalischen Organismus, die zwar zum Teil auf dem periodisierten Lied, zum grössten Teil aber auf der primär tanzhaft bedingten Instrumentalmusik beruhte. Die Kultur dieser musikalischen Formorganik war den westeuropäischen Musikvölkern so tief in das Bewusstsein gedrungen, dass es nicht möglich schien, ausserhalb solcher Schematik der

Periodisierung, Harmonisierung, Rhythmisierung eine lediglich sprachbestimmte Form gesanglich zu gestalten.

Was aber dem kultivierten Westeuropäer selbst bei gut revolutionärer Gesinnung nicht möglich wurde, das vollbrachte in naiver Unbefangenheit, nur unter dem Gebot der Notwendigkeit, ein Russe, Mussorgski. Er war nicht Musiker vom Fach, darum technisch unbelastet. Er war der Meinung, dass Gesang nicht aus der symmetrisch stilisierten europäischen Instrumentalmusik, sondern aus der Gesetzmässigkeit der Nationalsprache hervorgehen müsse. So schrieb er nach mehreren anderen Versuchen als sein Hauptwerk die Geschichte vom Boris Godunow. Der Wille zur deklamatorischen Melodisierung der Sprache war grundlegend und schöpferisch. Mussorgski geht dabei nicht, wie Wagner, vom einzelnen Wort aus, sondern vom Satzgefüge. Er formt es zu einer Art rezitativisch gegliedertem Arioso. Hierfür freilich war die leichte und naturhafte Sangbarkeit der russischen Sprache Voraussetzung. Gibt es doch nächst der italienischen keine Sprache, die der Auflösung in den gesungenen Klang so entgegenkommt, wie die russische, und dabei namentlich in den Männerstimmen mit einem ähnlich ergiebigen Material rechnen kann. Formale Anlehnungen für seine Gestaltungsart fand Mussorgski im russischen Volkslied, für die Behandlung des Sprachmelodischen und der Harmonik im russischen Kirchengesang.

So entstand aus verschiedenen Anregungen ein Werk, dessen Mittelpunkt der herrschende Mann als Bariton ist. Hier aber steht er nicht in irgendeinem psychologisch bedingten Sonderverhältnis zu Einzelerscheinungen der Aussenwelt. Er ist wirklich das Zentrum, Inbegriff der schaffenden Kraft, die von hier nach den verschiedensten Richtungen der Frauen-, namentlich aber der Männer-Ensembles ausstrahlt. Ihre Gegenkraft ist der Chor, für den Mussorgski wiederum in der nationalen Volksmusik das Vorbild fand. So beruht dieses Spiel nur auf dem Wechsel der in mannigfaltigste Bewegtheit aufgelösten Chorhandlung und der heroischen Verbrechererscheinung des Boris. Die Liebeshandlung im Sinne der Lyrique wird auf eine episodische Intrige von bewusst konventioneller Haltung, den sogenannten Polenakt, beschränkt. Die dem Boris äusserlich entgegenstehende Tenorgestalt des falschen Demetrius bleibt peripherisch, Behelf zur spielmässigen Entwicklung, und verschwindet allmählich. Als einzige bedeutungsvolle Gegenstimme des Hauptspielers bringt die abgeklärte Basserscheinung des Evangelisten-Mönches Pimen die chronikenhaft umrahmende Einleitung und abschliessende Vollendung der Historie.

Dieses merkwürdige, ausserhalb des normalen Geschichtsverlaufes stehende Werk wurde bereits 1874, also ein Jahr vor „Carmen", in Petersburg aufgeführt. Erst mehrere Jahrzehnte danach wurde es im westlichen Europa bekannt, zunächst in Frankreich, während es nach Deutschland am spätesten, erst 40 Jahre nach der Uraufführung, gelangte. Neuartig für Westeuropa war zunächst der Bewegungsreiz der östlichen Melodik und die fremdartige Fülligkeit der Harmonik, darüber hinaus die scheinbar primitive, doch tief gesetzmässige Handhabung der sprachmelodischen Formung. Hier war ein Weg gewiesen, der Stimme und Sprache zugleich freie Bahn gab. Er liess Gesang aus Sprache entstehen und ihn doch sich frei aussingen, gleichsam zu einer Sphäre oberhalb des Wortes sich verfeinern, ohne den Klang gedanklich zu belasten.

Diesen Weg ging Debussy, der originellste unter den französischen Musikern seit Bizet. Er ist dessen eigentliche Gegenerscheinung, Personifizierung jenes rein gallisch lateinischen Wesens, das in der Neigung zu ätherischer Zartheit und Abstufung der Empfindungen unmittelbar dem französischen Boden und französischen Klima angehört. Den Grundriss wählte Debussy entsprechend dem Muster der Lyrique: das Drei-Personen-Werk als Eifersuchtsspiel zweier Männer um die Liebe einer Frau. Je mehr aber Geist und poetischer Wille der Sprache das musikalische Geschehen bestimmen sollten, um so mehr mussten sich die Umrisse der Gestalten verflüchtigen, mussten die äusseren Ereignisse der Realität entkleidet, auf symbolhaftes Geschehen zurückgedrängt werden. Um so mehr musste vor allem die Individualcharakteristik als Selbstzweck verschwinden. Nur noch das Beziehungsleben zwischen diesen Erscheinungen konnte Gegenstand der Darstellung sein. Die Sprache galt nicht mehr als Mittel der Zusammenballung und Affektverhärtung, sondern der Aufhellung nach innen. Die Musik musste diesen Prozess der seelischen Durchleuchtung fortsetzen, indem sie den Vorgang der Ätherisierung des Wortes weiter steigerte.

Maeterlincks Dichtung von „Pelleas und Melisande“ bot hierfür die richtige dichterische Unterlage: ein letztes, feinstes Erosspiel, das den Körper der geliebten Frau kaum noch wünschend berührt, nur ihr Haar streichelt, dabei aber wortlos die Seele sich so tief zu eigen macht dass in Wirklichkeit der wildeste Sinnenrausch geringfügig erscheint gegenüber dieser in leiseste Regungen gehüllten Vereinigung der Seelen. Die Ereignisse vollziehen sich wie tief auf dem Meeresgrund, unsichtbar, dort mit tierischer Grausamkeit. Aber die sichtbare Oberfläche der Musik, tief innerlich von diesen Geschehnissen bewegt, zeigt nach aussen nur noch leise Reflexe. Es ist in dieser Art ein Idealbild gerade der französischen musikdramatischen Schöpfung. Eben hier singen die Stimmen das, was ihrem Singvermögen gemäss ist. Sie bewegen sich in einer Ausdrucksregion rein lyrischen Empfindens, es gibt keine Beimischungen anderen stofflichen Wesens mehr. Die Lyrik der weichen, sehr biegsamen und feinen, aber keiner Kraft fähigen Frauenstimme erscheint in den psalmodierenden Gesängen der Melisande auf das vollkommene Grundmass zurückgeführt. So gibt sie das Schönste und Sublimste, dessen der Klang der französischen Frauenstimme fähig ist. Ähnlich gelangt das Wesenhafte des so verschieden gestuften Männlichen zu einer äussersten Steigerung: im unwissentlich begehrenden und geniessenden tiefen Tenorklang des Pelleas, wie in dem, sein Besitzrecht brutal wahrenden, dabei von Qual und Unsicherheit gepeinigten Golo. Der Pimen-Bass des Königs Arkel ergänzt die Haupterscheinungen.

Zweifellos ziehen sich von dieser Handlung aus Verbindungen zu „Tristan und Isolde“, wie auch Debussys Musik trotz ihrer bewussten Eigenhaltung erfüllt ist von Wagner, namentlich von „Parsifal“-Anklängen. Das sind die Symptome der grossen geistigen Zusammenhänge. Ihnen sich entziehen wollen, wäre zweck- und sinnlos, wie andrerseits ihr Vorhandensein und ihre Erkennung nichts zu tun hat mit der Wertung geistiger Selbständigkeit. Die Bindung zu Wagner ist oppositioneller Art, darum aber nicht minder wichtig als die zu Mussorgski, die zugleich eine Rückkehr über Gluck hinaus zu der alten nationalen Kunst Rameaus erstrebt.

Zu Rameau führt auch Debussys Einbeziehung besonderer harmonischer Funktionen. Den Chor Mussorgskis verwendet er nicht.

Er löst ihn gewissermassen auf in eine Harmonik, die jene Sublimierung des Wortes und der seelischen Geste, jenen Ätherisierungsvorgang bis zum letztmöglichen Grade steigert. Auch dieses Orchester ist das Gegenteil des Wagner-Orchesters, das die Verdeutlichung und psychologisierend gedankliche Kommentierung des Geschehens gibt. Bei Debussy erfüllt sich die französische Bedeutung des harmoniegebenden Orchesters als der Atmosphäre der Stimme. Die in neuartige, östlich fremde und mittelalterliche Zusammenklänge geschichtete Harmonik Debussys gibt eine in verschwimmenden Klangbrechungen schimmernde Luftspiegelung des hiergegen noch erdhaft wirkenden gesungenen Wortklanges. Gleichwohl steht über diesen Gegensätzlichkeiten der Absichten die oft frappante Übereinstimmung der Mittel gerade der wagnerischen und neufranzösischen Harmonik. So behauptet sich auch hier über der Verschiedenheit der geistigen Individualisierung die organische stoffliche Verbundenheit der Zeiterscheinungen.

„Pelleas" erschien 1902, zwei Jahre später als „Tosca" und Charpentiers „Luise". Auch diese ist ein Werk typisch gallischer Art. Eine ins Pariserische übersetzte und bürgerlich zivilisierte Carmen ist Mittelpunkt, Liebhaber und Vater sind Begleiter, gut getroffen in der Erfassung der Typen, aber zu stark an das Lokalkolorit gebunden und ohne durchgreifende Expansivkraft der Musik. Auch Dukas' „Ariane und Blaubart", in der musikalischen Konzeption erdhafter als Debussys „Pelleas", erreicht nicht die repräsentative Bedeutung dieses einzigen und unnachahmlichen Werkes. Mit ihm geht eine grosse Epoche schöpferischen Eigenlebens der französischen Oper zu Ende, wie mit dem nach aussen stärker wirkenden, dabei als Künstlererscheinung ähnlich wichtigen Puccini die italienische romantische Oper zu einem Abschluss gelangt. Beide enden in der Gattungsform der lyrischen Oper mit ihrer Ausprägung der Drei-Personen-Handlung, der Eifersucht als Spielmotor, der entscheidenden Bedeutung des Milieus als handlungsbestimmenden Elementes. Charaktere besonderer Art fehlen, ebenso Probleme ausser- und oberhalb der Menschen. Die Beziehungen spinnen sich gleich unsichtbaren Fäden. Sie ziehen die Nahrung aus der Luft, und die scheinbar handelnden Menschen sind nur noch Auffangevorrichtungen und Äusserungsorgane. Diese Beziehungen kreisen immer um das Thema des Kampfes der Männer um die Frau. Die einzige Santuzza ausgenommen ist das Weib stets die Begehrte, und die Handlung erschöpft sich darin, sie in steigendem Masse begehrenswerter, gleichzeitig schwieriger erreichbar erscheinen zu lassen. Daraus ergeben sich die Momente der Anspannung und der Weiterentfaltung der Stimmen. Sie drängen stets zum Affekt. Er ist das Belebungsmittel auch für die Form, daher bleibt sie dem Naturalismus verbunden. Eine Ausnahme macht die Kunst Debussys, die sich in immer wirklichkeitsfernere Verflüchtigung auflöst, gewissermassen als bewusste Gegenerscheinung des affektbestimmten Naturalismus.

Mit diesen beiden Schlusserscheinungen ist die letzte produktive Konsequenz aus dem Schaffen Verdis, Bizets und Mussorgskis gezogen. Was dem romanischen Geist an Wagner-Anregungen verarbeitungsfähig schien, ist gleichfalls aufgenommen. Die italienische, französische, zugleich die beiden verbundene slawische Oper ist an einen Endpunkt gelangt, von dem aus nur noch die Wiederholung der Typen möglich wird, nicht mehr ihre produktive Weiterbildung. Eine neue, wesenseigene Gattung ist durchlaufen mit allen Metamorphosen, die sich aus dem Ineinanderwirken verschiedenster Zeitkräfte ergaben. Aus dem Wesen der romanischen Stimme ist ein neuer grosser Schaffenskreis umschrieben und erfüllt worden. Er hat die produktive Wandlung der singenden Stimme nach neuen Gesetzen bestätigt und mündet nun wieder in seinen Anfangspunkt.

XI

DIE HISTORISCHE OPER

Strauss — Pfitzner — d'Albert — Schreker — Busoni — Strawinski
Die Nachkriegs-Oper

1.

Im ersten Jahrzehnt des neuen Jahrhunderts beginnt das Erlöschen der ausserdeutschen Opernproduktion.

Mit Debussy stirbt der letzte grosse Repräsentant lateinisch gallischer Kunst. Seine gleichaltrigen Weggenossen Dukas, Charpentier, Ravel, die ihn überleben, gelangen nicht über die episodische Einzelwirkung hinaus. In der jüngeren Generation findet sich keine Nachfolge. Die Oper verliert an Schaffensanreiz, kammermusikhafte Instrumentalmusik und die kleine experimentelle Form herrschen vor. Ähnlich ist das Bild in Italien. Puccinis Hauptwerk ist 1904 mit „Butterfly" abgeschlossen. Die Einakter sind wesentlich nur durch „Schicchi", „Turandot", von ihm selbst nicht mehr zu Ende gebracht, bedeutet eine Abschwächung, keine neue Wandlung. Es finden sich auch weiterhin kultivierte Begabungen, unter ihnen namentlich der lyrisch erfindungsreiche Alfano, dann Pedrollo, Giordano – aber keiner vermag den gezogenen Kreis zu überschreiten.

Die slavischen Völker bringen noch weniger Neues. Für die Tschechen bleibt Smetanas 1866 geschaffene Volksoper „Die verkaufte Braut" nebst einigen anderen dieses Meisters das Grundwerk. Dvoraks Opern sind unwesentlich. In Russland steht Mussorgskis „Boris" vereinsamt. Die musikalischen Talente erproben russische Motive am Muster der Lyrique. Hier findet sich, namentlich bei Tschaikowski, manche vorahnende Verbindung zu Puccini. Wichtiger als die Oper wird für Russland das Ballett. Aus französischer Tradition erwachsend, ersteht dank der aussergewöhnlichen mimisch rhythmischen Begabung des Russen in der Tanz-Pantomime eine neue Gattung musikalisch körperlicher Ausdruckskunst. Vormals hatte sie der Opéra zur Grundlage gedient. Jetzt ruft sie eine neue, ironisch parodistische Art musikalischen Phantasiespieles auf die Bühne. Hier entfaltet sich die originellste Bühnenbegabung des neuen Jahrhunderts: Igor Strawinski. Aber ähnlich wie bei Mussorgski dauert es lange, bis Strawinski in Westeuropa bekannt wird. Auch dann noch fehlen die geeigneten Mittel, um das Eigentümliche seiner Kunst richtig zu zeigen. Seine auf visuelle Veranschaulichung berechneten grossen Tanzspiele müssen sich mit der abstrahierenden Vorführung als Orchestersuiten im Konzert begnügen.

In der übrigen europäischen Opernproduktion breitet sich zunehmendes Schweigen aus – mit Ausnahme von Deutschland. Hier bricht ein wahrhaftes Schaffensfieber aus. Von der Wagnerzeit her lagen noch ein paar anfangs wenig beachtete Werke vor, die nachträglich eine literarhistorische Gloriole erhalten: der „Barbier von Bagdad" des Peter Cornelius und Hermann Götzens „Bezähmte Widerspänstige." Ihnen schlossen sich als unmittelbare Wagner-Nachfolge an Hugo Wolfs „Corregidor", Humperdincks „Hänsel und Gretel", „Guntram" von Richard Strauss, „Kain" von d'Albert, der „Arme Heinrich" von Pfitzner. Von diesen, dem Jahrhundertausgang zugehörenden Werken biegt die Linie um nach der italienischen Richtung mit d'Alberts „Tiefland". Es folgt die Reihe von Straussens grossen Tondichtungen für Orchester und Bühne: „Feuersnot", „Salome", „Elektra", bis hinauf zu den archaisierenden Stilschöpfungen „Rosenkavalier" und „Ariadne". Zwischen ihnen steht zeitlich Pfitzners „Rose", Busonis „Turandot", „Brautwahl", Schönbergs „Erwartung" und „Glückliche Hand", Schrekers „Ferner Klang", und, der Entstehungszeit nach, Strawinskis „Petruschka". Der Reigen setzt sich fort mit Pfitzners „Palestrina", neben den die Chronik Busonis „Arlecchino" und d'Alberts „Tote Augen" stellt. Die „Geschichte vom Soldaten", Schrekers „Gezeichneten" und „Schatzgräber", Straussens „Frau ohne Schatten", bezeichnen das Ende der Kriegszeit.

Jetzt tritt eine neue Generation auf. Hindemiths Einakter, „Cardillac", „Neues vom Tage", Kreneks „Zwingburg", „Orpheus", „Jonny", Bergs „Wozzeck", schliesslich Weills „Dreigroschenoper", „Mahagonny", „Ja-Sager" und „Bürgschaft" repräsentieren die deutsche Jugend der Nachkriegszeit. Zu ihr stösst der Franzose Milhaud mit seinem „Columbus“, während die Italiener Casella, Malipiero, Castelnuovo-Tedesco sich an der Oper kleineren Formates als artistischem Unterhaltungsspiel versuchen. Zwischen diesen Neuerscheinungen der letzten Generation, deren Anfangserfolg im weiteren Verlauf zu stocken beginnt, stehen wieder grosse Werke der Älteren: Straussens „Intermezzo“ und „Ägyptische Helena“, Pfitzners „Herz“, Schrekers „Schmied“, Strawinskis „Ödipus“. Auch hier zeigt sich durchweg unverkennbares Erlahmen der Wirkungen wie der Kräfte selbst. Um die Wende des dritten Jahrzehnts versandet die Schaffensbewegung fast völlig.

Diese, nur in den wichtigsten Erscheinungen skizzierte Reihe gibt den Eindruck zunächst einer fast krampfhaften Eruption, die in der Überstürzung, zugleich wahllosen Vielfältigkeit der Erscheinungen eine geistige Willensgemeinschaft nicht erkennbar macht, daher eine ordnende Betrachtung kaum zulässt. Festzustellen ist das Vorhandensein verschiedenster Stiltypen, nicht nur als Anregungen für Entwurf und Ausführung, sondern auch als praktische Möglichkeiten der Aufführung. Indem die Opernproduktion sich als solche zwar fortsetzte, aber ohne ausreichende Erfolge, nötigte der praktische Bedarf in zunehmendem Masse zur systematischen Weiterpflege der vordem Geschaffenen. Woher aber sollten Sänger und Aufführer kommen für ältere Werke, die zu begreifen, daher auch wiederzugeben waren nur aus bestimmten Bedingnissen von Zeitkonstellationen und -Stilen?

Es ist der Beginn des historisierenden, rückblickenden Zeitalters. Unlösbar mit seiner Produktion verbunden, ist, wie stets, die Frage der Reproduktion. Angesichts der Vielfältigkeit der Aufgaben wird sie zum Problem. Es stellt sich dar entweder als Forderung freier schöpferischer Umgestaltung, oder Forderung rein nachbildnerischer Wiedergabe. Beide Forderungen lassen eine reine Lösung nicht zu. Der Sinn des Kunstgeschehens würde bedingen, dass in allen darstellend ausübenden Künsten für den jeweiligen Gebrauch immer wieder neu geschaffen werde, somit alles Vergangene vergangen bleibe, äusserstenfalls als Dokument dieser Vergangenheit gezeigt werde. Alle grossen schöpferischen Zeiten haben es auch so gehalten. Diese rigorose Lösung des Erbschaftsproblems kommt hier nicht in Betracht. Es bestehen die Tatsachen sowohl der immer noch aktuell lebendigen Wirkung des Überlieferten, als auch des Mangels an ausreichender Eigenproduktion. Beide Tatsachen kennzeichnen das historisierende Zeitalter und die ihm zugewiesene Aufgabenstellung.

Das Problematische dieser Aufgabenstellung ergibt sich aus dem Fehlen eines eigenen, unmittelbaren Verhältnisses zum Gesangsorgan. Dafür zeigt sich das Vordringen von Nebenelementen orchestraler, also reflektiv spekulativer Art, Stoffbetrachtungen, dramaturgischen und weltanschaulichen, also durchweg aussergesanglichen Ideologien. Die Oper wird mehr und mehr gesehen als Schauspiel, das sich gewissermassen zufällig des Gesanges und der Musik bedient. Die stilbedingenden Grundlagen der Materialgesetzlichkeit dagegen geraten so völlig in Vergessenheit, dass sie allmählich überhaupt nicht mehr geglaubt werden. Sie gelten bestenfalls als Kuriositäten längst vergangener Zeiten, die ernsthaft nicht mehr diskutabel sind. Die wissenschaftlich geschichtliche Musikanschauung tritt an Stelle lebendig schöpferischer Klangerfassung. Musik wandelt sich vom tönenden Laut zum geschriebenen Notenbild.

Für die Produktion ergibt sich daraus Notwendigkeit und Anreiz zur Nachahmung dieses oder jenes Werkstiles, aber ohne Erkenntnis seiner schöpferischen Grundlagen. Die Stimmen werden benutzt bald nach diesem, bald nach jenem Vorbild der Typisierung. Ihre Maske wird zum Schema, ohne Erkenntnis des ihr innewohnenden Funktionssinnes. Handlungen werden zu ethischen, sozialen, religiösen Gesinnungs-Kundgebungen. Fern bleibt die Einsicht, dass das Wesen der Opernhandlung niemals primär ist, wie das des Schauspieles, sondern immer Ergebnis der schöpferischen Stimmerfassung, aus der erst das Phantom der menschlichen Erscheinung erwächst. Dieser Erkenntnismangel gegenüber der vokalen Grundgesetzlichkeit wird unterstützt durch allgemeines Vorherrschen des Instrumentalempfindens. Dabei prägt sich freilich auch hier noch aus der nicht völlig zu unterdrückenden Eigenlebigkeit des Materiales die innere vokale Führung durch, soweit sie nicht überwuchert wird von anderen spekulativen Elementen.

Aus dieser Situation, die beruht auf dem talentmässigen Willen zur Produktion ohne organische Beziehung zum schöpferischen Sinn der Gattung erwachsen zunächst zwei Schaffensarten: die sinfonische Oper als Nachahmung Wagners, die Gesangsoper als Nachahmung des romanischen Puccini-Typs. Die erste Gattung hat in Humperdinck, Pfitzner, Strauss, die andere in d'Albert und Schreker ihre wichtigsten Vertreter gefunden. Zu ihnen kommt als dritte und originellste Gattung die Oper ohne Gesang – im Grunde aus Verlegenheit, die aber hier geistreich zur schöpferischen Absicht umgedeutet ist: Strawinskis Pantomime. Dieses sind die drei Hauptwege der Vorkriegs-Oper.

2.

Vorbild für die Umlegung des Schaffensimpulses in die sinfonische Instrumentalhandlung war Wagner, die stärkste, zugleich die überhaupt wichtigste musikalische Vollnatur nach ihm ist Richard Strauss. Sein Schaffen umspannt den weitesten Zeitraum von allen Erscheinungen seit Wagner. Es vereinigt die gegensätzlichen Typen in organisch logischer Ordnung und enthält zudem mit „Salome" und „Rosenkavalier" auch zwei Welterfolge der deutschen Oper. Das Gesamtwerk ist eine Reihe von Muster zu Muster tastender Stilexperimente, die an zwei Stellen überraschend gelingen, eine gerade Fortsetzung der Erfolgslinie aber nicht zulassen, sondern immer wieder das neue Experiment fordern.

Daran zeigt sich die innere Unsicherheit im Hinblick auf das Verhältnis zur Oper als Gattung. Strauss beginnt im „Guntram" mit der Wagner-Imitation. Die Herkunft vom sinfonischen Orchester ist unverkennbar, ebenso die Abhängigkeit vom Vorbild. Sogar die Personalunion von Komponist und Librettist wird nachgeahmt. Der Zusammenhang ist so offenkundig, dass vom Werk nur der Eindruck einer Begabungsbekundung bleibt. Von hier ab lenkt Strauss in den seiner Natur gemässen eigenen Weg ein, zur „Tondichtung", wie er seine sinfonischen Orchesterwerke nennt. Diese Kennzeichnung ihrer geistig künstlerischen Struktur ist richtig. Das Straußsche Programm ist der sinfonischen Form nicht durch gefühlhafte Bezugnahme verbunden, es ist ihr organisch eingewoben. Es ist nicht, wie bei Liszt, Bekenntnis oder Meditation – es ist zunächst eine „Handlung", ein musikalisches Geschehen der harmonisch instrumentalen Bewegung, genau wie bei Wagner. Nur ragt es bei Strauss anfangs noch nicht in die vokale und szenische Ausdruckssphäre hinüber, es bleibt auf die Region des Instrumentalen beschränkt.

Erst nach weitausgreifendem Abschreiten dieses Instrumentalgebietes vollzieht sich eine nochmalige Expansion zum Wort, zur sichtbaren Szene, zur singenden Stimme. Nun aber ist diese nicht mehr Führerin. Sie ist letzte Steigerung und Übersetzung der primär instrumentalen Handlung, aus dieser erwachsen, programmatische Deuterin, wo die Bestimmtheit des rein instrumentalen Ausdrucks versagt, oder wo Ausdruckssphären beschritten werden, die in jedem Fall dem Instrument unerreichbar bleiben. Auch in ihnen indessen kommt dem Stimmklang nur noch koloristische Bedeutung als eines Teiles der Harmonie zu.

So vollzieht sich eigentlich das Auseinanderfallen der von Wagner als grundlegend empfundenen Vereinigung von Wort und Ton. Das Wort dient als solches jetzt der programmatischen Erläuterung. Die Stimme wird zum Teil des Orchesters, von diesem getragen, aus ihm Impulse empfangend, seine Funktionen gleichsam als singendes Orchester-Organ erfüllend, während das klärende Wort dazu von einem literarisch kultivierten Dichter in gar nicht klanggebundener Form beigesteuert wird. Der alte, vorwagnerische Begriff des Textes ersteht von neuem in reziproker Form: er wird nicht, wie einst, zur Unterlage, sondern zur geschickt angeglichenen Verdeutlichung. Das Klanggeschehen als solches geht im Orchester vor sich, ihm fügt sich nun als äusserste klangsinnliche Steigerung die singende Stimme bei. Dieses Orchester, einst Träger absolut abstrakter Ideen, wendet sich aus dem Willen zu gesteigerter Intensivierung dem Ausdrucksgebiet zu, dem auf anderem Wege die lyrische Oper ihre Typisierung verdankt: der Erotik des Geschlechterspieles.

So erwachsen aus der sinfonischen Tondichtung die sinfonisch eingebetteten, vokalszenischen Bühnenspiele „Feuersnot", „Salome", „Elektra". Der Geschlechtsakt selbst ist stofflicher Inhalt. Er gibt das Ziel der Phantasiegestaltung, die sich in „Feuersnot" naiv symbolisch äussert, von da aus durch immer stärkere Einbeziehung pathologischer Elemente gesteigert wird. Strauss gelangt dabei in der Stimmtypisierung zu deutlicher Anlehnung an die romanisch lyrische Oper, zumal in der Erfassung der führenden weiblichen Stimme. Sie ist von der Diemut ab über Salome und Elektra jener dramatische Zwischentyp, wie ihn ähnlich Puccini in seiner bestgelungenen Frauengestalt, Tosca, geformt hat. Ihr gegenüber steht, zunächst äusserlich führend, der Bariton: Kunrad, Jochanaan, Orest, während der Tenor seine Liebhaberfunktion verliert und zur Charakterfigur: Herodes, Aegisth umgeformt wird.

In dieser Umbildung des Tenors kündigt sich eine für die gesamte neue Oper wichtige Veränderung an: die Abwendung nämlich von der Stimmerfassung aus primär erotischen Klangimpulsen. Diese Feststellung mag überraschen in der Ausdrucksregion eines Richard Strauss, zumal gegenüber Werken wie „Salome" und „Elektra". Der Vorgang ist hier auch nur Nebenerscheinung, erkennbar lediglich, soweit nicht die Antriebe der Haupthandlung wirksam sind. Symptomatisch aber ist, dass der Tenor als Liebhaber verschwindet. Er wandelt sich zur Charakterfigur dämonisch hysterisch pathologischer Art. Damit wird rückwirkend auch der Frauenstimme ein Antrieb entzogen. Dieser Ausfall musste sich geltend machen, sobald der orchestrale Impuls nachliess und die naturhafte Aktionskraft der Stimmen wieder stärker hervortrat.

Die Erfassung des Tenorklanges als Charakterfarbe ist nicht neu. Mozarts Basilio ist vielleicht der Stammvater der Linie, Halévys fanatischer Eleasar gehört ihr an, Wagners Loge und Mime, Mussorgskis Idiot setzen sie fort. In allen diesen Erscheinungen wandelt sich der Tenor vom einstigen Liebhaber zum Degenerierten, Verkrüppelten, Ausgestossenen. Der Klang des Organes weckt nicht mehr die Vorstellung des Zarten, sondern des grotesk Absonderlichen.

Diese Art der Tenorgestaltung ist ein erstes Zeichen neuerwachenden Sinnes für die Eigenbedeutung des Stimmorganes. Straussens Weg von der „Elektra" ab zeigt in steigendem Masse die seltsam rückwirkende Kraft der Stimme auf jeden, der sich mit ihr beschäftigt. Sie wandelt den stärksten Verächter stimmlicher Werte allmählich zum Erkenner. Mit „Elektra" hat sich Strauss durch die sinfonische Oper mit all ihren Teufeleien des Kolorits und der Harmonik hindurchkomponiert. Im gleichen Masse, wie dieses Gebiet innerhalb der Straußschen Ausdruckszone durchforscht ist, hat das Geheimnis der singenden Stimme Anziehungskraft gewonnen. Auch Strauss hört sie primär als Frauenstimme. Der Mann wird für ihn immer mehr zum Gattungstyp mit naiv ausgesprochener Zweckbestimmung des Geniessens. Das Orchester bleibt dabei wichtig als Handlungsfaktor, aber es verliert die Führung. Sobald die Stimme wirklich als singend gehört wird, vermindert sich ohne weiteres der sinfonische Anteil des Orchesters.

So entsteht eines der reizvollsten Stilkunstwerke einer epigonalen Zeit: der „Rosenkavalier“, Geschichte dreier Frauenstimmen, die über dem plumpen und doch spielgewandten Bass eines Männchen-Mannes schweben, in verschiedenartigsten Ensemble-Kombinationen miteinander wie mit ihm ihr Spiel treiben, schliesslich in einem aus den Stimmen feierlich geheimnisvoll aufblühenden Terzett und einem Duett von märchenhaft zarter Klangfreude ausklingen. Dieses Stück ist mit Recht Straussens lebendigstes Bühnenwerk neben „Salome“, darüber hinaus gleich dieser ein Dokument genialischer Musik. In beiden Opern sind die Stimmen – dort der Salome und des Herodes, hier die der drei Frauen und des Ochs – über alle instrumentalen und sonstigen Intentionen hinaus zu körperhaften Wesen geworden. Was und wie sie singen, ist nicht neu im Sinne epochalen Schöpfertumes. Aber es ist Verbindung einer zu letzter Reife gelangten und nun rückblickenden Kunst harmonischer Orchesterhandlung mit Wiedererkennung einer alten Gesangs- und Stimmkultur.

Der Blick auf diese und eine Sehnsucht nach ihr hält von hier ab den Musiker Strauss gefesselt. Er spürt das grosse produktive Gesetz, auch wenn es sich seinem musikalischen Weltbilde nicht direkt einfügen will. So sucht er den Mittelweg einer archaisierenden Stilkunst. Die Stimme singt zwar nicht frei aus sich heraus, aber sie tut so, obgleich sie orchestral harmonisch gebunden, obgleich ihre Melodiebildung, ihre Linienführung instrumental bestimmt bleibt. Es entsteht die Zauberpartitur der „Ariadne“. Lebensferner als „Rosenkavalier“, von ästhetisierenden Elementen durchzogen, wahrt sie aber doch den Ausgleich zwischen Stimme und Orchester als stilbestimmender Faktoren. So entsteht schliesslich die „Frau ohne Schatten“, ein Versuch, beide Prinzipien neben- und aneinander ins Grosse zu steigern, das Orchester wieder aufzublähen, es vom sinfonischen in den konzertierenden Stil zu übertragen, daneben die Stimmen schön singen zu lassen.

Der Versuch ist zu bewusst und rein artistisch durchgeführt, als dass er, ohne innere Bindung der Elemente, organisch wirken könnte. Es folgt weiterhin der besonders merkwürdige, unter allen Straussischen Bemühungen merkwürdigste Versuch, im „Intermezzo“ einen neuen Sprachgesangstil zu finden. Das Orchester wird als gewichtiges und melodiegebendes Instrument beibehalten, die Stimme daneben in realistischer, gelegentlich arios geschlossener Deklamation geführt. Zum erstenmal seit Wagner wird der ursprüngliche Zusammenhang von Gesang und Sprache, das eigentlich Sprachbedingte des Gesanges, wenigstens theoretisch wieder anerkannt, Strauss schreibt selbst den Text. Aber die innere Hemmung des Orchesterapparates lässt den Willen nicht zur musikalisch substantiell befriedigenden Tat reifen. Es bleibt dabei, dass die Stimmen zumeist rezitativisch sprechen, mit kleinen ariosen Unterbrechungen und einem breit gebauten Schlussduett, während das Orchester die ergänzende Musik dazu macht.

„Intermezzo“ ist das letzte stil-experimentelle Werk Straussens. Von hier ab verliert sich der Weg in kunsthaft reflektierende Spekulationen. Auch bei äusserer Verkleinerung des Orchesters streifen sie nichts von ihrer instrumental harmonischen Bedingtheit ab, weil die Grundkonzeption unveränderlich festgelegt ist. So zeigt das Strauss-Werk als Ganzes wohl die wiedererwachende Aufmerksamkeit und Liebe für den Eigenwert der Stimme als wichtigsten Organes der Oper. Aber es unterlässt doch die Ausweitung dieser Erkenntnis zur neuen Gestaltungsgrundlage. Die Bindungen auch des reichst begabten Musikers der Zeit an die jüngste Vergangenheit sind zu stark, das Überwuchern der instrumental harmonischen Grundempfindung ist zu mächtig, während planvoller Wille zu schöpferischer Neuformung aus der Stimme gar nicht vorhanden ist. Es bleibt bei kluger Erkenntnis, archaisch literarisierender Bezugnahme und zunehmend höher gesteigerter meisterlicher Handhabung des Vokalapparates auf der Grundlage der immer wieder instrumental orientierten Konzeption.

3.

Der Weg, den Strauss seiner Herkunft und Veranlagung nach gehen musste, war zwar nicht aus dem primären Material der Stimme, aber doch aus einem überhaupt musikalischen Ursprung abgeleitet. Der Boden des realen Klanges und seiner Eigengesetzlichkeit wurde nicht verlassen, wenn auch der schöpferische Antrieb vom vokalen auf den instrumentalen Klang umwechselte. Daneben kam eine andere Art des Gestaltens auf. Ihr erschien die Straussische Art als zu materialistisch, in Folgen und Auswirkungen unsittlich, den Stoffen nach pervers. Die Ableitung aus der Klangmaterie wurde abgelehnt, dafür eine ideologische Dramaturgie hauptsächlich aus dem Schaffen Wagners, in Einzelheiten auch Webers und Marschners abstrahiert. Äusserer Aufbau, allgemeiner Zuschnitt der Handlung, Prägung der Charaktere: alles also, was in Wahrheit Folgeerscheinung war, wurde jetzt zur ideell konzipierten Grundlage.

So entstand eine theoretische Ästhetik des „musikalischen Dramas", die Wagners Form zur weltanschaulichen Gesetzmässigkeit erhob. Die Oper erhielt eine metaphysische Perspektive im Sinne ausserklanglich bedingter Erkenntnis gedanklicher Art. Der Hauptgrund für diese ideologische Scheinverklärung der Oper ist zunächst – im Gegensatz zu Strauss – die Blutarmut und schwächliche Physis der hierfür schaffenden Begabungen. Sie leben und atmen selbst mehr in abstrakten Theoremen, als im Klanglichen. Dazu kam das Missverstehen des Wesens der Stimme überhaupt. Damit hängt zusammen die Sterilität der Anschauungen, die, einmal von der naturhaften Schaffensbasis entfernt, sich immer weiter in kunstfremde Gedankengänge verloren. So wurde die naivste und sinnenfreudigste Gattung des Theaterspieles, die Oper, zu einer Kundgebung aussermusikalischer Kräfte, die sie zu einer dem Sinne nach wahrhaft kabbalistischen Kunstgattung umformen wollten.

Das Anfangswerk dieser Reihe ist „Hänsel und Gretel". Trotz geschickter Fassung bleibt der Kontrast einer kindlich volkshaften Märchenhandlung mit dem klanglich, harmonisch und satztechnisch überlasteten Wagner-Orchester. Demgegenüber ist das Stimmliche nur insofern von Bedeutung, als die vorherrschende Verwendung der Frauenstimme mit der Bevorzugung liedhafter Gesangsformen verbunden wird. Die von Humperdinck hier aufgestellte Typisierung des Orchesters: Verbindung von primitiver Liedmelodik mit kunstvoll tuender Scheinpolyphonie und harmonischer Dialektik, hat sich als handliches Muster für den deutschen Hauskomponisten erwiesen. Sie ist in einer reichen Gebrauchsliteratur für Genrestücke, Idyllen, komische oder heitere Opern im Kleinformat ausgenützt worden. Einen Ausbau zur Grösse hat sie im Schaffen Hans Pfitzners erlangt. Er ist praktisch und theoretisch der Hauptvertreter dieser gedanklichen Ideologie eines musikalischen Dramas geworden.

Es zeigt sich dabei vom „Armen Heinrich" bis zum „Palestrina" die unverkennbare Klischierung des Wagner-Werkes. Die besondere Bedingtheit seiner Herkunft und künstlerischen Struktur wird verkannt. Es wird als Norm genommen, dabei allerdings mit derart fanatischer Inbrunst erfasst und neu produziert, dass eine seltsam gesteigerte Rezeptivität festzustellen ist. Freilich bleibt sie unvermeidbar verbunden mit entsprechender Verengung des geistigen Umkreises. Auch dieser Einschrumpfungsprozess ist Folge der Abschnürung von den Schaffensquellen, Ergebnis einer Konstruktion. Sie will von der Oper zum Trugbild eines musikalischen Dramas gelangen und lässt dabei das grundlegende Element, die Stimme selbst in ihrer organischen Gesetzlichkeit wie ihren ästhetischen Wirkungsbedingungen ausser acht.

Gleichwohl zeigt sich auch hier, ähnlich wie bei Strauss, wenn auch in anderer Form, die Einwirkung des Materiales auf das Schaffen. Über alle spekulativen Tendenzen hinweg arbeitet unterbewusst das Streben nach weiterer Modellierung der Stimmen mit dem Ziele einer neuen Typisierung, einer entsprechenden neuen Bewusstseinseinstellung gegenüber der Spielidee. Bezeichnend hierfür ist bei Pfitzner ähnlich wie bei Strauss die Behandlung des Tenors. In den beiden Frühwerken, dem „Armen Heinrich" und der „Rose" bleibt er zwar, wie die Werke selbst, im asketisch reduzierten Schema der Wagner-Abstraktion. In der Titelfigur des „Palestrina" aber vollzieht sich eine Wandlung. Dieser Stimme ist die Beziehung zur Frau genommen. Sie bleibt beschränkt auf den Ausdruck des Leidens, Handelns, der schöpferischen Ekstase, im ganzen der zwar hysterischen, aber reinen Mannhaftigkeit. Aufgehoben ist das Ergänzungsbedürfnis durch das Frauenorgan. Es spricht hier nur in einer Art visionär verklärter Sinnlichkeit – auf Offenbachs „Hoffmann" zurückweisend – durch das Bild der Lukrezia, dann durch die singenden Engel. Die Frauenstimme ist in diesem Werk überhaupt zurückgedrängt, innerhalb der Handlung auf die beiden Hosenrollen des Silla und Ighino beschränkt. Das Geschehen vollzieht sich zwischen dem Tenor und dem heldischen Bariton als Vertreter der eigentlich aktiven Kraft.

„Palestrina“ ist eine Zwei-Männer-Oper, im zweiten Akt bei völligem Verschwinden des führenden Tenors aufgelöst in ein grosses, gegensätzlich bewegtes Männer-Ensemble. Damit ist diesem willensmässig so retrospektiv gerichteten Werk ein eigentümlich modernisierender Zug aufgeprägt. Er erweist die Stärke der tieferen Unterströmungen der Zeit und ihres Gestaltungswillens. „Palestrina“ ist eine der ersten Opern, in denen das aufdämmernde Ziel der Loslösung vom Erosspiel, musikalisch gesprochen: von der zentralen Stellung und Bedeutung der Frauenstimme durchgeführt, die Stimmhandlung auf die Gegenüberstellung zweier Männerstimm-Typen gegründet wird. Entsprechend dieser neuen Stimmtypen-Handlung wird dem Orchester die Führung zwar nicht genommen, aber sie wird doch erheblich eingeschränkt.

Das alles scheint freilich mehr Zufall als Absicht. Das nachfolgende Werk, das „Herz“, bringt wieder die Vorherrschaft des romantischen Baritons, dazu als wichtigste Frauenstimme die begleitende Knabengestalt des Wendelin. Dieses Werk ist indessen aus mehreren Gründen nicht als vollwertig zu achten. Entscheidend für Pfitzners Kunst bleibt als Dokument „Palestrina“. Hier zeigt sich bei Pfitzner wie vorher bei Strauss das Erwachen des Willens zur Stimme und zum Gesang. Bei Strauss kommt er aus klangmusikalischen, bei Pfitzner aus spielmässigen Anlässen und instinktivem Antrieb. Bei beiden aber gelangt dieser Gesangwille nicht zum Durchbruch. Er wird behindert dort durch die instrumental harmonische, hier durch die ideologische Grundeinstellung. Er endigt dort in artistisch spielerischem Musizieren, hier in doktrinärem Theoretisieren und weltanschaulicher Opernphantastik. Ihr bleibt der beständige grosse Erfolg versagt, weil sie, im Gegensatz zu Strauss, nicht naturhaft freie Kraftkundgebung ist, sondern ein Geisteskrampf, der aus Mangel an produktiver Substanz kommt.

4.

Die Wagner-Nachahmung herrscht hier wie dort, betätige sie sich nun als Weiterbildung der orchestralen Handlung oder als geistespropagandistische Ideologie. Als dritte Gruppe erscheinen zwei Musiker, die, ausgehend ebenfalls von Wagner, sehr bald ein besonders feines Ohr zeigen für die Stimmwirkung selbst. Indem sie diese in ihrer Bedeutung für die Oper bewusst erfassen, vollziehen sie eine Annäherung an den romanischen Operntyp, eine Verbindung von Wagner zu Puccini: Eugen d'Albert und Franz Schreker. d'Albert, dem gleichen Jahrgang angehörend wie Strauss, kommt von der Wagner-Imitation. Er geht mit „Abreise" über in das geistige Neu-Biedermeier Humperdincks. Seine persönlichste Leistung vollzieht er mit dem 1903, drei Jahre nach „Tosca" aufgeführten „Tiefland". Es ist die lyrische Oper romanischer Herkunft in reiner Ausprägung. Die drei Stimmen scheinen dem „Tosca"-Modell direkt nachgebildet, sind dabei erdhafter, brutal kraftvoller, bäurischer, wie das Dorf-Milieu, das in Handlung und Musik mit gleichem Effekt ausgenützt ist. Aus dieser gelungenen Variierung in Verbindung mit der geschickten Einsetzung der Stimmen ergab sich einer der weitestreichenden Welterfolge. Das Urwesen der Oper war wieder einmal gefasst, nicht aus originalem Neubildungsvermögen, doch in so eigenkräftiger Wiederholung der Elementartypisierung, dass die Wirkung naturgesetzlich kommen musste. Dabei blieb es freilich. Von d'Alberts zahlreichen späteren Weiterbildungsversuchen haben nur noch die mit religiös wunderhaftem Einschlag durchsetzten „Toten Augen" gewichtig, wenn auch dem „Tiefland"-Erfolg nicht annähernd vergleichbar gewirkt.

Anspruchsvoller als der einfach für das Theaterpublikum musizierende d'Albert tritt Franz Schreker auf. Auch er übernimmt die Stimmgruppierung der lyrischen Oper. Aber er umgibt die drei Hauptstimmen zunächst mit einem Solo- und Chorensemble von ausgesprochener Eigenwirkung und treibt es zu rauschhaften Steigerungen. Hiermit verbunden ist die Verfeinerung des Orchesterklanges zu fast französischer Atmosphäre. Dazu kommt die Phantastik des Bühnengeschehens. Sie löst die Eindeutigkeit der romanischen Oper in eine hintergründige Symbolik auf.

Schreker gehört der Generation nach Strauss, d'Albert, Pfitzner an. Als er beginnt, liegt das Gesamtwerk Puccinis, liegen „Pelleas", „Luise", „Tiefland" seit fast einem Jahrzehnt vor, und Strauss ist bereits beim „Rosenkavalier" angelangt. In Schreker vollzieht sich die Durchdringung dieser Anregungen. Dass die Stimmen aus der deklamatorisch sprachliterarischen Prägung wieder in eine richtige melodische Gesangssprache übergeführt werden, zeigt den Willen zu einer neuen Oper – dargestellt freilich mit den Mitteln und aus den Ideen der alten. Wie bei Strauss ist das erotische Erlebnis Handlungskern. Es wird der Stimmtypen-Disposition der romanischen Oper angepasst. Aus der Vielfältigkeit des Harmonischen und der Notwendigkeit des Vokalen zugleich formt sich die Handlungsvision als Klangvision. Damit war das elementar Klanghafte wieder in den Vordergrund gerückt, freilich von einer Grundstellung aus, die eine Neuentwicklung nicht ermöglichte. Bei Schreker wie bei d'Albert und, in anderer Form, bei Strauss bleibt das frauliche Stimm-Element entscheidend. Hieraus folgt die geistige und musikalisch klangliche Gesamthaltung, erklärt sich zugleich die Unmöglichkeit neuer Gestaltenbildung. Ähnliches gilt von Schönbergs, mehr als Phantasiestudien zu betrachtenden beiden Monodramen. In „Erwartung“ wie in „Glückliche Hand“ ist je eine einzelne Stimme allein handelnd, in „Von heute bis morgen“ ein Quartett. Aber die Stimmen geben nur sprachliche Erläuterungen, das Geschehen bleibt dem Orchester vorbehalten. So ist die Stimme hier in noch strengerer Untergeordnetheit als bei Strauss Helferin und Deuterin eines rein instrumental harmonisch gerichteten Willens.

5.

Ein einziger aus dieser Generation, Busoni, Deutsch-Italiener, geht aus von der Erkenntnis innerer Umformungsnotwendigkeit der Oper. Seine Bühnenwerke: „Turandot“, „Brautwahl“, „Arlecchino“, „Doktor Faust“, sind zwar nicht frauenlos. Sie beschränken aber die Frauenstimme mit Ausnahme der Rätselprinzessin Turandot auf episodische Verwendung, entziehen ihr damit planmässig die stilbestimmende Bedeutung. Dabei genügt es nicht, der Abwechslung halber Opern ohne Liebeshandlung zu schreiben. Es galt, durch die besonderen Bedingungen und Auswirkungen der Männeroper überhaupt zu einer neuen Sinngebung des Opernkunstwerkes zu gelangen, und so der Oper eine neue Wirkungsbahn zu erschliessen. So ewig und in der Natur begründet das Thema der

Liebe von Mann und Weib ist, so mannigfaltige Wandlungen es gerade in der Oper seit Mozart durchlaufen hatte – die Ergiebigkeit für eine an das Erscheinungsmässige gebundene Kunstgattung musste sich im gleichen Masse verringern, wie die Behandlungsart zum Schema erstarrte. Die Liebeshandlung der Geschlechter ist eine Möglichkeit, nicht Notwendigkeit der Oper. Sie hatte sich ausschliessliche Geltung angemasst. Es kam darauf an, den Grundsinn der Oper durch schöpferische Umformung von neuem produktiv zu machen.

Das eigentlich ist der Wille und auch der praktische Erfolg von Busonis grosser Anregertätigkeit: Freimachung der Oper aus der Ideen- und Handlungsregion des Liebesspieles, damit verbunden: Gewinnung einer neuen Handlungssphäre ausser- und oberhalb des erotischen Phantasiekreises.

So gelangt er zur Typisierung von Stimmgestalten, die vorwiegend unerotischen Klangcharakter haben. Sie führen in eine neue Welt der Geistigkeit mit neuen Gegensätzen, neuen Bewegungen, neuen Gedankenbahnen. Es genügte nicht, neue Partien für Tenor zu schreiben, das hatten Strauss und Pfitzner auch getan und sogar das Charakterhafte eigentümlich betont. Aber Busonis Tenöre sind anders von Grund auf. Thusmann, der unfreiwillige Held der „Brautwahl“, Mephisto sind Funken der neuen ironischen Heiterkeit, der Serenita. Gleichviel ob nach der humoristischen oder der tragischen Seite gewendet, gibt sie dem Stück die seelische Mittellinie. Sie bestimmt damit seine Haltung, seinen Stil, die Art des Vortrages wie des Themas überhaupt ebenso, wie etwa bei Wagner die dramatische Frauenstimme oder bei Verdi der Bariton. Busonis Opern sind Tenor-Opern. Der Klang dieses Organes in der gläsernen, transparent übergeschlechtlichen Art seiner Erfassung gibt ihnen die Prägung. Er durchdringt die Opern-Klangwelt, die sich ihm entgegenstellt, er lockert sie und löst sie auf. Er gibt ihrer massiven Schwere die Durchsichtigkeit.

So wirkt der Busoni-Tenor als das klanglich bestimmende und treibende Element, von dem aus die übrigen Relationen gefunden werden. Fast herkömmlich, Repräsentant des gewohnten suchenden, leidenden, oder auch, wie der Goldschmied Leonhard, gebieterischen Opernmenschentums steht der Bariton als Doktor Faust daneben,

Symbol der in der Natur nicht zu überwindenden Abgegrenztheit des Menschenmannes gegenüber dem tenoralen Klanggeist. Im Widerstreit beider entfaltet sich das Spiel, sei es, wie in „Brautwahl", in der Form, dass der Tenor, unter seiner besonderen Artung komisch leidend, danach strebt, wieder Mensch zu werden, sei es im Sinne ironisierender Parodie wie beim Cavaliere Leandro des „Arlecchino", sei es schliesslich wie im „Doktor Faust", wo der Tenor von vornherein seine spirituelle Sphäre in höchster Bewusstheit beherrscht. Hier wird der Kampf zwischen baritonaler Menschentragik und tenoraler Geistesüberlegenheit zu äusserster Schärfung der Gegensätze getrieben, indem beide die letzte prinzipielle Formulierung erhalten.

Alles übrige an diesem Werk dient der Klarstellung und Kontrastierung beider Grundkräfte. Sie aber sind absolut klanghaft konzipiert. Sie werden möglich überhaupt nur aus dieser schöpferischen Anschauung vom Wesen und Wirken der singenden Stimme. Dass Busoni diesen grossen, unabsehbar produktiven Stoff nicht anders zu gestalten vermochte, als indem er mit voller artistischer Bewusstheit den Apparat der historisierenden Oper einsetzte, ist ein ähnlicher Vorgang, wie bei der Schöpfung der Oper die Verwendung der antikisierenden Form. Der musikalische Gestaltungswille, der singende Homunkulus einer neuen Opernidee ist früher da und stärker, als das formgebende Gefäss. So schlüpft er in das Gehäuse eines historisierenden Musters, das so gut wie möglich dem Grundzweck angepasst wird: aus der klingenden Stimme die in ihr eingeschlossene Gestalt erstehen zu lassen.

Die Spielidee ist alt, Gegenüberstellung von Mensch und Geist im „Faust", zwischen erdhafter Maskerade und ironischer Wesensschau im „Brautwahl" und „Arlecchino". Es sind im Prinzip stets die gleichen Spielgegensätze. Sie werden sprachlich und musikalisch durch das gleiche Temperament gesehen, durch die gleiche Hand geformt, nur in den Umgebungen je nach Bedarf variiert. Der Italiener, dazu der romanische Virtuose in dem Doppelmenschen Busoni weiss zu singen und zu spielen, der Deutsche präzisiert die Gedanken und formt die geistige Einheit.

Damit freilich wird eine Ebene beschritten, deren Beibehaltung die Gefahr zunehmender Unpopularität der Oper mit sich bringt.

Hatte doch die zentrale Bedeutung des Liebesgeschehens in der Oper des 19. Jahrhunderts deren besondere Ausbreitung und Eignung als Unterhaltungsgattung gefördert. Zum mindesten für die Art, wie Busoni das Thema formulierte, bestand keine Aussicht auf weitreichende Wirkungen. Waren damit doch noch Sonderprobleme kniffIichster Beschaffenheit verbunden: in der neuen, die französische Zerlegungs-Harmonik einbeziehenden Orchesterbehandlung, in der analytisch aufreihenden, nicht dynamisierenden Struktur des szenischen Aufbaues, in der besonderen, kommentierenden Methode der Chorverwendung und in der romantischen Ironie der Gesamtanlage, wie sie auch die dekorative Zaubertechnik des Bühnengeschehens zeigt.

6.

Diese Situation findet die junge Generation vor, die nach Kriegsende zum Worte gelangt. Sie kennt allerdings das Werk Busonis nur unvollständig. Die früheren Opern, namentlich „Brautwahl", werden selten gegeben, „Doktor Faust" gelangt erst 1925, nach Busonis Tode auf die Bühne. Aber es vollzieht sich eine Entfesselung der Geister, die neue Botschaften auf unsichtbaren Wellen weiterträgt. Dazu kommt das allmähliche Bekanntwerden Strawinskis. Er imponiert der suchenden, dem Experiment und der Kleinkunst zuneigenden Generation durch unbefangene Sicherheit in der Beherrschung jeglicher Materie, formale Klarheit der Faktur trotz scheinbarer Kühnheit, nachtwandlerische Präzision des Könnens. Er schreibt keine Opern, wenigstens nicht im Anfang, nur grosse Pantomimen. In ihnen hat das Orchester, namentlich der Rhythmus soviel und entscheidendes zu sagen, dass die singenden Stimmen darüber gleichsam einfrieren, oder doch überflüssig werden. Nur die stumme Gebärde bleibt.

Strawinski umgeht gewissermassen zunächst das Problem der singenden Stimme. Sie ist ihm zu sinnlich real für sein ironisch tragisches Weltbild. Er macht sie zur unhörbaren Grösse, oder er lässt sie, wie im „Soldaten" als Abbreviatur zur erläuternden Sprechstimme erscheinen. So zeigt Strawinskis Weg zur Stimme einen ähnlichen Vorgang wie bei Strauss. Der Gesang löst sich erst allmählich, bei Strauss aus dem gedanklich geführten Orchester, bei Strawinski aus der tänzerischen Gebärde. In „Mavra“ wird es ein lustiges Frauenterzett mit einem Tenor dazu, dann in „Ödipus Rex“ eine streng stilisierte tragisch feierliche Kantate in der Maske Händels. Strawinski liebt die Stil-Maske, sie ist für ihn wesentliches Mittel der Wandlung. Er teilt mit Busoni die schöpferische Ironie der Serenita als Grundanschauung des Theaterspieles, er fügt hinzu die aphoristische Kürze. Er ist gedanklich weniger belastet als Busoni, und er beherrscht die musikalische Gebärde mit unfehlbarer Sicherheit der Veranschaulichung.

Neben solchen Geistererscheinungen blühen die Liebesopern weiter. Neue Erscheinungen tauchen auf. Sie versuchen sich wie Hindemith in den Einaktern, Krenek im „Sprung über den Schatten“, „Orpheus“ zunächst noch an Vorwürfen nach alten Mustern. Berg, ein Schönberg-Schüler, schafft mit seinem „Wozzeck“ darin eine Neuschöpfung, die durch die eruptive Kraft ihrer Intensität und tiefgläubige Aufrichtigkeit fast den Zeiger der Zeit zurückdreht: eine zur monumentalen Form aufgewachsene Nachblüte des Wagnertyps.

Dann aber beginnt das Suchen und Tasten. Es geht aus von der Erkenntnis, dass auch in der Oper nicht Ideologien entscheidend sind, sondern, wie bei der Konzertmusik, Materialwert und Materialsinn. Freilich ist die Anwendung dieser Einsicht nicht einfach, da hier Bedingnisse verschiedenster Art zusammenfliessen. Vor allem ist die Singstimme der instrumental empfundenen Funktionsprägung am wenigsten zugänglich. An der Instrumentalmusik lässt sich alles viel leichter und klarer demonstrieren. Und doch lockt das Theater mit seinen unerschöpflichen Möglichkeiten, seiner Wirkungsbreite, vor allem der unzerstörbaren und ewig reizvollen Schönheit seines Materiales. Dass eben dieses den Schlüssel zur Bühne bewahrt, wird mit reifender Erkenntnis klar und durch den Stillstand der sinfonisch instrumentalen Oper bestätigt.

Es beginnt der Kampf um die Wiedereroberung der Opernbühne, dem Sinne nach der Kampf um die Rückgewinnung des Geheimnisses der Stimme.

Namentlich die Musiker der den Jahren um 1900 entstammenden Generation wagen diesen Versuch immer wieder: Hindemith, Krenek, der Franzose Milhaud und Weill. Von ihnen steht der Theater-Abkömmling Krenek dem Wesen der älteren Oper am nächsten. Das gilt zum mindesten für seine Art der klanglichen, dementsprechend handlungsmässigen Werk-Anlage. Sie ist nach dem sozialistisch revolutionär gemeinten Anfangswerk „Zwingburg“ wieder Liebeshandlung, im „Sprung über den Schatten“ satirischer, im „Orpheus“ psycho-analytischer Prägung. Im „Jonny“ wird sie geleitet durch den in animalischer Vitalität herrschenden Elementargeist eines alle Sentiments überspringenden neuen Lebenswillens. „Jonny“ mit seiner drastischen Unbekümmertheit und der Einbeziehung aktueller Lebenstypen war der erste grosse Opernerfolg dieser Generation. Er wurde es dank der Geschicklichkeit, mit der sowohl die gewohnten Operntypen, als auch die der Operette zuneigende Gesangsart mit tänzerischer Zeitgebärde zur Verwendung kamen. Dass eine persiflierende Absicht zugrunde lag, wurde ebenso übersehen, wie die Ernsthaftigkeit der lyrischen Partien.

So entstand die neue Begriffsbildung der Jazz-Oper, die sich zum mindesten nicht mit der Intention deckt. Ähnlich, nur minder geschickt konzentriert und handlungsgemäss gefasst ist das „Leben des Orest“. Die Zentralfigur des Baritons bleibt bestehen. Ihre Sangbarmachung und musikalische Gestaltung erfolgt von den verschiedensten Angriffspunkten äusseren Geschehens, Chor und Ballett werden in erheblichem Umfang einbezogen. Die Vielfältigkeit der grossen Oper erscheint als lockendes Phantom. Sie wird Wegweiser zu gesanglicher Ensemblebildung aus Erscheinungen eines phantastisch belebten neuen Weltbildes, das als Totalität gesehen und nicht mehr vom Willen der Geschlechter beherrscht wird.

Auch in Hindemiths „Cardillac“ dominiert der Bariton, hier als Verkörperung des Schaffensdämons, der ungelösten, unlösbaren Verflechtung von Geben und Empfangen zwischen Künstler und Welt. Wieder ein aussererotisches Problem zur Entfaltung neuer Gestaltungen. Sie nehmen Bezug auf die konzertierenden Stilprinzipien der Oper vor Gluck, auf die rein anschauungshafte Betrachtung ausserhalb des Sentiments. Dazu werden wie bei Krenek alle gesanglichen Mittel, namentlich Chöre in oratorisch breitem Umfange herangezogen. Überall geht der Kampf gegen die Oper des Sentiments, der Gefühlskonflikte: gegen die Oper der Frauenstimme. Wo diese doch einbezogen wird, wie in „Neues vom Tage“, geschieht es im Sinne einer Persiflage ihres Ausdrucksernstes. Sie singt zwar Koloraturen, aber die Worte verspotten diese Klänge. Das herkömmliche Opernquartett ist ein Zerrbild des Ensemblesinnes, der Spielwille der Paare geht nicht zur Vereinigung, sondern zur Scheidung. Auch der Sinn des Chorensembles als der grossen Zusammenfassung wird durch artistische Übertreibung in das Gegenteil verkehrt.

Eine noch schärfere Verhöhnung der Liebestimmen-Oper erfolgt in Brecht-Weills „Dreigroschenoper". Hier wird der Stimme sogar ihr klanglicher Eigenschwung entzogen. Sie wird beschränkt auf den Song, das Couplet, die bewusst verstümmelte Arie. Es erfolgt eine Zusammenziehung der Phrasen und Formen, wie ähnlich bei Strawinski. Nur schimmert der opernhaft gemeinte Grundriss weiterhin durch und bleibt so als Parodie des eigentlichen stimmlichen Gesangswillens erkennbar. Immer wieder wirkt der Drang zur neuen Belebung und Ausdruckswirkung der Stimme. Er zeigt sich ebenso innerlich ernsthaft und suchend an dem Kunstmittel der Persiflage bisheriger Sing-Konvention bei Hindemith und Weill, wie an dem Versuch, durch Überbau neuer Klang-Ideologien: in „Jonny", „Orest", ähnlich in Milhauds „Columbus", „Cardillac" neue Gestaltungsziele zu setzen. Die Schuloper, überhaupt der Wille zur kunstlosen Gemeinschaftsmusik ausserhalb artistischen Ehrgeizes beruht auf dem gleichen Willen.

Der nachdrücklichste, einstweilen letzte Versuch dieser Art ist Weills „Bürgschaft". Ähnlich wie Kreneks Anfangswerk „Zwingburg" ist es eine Volkshandlung. Der Chorklang bestimmt die dramaturgische und musikalisch klangliche Architektur. Auch dieses Werk ist im übrigen eine Männer-Oper, und zwar der tiefen Stimmen. Die helle Tenorfarbe wird auf einige lyrische und Charakterepisoden zurückgedrängt, das Spiel liegt zwischen der Haupterscheinung des Baritons und dem ihm korrespondierenden Bass. Schon hieraus folgt die besonders düstere Färbung des Werkes. Gleichwohl gelangt es aus dem Chorklang wie aus der koloristischen Primitivität der Solostimmen zu einer einfach liedartigen Melodisierung. Sie schliesst den Leidenschaftsaffekt, besonders für den Bariton, zwar nicht aus, bringt ihn aber zu neuer, volkshaft klarer und entpathetisierter Stilisierung.

Es zeigt sich hier eine andere Art der Verbindung von Sprache und Gesang. Sie war schon in der „Dreigroschenoper“, „Mahagonny“ zu erkennen und wird in „Silbersee“ weitergeführt. Sie beruht nicht auf Verschmelzung und gegenseitiger Steigerung, sondern auf einem Nebeneinanderlaufen von Sprache und Gesang gleichsam auf verschieden gelagerten, dabei beziehungsmässig eng verbundenen Ebenen. Wort und melodische Sprache erscheinen nicht mehr als organische, sondern als kombinierte Einheit – aus der skeptischen Erkenntnis ihrer Unvereinbarkeit ausserhalb des auf unmittelbare Lautverschmelzung drängenden Liebesgesanges.

Damit verliert die Stimme ihre Funktionsbedeutung als Darstellungsorgan des Geschlechtswesens. Sie repräsentiert auch nicht mehr im Verdi-Sinne einen Charaktertyp, sie wird gleichsam objektiviert und auf sich selbst zurückgeführt. Jene Stimmart, der gegenüber solche Objektivierung am schwierigsten wird, weil ihre Verbundenheit mit der Lebenssinnlichkeit kaum lösbar ist, nämlich die Frauenstimme, büsst mehr und mehr an schöpferischem Anreiz ein. Sie wird entweder auf episodische Illustrierung zurückgedrängt oder auf instrumentalisierende Koloratur verwiesen. Als dramatisches Bewegungsmittel ist sie im neuen Schaffen fast ausgeschaltet.

Ähnliches gilt vom Tenor als Liebhaber-Erscheinung. Er tritt als solcher zurück und erhält seine Bedeutung als Charakterfigur ironisch geistiger Dämonie. Entzogen wiederum wird diese Dämonie der Leidenschaft dem Bariton. Er ist die letzte Erscheinung der früheren Zeit. Seine Objektivierung ist am schwierigsten, da das menschlich Pathetische, das gefühlhaft Elementare Wesensbestandteil seines Klanges ist. So ergeben sich die Handlungskonstellationen aus dem Widerstreit der Leidenschafts-Ausdruckswelt dieses Baritons gegenüber einer leidenschaftsfreien Klangsphäre, zu der er hinüberstrebt oder die er sich zu unterwerfen strebt. Hierin liegt auch das stilistische Problem der Stimmbehandlung, der allmählichen Angleichung an eine Singart ohne Affekt und Pathos. Im gleichen Masse, wie diese der Stimme entzogen werden, tritt dafür die ursprüngliche Naturhaftigkeit des Stimmklanges oberhalb des unmittelbaren Gefühlsausdruckes wieder hervor. Der Weg zur reinen Natur des Organes eröffnet sich damit von neuem, und der Begriff des Theaters verliert den Nebenklang des Komödiantischen im schlechten Opernsinne.

Für diesen Gesangsstil hat sich die liedhafte Fassung als einstweilen letzte, beste, wenn auch sicher nicht abschliessende Prägung erwiesen. Ihre Durchführung verlangt freilich Zusammendrängung auch aller anderen, bisher ausdrucksmässig verbreiterten Faktoren: der orchestralen Harmonik und Koloristik, des szenischen Apparates, der Chorbehandlung. Wie bisher die expansiven, so gelangen jetzt die verkürzenden, intensivierenden Gestaltungsmittel zur Führung: in erster Linie die Rhythmik, die als solche bestimmenden Einfluss gewinnt auf die Verbindung zwischen Sprache und Gesang. Weiterhin die Melodik, die jetzt auf Eindringlichkeit und schlichte Prägnanz gerichtet sein muss und immer mehr die Verbindung zur instrumentalen Tanzlinie abstreift, immer mehr dem singenden Naturlaut zustrebt.

Alle Organe, die diesen Grundforderungen entsprechen, werden bevorzugt. Alle, deren Wesen nach anderen Entfaltungen drängt, treten zurück. Handlungsidee der Oper aber und artistische Gestaltung folgen aus diesen Voraussetzungen. Sie entsprechen tiefgehenden geistigen Strömungen irrationaler Art. Sie kennzeichnen gleichzeitig die Notwendigkeit immerwährender Wandlung und schöpferischer Neugestaltung des Stimmwesens.

7.

Zu fragen wäre, ob bei an sich zutreffender Erkennung der Symptome diese richtig eingeschätzt wurden.

Sind innerhalb des Klangorganismus wirklich die Stimmen entscheidend? Falls ihre Vorherrschaft für die Frühzeit der Oper als erwiesen gilt – ist dann nicht vielleicht später eine Gewichtsverschiebung eingetreten durch Erstarken anderer Gestaltungselemente: Harmonik, Orchester, dramatische Idee? Die Frage ist um so schwieriger zu beantworten, als die Ableitung des Gesamtorganismus der Oper aller Zeiten aus der Stimme noch niemals wissenschaftlich, theoretisch oder ästhetisch versucht worden ist. Hätte das nicht irgendwann geschehen müssen, wenn hier eine wahre Erkenntnis vorläge?

Die Folgerung ist nicht richtig. Es handelt sich weder um eine Lehre für die Komposition noch um eine historische Analyse. Es handelt sich um Feststellung eines organischen Tiefengeschehens.

Seine Beobachtung wird erst möglich nach Ablauf eines mehrhundertjährigen Wandlungsprozesses, angesichts einer Stockung und Unklarheit, die das Versagen der bisherigen Anschauungsmethoden erweist.

Aber ist es überhaupt möglich, der Stimme eine derart wichtige Bedeutung beizumessen, und darüber soviele andere Faktoren zurückzustellen oder nur als Folgeerscheinungen anzusehen?

Die Meinungen über die produktiven Beziehungen der singenden Stimme zu anderen Elementen mögen zunächst geteilt bleiben. Gleichwohl besteht die Tatsache, dass im Laufe eines mehrhundertjährigen Wachstumsprozesses der Oper die singende Stimme das einzige, im Kern unverändert bleibende, für das Wesen der Gattung stets primär entscheidende Wahrzeichen geblieben ist. Es besteht die Tatsache, dass sich ihre Veränderungen als kulturtypischer Art erweisen, demnach entweder stets für das Gesamtwerk eines Musikers grössten Formates, oder für eine ganze Zeitgruppe grundlegend sind. Es besteht schliesslich die Tatsache, dass die Aneinanderreihung dieser verschiedenen Erscheinungen ein in sich geschlossenes Totalbild von strenger organischer Konsequenz ergibt.

Solche Tatsachen kennzeichnen die Stimme als die einzige, im Wesen unveränderliche, dabei jeder Wandlung fähigen Naturkraft der Oper und damit als das eigentlich sinnhafte Gesetzesmass der Gattung. Der Wechsel ihres Erscheinungslebens offenbart die aufschlussgebenden Symptome des Lebensprozesses der Oper. Von ihnen aus muss die Erkennung des Ganzen und der Bedingungen seiner Wandlungen gewonnen werden.

Unberührt hiervon bleibt die objektive Bedeutung der anderen Faktoren artistisch technischer, organischer, geistiger Art für die Totalität des Kunstwerkes. Es besteht sogar die Möglichkeit, dass sie in einzelnen Fällen – da Schaffensantrieb und -vorgang stets subjektiv bedingt und verschieden sind – entscheidend in die Konzeption hineinwirken. Der Musiker wird sich niemals erst ein Stimmschema machen und dann ein Handlungsgerüst dafür suchen. Der schöpferische Mensch selbst muss glauben, anderen Schaffensgesetzen zu folgen, der empfangende wiederum mag zunächst glauben, andere zu vernehmen. Hier handelt es sich nicht um deren Ermittlung, sondern um Erkennung der biologischen Grundkategorien der Gestaltung, der Elemente also, deren sich der schaffende Geist bedient, um überhaupt zur Möglichkeit einer Konzeption zu gelangen. Werden sie dauernd übersehen oder gar missachtet, so besteht die Gefahr zunehmender Verkennung der Lebensbedingungen der Gattung und damit ihres allmählichen, durch Mangel an neuem natürlichen Lebensstoff herbeigeführten Absterbens.

Starke produktive Zeiten tragen wohl das Führungsgesetz in sich und befolgen es, ohne sich seiner bewusst zu sein. Wo aber dieses instinktive Wissen nicht mehr ist, da beginnt die artistische Konstruktion. Sie ist um so gefahrvoller, je mehr Hemmungen vorhanden sind, deren Überwindung besondere Kraft beansprucht. Für die deutsche und französische Oper ergeben sich solche Hemmungen immer wieder aus der Sprödigkeit des Gesangsorganes. Sie wird gesteigert durch die Schwierigkeit der Verbindung von Sprache und Gesangslaut, beim deutschen Sänger ins Unabsehbare kompliziert durch das Singen übersetzter, also völlig unorganischer Texte.

Diese naturgegebenen, durch die Gesangspraxis dauernd gesteigerten Erschwerungen erklären die vielfachen Versuche, innerhalb der deutschen Oper auf anderem Wege als durch das Gesangsorgan zur Oper zu gelangen, sei es vom Orchester, sei es von irgendeiner Ideologie aus. Für ihre Würdigung ist es unerheblich, ob sie sich als sogenannte „idealistische" gebärdet oder persiflierend ist. Versuche solcher Art sind um so mehr begreiflich, als infolge der praktisch pädagogischen und ästhetischen Vorbereitung des Opernkomponisten kaum ein anderes Gestaltungsmittel ihm so fern, in seinen Eigentümlichkeiten weniger geläufig ist, als die menschliche Stimme. Wie aber soll er zu ihrer produktiven Erfassung gelangen, wie soll er sie formen können, wenn er sie überhaupt nicht kennt, wenn ihr Wesen ihm fremd ist und sie ihm nicht mehr gilt, als irgendein beliebiges Instrument unter vielen? Wenn er sie infolgedessen auch gar nicht schöpferisch zu hören vermag, wenn zudem das allgemeine Echo und die kritisch ästhetische Betrachtung ebenso diesen schöpferischen Weiterklang vermissen lässt?

Der Opernkomponist muss wieder Sänger sein, der ideale Sänger seines Werkes, er muss konzipieren aus dem Erlebnis und der ständigen inneren Bewusstheit der lebendigen Stimme. Dieser lebendige Stimmklang muss sein ganzes Schaffen durchdringen und tragen – das ist die unerlässliche Voraussetzung für die lebendige Oper.

Gewiss lässt auch die neue Oper trotz dieser Schwierigkeiten eine innere Willenslinie gerade in der Art der Stimmerfassung erkennen. Der elementare Instinkt der Gattung gewinnt Gewalt selbst über die Blindheit ihrer Pfleger und spürt den Weg weiter, wenn auch unter steten kraftraubenden Hemmungen. Allerdings reicht das Schaffen der heutigen Komponisten bei weitem nicht aus, um den Bedarf zu decken. So muss die ältere Oper aller Sprachen in hohem Masse für den Verbrauch der Gegenwart miteinbezogen werden. Dieser, der Gewinnung einer zeitentsprechenden Oper abträgliche Zustand wäre für die Zeit Mozarts undenkbar und selbst für die erste Hälfte des 19. Jahrhunderts nur mit erheblichen Einschränkungen vorstellbar. Die verschiedenen zeitgeschichtlich und kulturpsychologisch bedingten Stimmtypen – aus sinnlicher Aktualität entstandene und ebenso vergängliche Erscheinungen – werden nun in bunter Reihe, nur dem Abwechslungsbedürfnis entsprechend nebeneinander gestellt. Mittel ihrer Vereinheitlichung und Vergegenwärtigung ist die Art ihrer szenischen Formung. Sie wird zum Generalnenner für die heutige Art der Opernschau.

Die Szene aber ist dem Ursprung nach nur Folge und Begleiterscheinung der sich singend veranschaulichenden Stimme. So wird das Verhältnis der Werte umgedreht. Ursache wird zur Folge, diese zur Ursache. Die Handlung und mit ihr alle stoffgebundenen Bestandteile der Oper werden zum Mittelpunkt, das Sing-Spiel wird zum Schau-Spiel. Alle Masse der Betrachtung wie der künstlerischen Geltung stimmen nicht. Sie können nicht stimmen, da eben die Grundbedingungen der Gattung auf den Kopf gestellt sind. So tritt neben die falschen Ideologien der Werkkonzeption die falsche Ideologie der Aufführung. Die daraus resultierende Verwirrung der Begriffe gegenüber der szenischen Erscheinung auch der alten Werke trägt dazu bei, die natürliche Entwicklung des neuen Schaffens, die Erkenntnis der Gattungsgesetzlichkeit zu behindern.

Weil man mit der Oper nicht mehr umzugehen weiss, erfindet man das Märchen von ihrer Überlebtheit.

So stockt das Verhältnis der Gegenwart zur Oper nicht so sehr aus Mangel an schöpferischen Kräften. Es stockt vor allem infolge der Hindernisse, die bereitet werden durch falsch geartete Pflege des älteren Schaffens, durch dauernde Entstellung des wahren Wesens der Oper auf der Bühne, durch Missdeutung der Historie zu falscher, unwahrhaftiger Gegenwärtigkeit. Auch diese Gegenwärtigkeit ist möglich und erzielbar nur ausgehend von der Lebenswurzel der Oper: der singenden Stimme. So sie richtig gehört wird, schliesst sie in der Art ihres Klingens das ganze Werk mit der Stilgesetzlichkeit der Partitur selbst in sich ein.

Es ist daher ein Irrtum, anzunehmen, die szenische Dramaturgie der Oper sei ohne Gesetz und Gesetzlichkeit, und müsse solche erst vom Schauspiel empfangen. Die Durchführung dieser Meinung wird dauernd auf Schwierigkeiten stossen: in der szenischen Formung der Einzelpersonen, Arien, Monologe, mehr noch der Ensembles und Finales, schliesslich bei wahrhafter Durchdringung des Gegebenen in jeder Einzelheit geringfügigster und grösster Art. Die szenische Dramaturgie der Oper ist im Gegensatz zum Schauspiel so stark vorbestimmt, dass sie die Freiheit des Interpreten weit mehr einengt als es das gesprochene Wort vermag. Sie ist wie ein Spiel, für das die Spieler schon fertig geschnitten und kostümiert erscheinen, und das eben ist der Sinn des Stilisierungs- und Typisierungsprozesses der Stimmen.

So ist die Oper das Hörbild, das in die Sichtbarkeit hinüberwächst. Es nimmt im geschichtlichen Ablauf die sinnenhafteste Spiegelung des Menschen: seine Stimme, als Grundmass und Grundmedium verschiedenartigsten Gestaltens: als Gefühlsgebärde, als Bild des naturhaften Menschen, als Virtuosenspiel, als Liebesruf, als Charakterzeichnung, als Erosspiel, als Mittel geistiger Auseinandersetzung, individualistischer und kollektivistischer Ideenproblematik. Immer und in jeder neuen Metamorphose aber ist die Gestaltung in eben dieser Stimm-Materie Norm und Ausgangspunkt des schöpferischen Aktes.

Überschaut man die Reihe dieser Metamorphosen über alles Einzelne hinweg, so zeigt sich eine merkwürdige Grunderscheinung im Hinblick auf das wechselnde Verhältnis der Stimmgeschlechter zueinander. Von der Kastratenzeit ab bis zum Ausklang der lyrischen Oper ist die Frauenstimme in den verschiedensten Abwandlungen entweder führend, oder doch, wie bei Mozart und Verdi, annähernd ebenbürtiger Partner der Männerstimme. Von dieser Grenze ab tritt eine auffallende Verdrängung der Frauenstimme als führender Kraft ein. Parallel geht das zeitweilige Erlöschen, zum mindesten Zurücktreten der romanischen Produktion, die vorzugsweise experimentelle Tendenz der deutschen Oper, und die Bevorzugung der Männerstimmen in den wichtigsten neuen Werken. Diese Beobachtung deutet auf eine für das Wesen der Gattung grundlegende Änderung. In Symptomen und Ursachen richtig erkannt, macht sie das Schwankende, Problematische im Bild der gegenwärtigen Oper erklärbar als krisenhafte Unsicherheit zunächst im Erfassen der Stimmgeschlechter, weiterhin der Stimme als solcher – im letzten Sinne dessen, was die Stimme bedeutet: des Menschen überhaupt. Denn er eben ist die Stimme, erfasst aus einer besonderen Sphäre des Erscheinungshaften.

Dieser Mensch ist ewig, aber seine Erscheinungen wechseln. Er ist heute nicht mehr das sensualistische Gefühlswesen des 18. und 19. Jahrhunderts. Dieser vom Gattungstrieb bestimmte Naturmensch Rousseauscher Abkunft hat seinen Kreis durchlaufen. Er tritt ab, wie einst der Ruf nach Natur das Stimmideal der Vorzeit, den künstlichen Kastraten-Menschen hatte verschwinden lassen.

Ebensowenig indessen ist er ein technischer Maschinenmensch oder gar ein vorweltliches Rassegeschöpf. Seine neue Erscheinung zeigt sich erst in Umrissen. Aber dass aus der Verworrenheit des gegenwärtigen Bildes ein neuer religiöser Geistesmensch erstehen wird, lässt die Prophezeiung der Kunst ahnen. Sie wird ihn am frühesten erfassen, denn wo sie echt ist, schafft sie stets aus der Vision des Kommenden.

An der Fähigkeit dieser Erfassung des neuen Menschen aus der Stimme bekundet sich die schöpferische Kraft des Musikers. Wenn er nach dem „Buch" verlangt, so ist es, weil es ihm den Stoff geben soll, aus dem er seine Menschen schafft. Erweckt werden sie erst durch den lebendigen Odem, den der Musiker ihnen einhaucht. Dieser lebendige Odem aber ist der Gesang – denn was anderes wäre Gesang seinem wahren Wesen nach als klingender Atem?

Das ist der Schöpfungsvorgang, das ist das Geschöpf. Nur indem es singt, ist es, und es ist so, wie es singt. Alle Kraft des Schöpferischen, das der Oper zu eigen ist, nimmt ihren Ursprung, erhält ihre Richtung und findet ihre Erfüllung im Klange der singenden Menschenstimme, die da ist der Mensch selbst, übertragen in die Sphäre des Klingenden, aus ihr wieder sichtbar werdend in neuer, klanggeschaffener Gestalt.

Register

(Namen und Werke)